高等学校新闻传播学应用型系列教材

财经知识与财经新闻报道

吴玉兰　何强　编著

图书在版编目(CIP)数据

财经知识与财经新闻报道/吴玉兰,何强编著.—武汉：武汉大学出版社,2022.5

高等学校新闻传播学应用型系列教材

ISBN 978-7-307-22715-6

Ⅰ.财… Ⅱ.①吴… ②何… Ⅲ.经济—新闻报道—高等学校—教材 Ⅳ.G212

中国版本图书馆 CIP 数据核字(2021)第 228537 号

责任编辑:聂勇军　　责任校对:李孟潇　　版式设计:马　佳

出版发行：**武汉大学出版社**　(430072　武昌　珞珈山)

(电子邮箱：cbs22@ whu.edu.cn　网址：www.wdp. com.cn)

印刷：武汉图物印刷有限公司

开本:720×1000　1/16　印张:18.75　字数:347 千字　插页:1

版次:2022 年 5 月第 1 版　2022 年 5 月第 1 次印刷

ISBN 978-7-307-22715-6　定价:42. 00 元

目　　录

第一章　宏观经济知识与宏观经济新闻报道

国民经济是一个国家发展的支柱，从层次上来说，国民经济分为宏观经济、中观经济与微观经济。不同于微观经济侧重于考察个人、家庭、企业、市场的经济行为，宏观经济侧重于考察国民经济作为一个整体的经济行为。

第一节　宏观经济知识概述

1993年，挪威经济学家弗瑞希引用自然科学中的宏观和微观概念提出了“宏观经济学”。此后，随着约翰·梅纳德·凯恩斯《就业、利息和货币通论》的发表，宏观经济学得以建立，并快速发展成为经济学的一个分支，在经济发展和实际生活中得到了广泛运用。

一、宏观经济与宏观经济学内涵辨析

《现代经济词典》将宏观经济定义为：从一国总体角度来观察，并且以经济总量指标来衡量的经济活动的总称。①《证券投资人辞典》认为：宏观经济是指社会经济的总体规模、形态和总量运动的趋向，即国民经济的全局及其发展变化。② 宏观经济从经济大局出发，以整个国民经济为核心，衡量国家总量经济的运行状态；宏观经济以微观经济为基础，与微观经济有机整合构成了国家的宏观经济，宏观经济运行的状态细节影响微观经济活动的开展，二者相互联系、相互影响。

把宏观经济作为一门学科进行研究，称作“宏观经济学”。美国著名经济学家格里高利·曼昆、保罗·萨缪尔森和国内学者高鸿业对宏观经济学进行了界定。曼昆认为，微观经济学是研究家庭和企业如何做出决策，以及其如何在

① 刘树成：《现代经济词典》，江苏人民出版社2005年版，第541页。

② 韩双林、马秀岩：《证券投资大辞典》，黑龙江人民出版社1993年版，第128页。

市场上相互交易；相较之下，宏观经济学是研究整个经济活动运营状态的科学，包括经济发展中的通货膨胀、就业与失业、经济增长与发展等问题。① 萨缪尔森认为，宏观经济学是将整个经济运行作为一个整体来进行研究的，关注影响企业、消费者和工人的总体因素；相反，微观经济学所研究的却是单个产品的价格、数量和市场。② 高鸿业认为，宏观经济学研究的是社会总体的经济行为及其后果，也即研究国民收入的问题。③ 由此可见，宏观经济学是研究一个国家或者区域整体经济现象和行为的科学。

二、宏观经济学的研究对象与内容

宏观经济学相对于微观经济学而言，有其特定的研究对象和研究内容，是从国家或区域的整体层面研究经济现象和行为。

(一)宏观经济学的研究对象

商业周期和经济增长是现代宏观经济研究的两大主线，商业周期主要聚焦于产出与收入、就业与失业、商品价格等问题的短期波动，经济增长着眼于国家产出和人民生活水平的长期变动。因此，宏观经济学把整个国民经济的状态与经济发展作为研究对象，通过对国民经济系统总量的考察，特别是通过对一国经济系统的国民产出总量、价格总水平和就业水平的分析，说明这些总量是如何决定的；研究怎样使一国的总产出达到最大值；研究制约一国国民产出增长的主要因素、增长规律以及长期增长趋势中为什么会呈现周期性波动；研究决定一般物价水平的因素，以及它在较长一段时期内发生通货膨胀或通货紧缩的原因和稳定物价的政策；在开放经济条件下，宏观经济学还要研究怎样兼顾国内目标和改善国际收支目标。

(二)宏观经济学的研究内容

目前，国内外比较权威的经济学教材有曼昆《经济学原理(第七版)》、萨缪尔森《经济学(第 19 版)》以及高鸿业《西方经济学(第六版)》，通过归纳这几本教材的章节目录，我们可以看出宏观经济学研究的主要内容包括宏观经济理论、宏观经济政策和宏观经济计量模型三个部分。宏观经济理论包括：国民

---

① ［美］格里高利·曼昆著，梁小民、梁砾译：《经济学原理》(第七版)，北京大学出版社 2015 年版，第 3~4 页。

② ［美］保罗·萨缪尔森、威廉·诺德豪斯著，萧琛译：《经济学》(第 19 版)，商务印书馆 2014 年版，第 427~430 页。

③ 高鸿业：《西方经济学》(第六版)，中国人民大学出版社 2014 年版，第 363~364 页。

收入与支出论、供给需求论、消费论、就业失业论、投资论、货币论、经济增长论、进出口论等；宏观经济政策包括：经济政策目标、经济政策工具、经济政策机制(即经济政策工具如何达到既定的目标)、经济政策效应与运用；宏观经济计量模型包括根据各派理论所建立的不同模型，这些模型可用于理论验证、经济预测、政策制定以及政策效应检验。以上三个部分共同构成了现代宏观经济学的研究内容。

三、宏观经济学的产生与发展

宏观经济学发展的不同阶段，著名的经济学者贡献了不同的理论智慧，形成了不同的经济学主流思潮。

(一)古典宏观经济学阶段

17 世纪中期到 19 世纪中期，是早期宏观经济学阶段，或称古典宏观经济学阶段。这期间 18 世纪末和 19 世纪初的法国著名经济学家让·巴蒂斯特·萨伊提出的萨伊定律与古典宏观经济模型的出现，为现代宏观经济学的出现奠定了基础。他认为，货币在商品交换中只是起一瞬间的媒介作用，商品的供给会刺激需求，在一段时间内，总供给和总需求是相等的，这就是著名的萨伊定律。①萨伊定律指出了供给创造它自身的需求。古典宏观经济模型论证了萨伊定律，认为价格机制是健全的，是能够发挥作用的，充分就业是资本主义市场经济的正常状态。②萨伊定律和古典宏观经济模型对宏观经济的供给、需求和价格规律作了详细论证，成为现代宏观经济学发展的基石，为其提供了最基本的理论模型。

(二)凯恩斯创立现代宏观经济学

19 世纪末 20 世纪初，现代经济学的集大成者——英国经济学家约翰·梅纳德·凯恩斯对古典经济学进行了革命性批判，认为资本主义经济运行在小于充分就业的状态中，存在失业状态，提出经济学研究重点是如何克服资源的限制、有效利用资源，并提倡政府应该采取政策干预经济。③这一举措被称为“凯恩斯革命”。凯恩斯理论的核心内容是有效需求理论。在 1938 年以前，凯恩斯

---

①　金鑫：《对萨伊定律的解读》，《中央财经大学学报》2016 年第 5 期，第 90~94 页。

②　陈乐一：《“古典”宏观经济模型述评》，《山西财经大学学报》2000 年第 1 期，第 6~10 页。

③　赵雷：《有效需求、货币利息率与凯恩斯革命——纪念〈就业、利息与货币通论〉出版八十周年》，《财经问题研究》2017 年第 2 期，第 19~23 页。

的经济思想并没有对美国政府的经济政策产生实质性影响。1938 年之后，凯恩斯理论横扫整个美国经济学界，特别是在青年经济学家中产生了巨大影响。1938 年 10 月，吉尔伯特等七位经济学家共同发表了《美国民主的经济计划》，用凯恩斯理论分析了当时美国经济形势，宣告了凯恩斯学派在美国的形成。凯恩斯学派的成员从 1939 年起陆续进入政府的决策层。① 20 世纪中期，随着“二战”对世界经济的影响，凯恩斯理论越来越得到经济学家们的重视，凯恩斯经济理论研究越来越系统化，快速发展起来并形成完整体系。

（三）新古典学派与新凯恩斯学派的争鸣

20 世纪 70 年代，伴随石油危机，以美国为代表的西方资本主义国家出现了严重的“滞胀”，凯恩斯经济理论受到了质疑。以卢卡斯为代表形成的“新古典主义学派”重回古典经济学阵营，并提出在市场理性预期下，市场不需要政府的干预是能够实现出清的；一部分凯恩斯主义理论的继承者吸收并完善了凯恩斯的观点，形成“新凯恩斯学派”，认为经济波动反映了市场的某种巨大缺陷，政府干预对经济波动发挥着必不可少的作用。

新凯恩斯学派从新古典主义学派那里借用了一般均衡框架，运用微观经济学分析工具对自由市场“看不见的手”与宏观经济短期失衡之间的矛盾进行了分析。② 20 世纪 80 年代之后，新凯恩斯学派和新古典主义学派共同占据着宏观经济学的主流地位。

（四）后金融危机时代的宏观经济思潮

2008 年金融危机全面爆发之后，美国政府一方面动用财政资金向濒临倒闭的大型金融机构注资，以增强其流动性，稳定其信用等级，阻止金融危机进一步蔓延，另一方面出台了 7870 亿美元的经济刺激计划，力图用积极的财政支出政策和宽松的货币政策削弱金融危机对实体经济的冲击，托住有可能再度滑入大萧条深渊的美国经济。③ 美国政府 2008 年之后采取的政策措施具有典型的凯恩斯式风格。

2008 年金融危机的全面爆发，使主流宏观经济学派的过度自信遭受到从未有过的强烈冲击，经济学界为此展开了全面的理论反思——再度重视凯恩斯

---

① 杨春学：《国际金融危机与凯恩斯主义》，《理论参考》2010 年第 1 期，第 57~59 页。

② 吴易风：《市场经济与政府干预——评西方经济学新古典学派和新凯恩斯学派的论战》，《中国社会科学》1993 年第 2 期，第 3~22 页。

③ 董昀：《回到凯恩斯还是回到熊彼特？——基于主流宏观经济学发展历程的理论反思》，《金融评论》2012 年第 1 期，第 1~3 页。

的经济思想。面对危机之后政府干预宏观经济力度加大、财政支出政策重新成为主要政策手段的现象，许多主流和非主流的经济学家都认为凯恩斯的幽灵又回来了，他们为凯恩斯的胜利回归而欢呼。① 凯恩斯的思想是复杂的多面体，在“回到凯恩斯”的浪潮中，不同的理论家抓住的是凯恩斯思想的不同侧面。从总体上看，金融危机爆发后，凯恩斯主义者的主张得到了广泛关注。凯恩斯经济学在凯恩斯逝世60多年后又重新受到重视，并得到修正和拓展。

四、宏观经济学研究的目标和实现目标的工具

(一)宏观经济学研究的目标

宏观经济学研究的主要目标就是保持高产出率、低失业率和稳定的价格水平。围绕这些目标，宏观经济学研究的核心问题包括：

1. 如何减少失业

所有市场经济都会经历既有扩张又有收缩的商业周期。宏观经济学致力于探索因商业周期而带来的失业问题。通过各种分析，经济学家给出了各种对策，如增加总需求或改革劳工市场制度。千百万人的生活和财富都关系于宏观经济学家能否正确地找到解决这个问题的答案。

2. 通货膨胀的原因及控制手段

在价格迅速上升时期(这种现象叫“通货膨胀”)，人们对物品的相对价格容易感到困惑，在消费和投资的决策上也容易犯错误。宏观经济学家建议可以采用适当的财政政策、货币政策、汇率政策以及建立独立的中央银行等手段，以控制和解决通货膨胀问题。

3. 提高经济增长率的手段

宏观经济学首先关注一国的经济增长，经济增长指的是一国生产潜力的增长。要保持经济快速增长，最关键的因素就是：自由市场的优势地位、高储蓄率和投资、低贸易壁垒，以及拥有一个强大财产权保护的诚实的政府。

(二)实现目标的工具

实现宏观经济目标离不开两种经济政策：财政政策和货币政策。

财政政策是指税收和政府支出的使用。政府支出有两种形式：其一是政府购买，指的是政府在物品和劳务上的花费——购买坦克、修建道路、支付法官的薪水，等等；其二是政府转移支付，以提高某些群体(如老人或失业者)的

---

① 张晓晶：《主流宏观经济学的危机与未来》，《经济学动态》2009年第12期，第34~41页。

收入。政府支出会影响与私人消费相对的集体消费的规模。税收是财政政策的另一种形式，它通过两种途径影响整体经济。首先，税收影响人们的收入。家庭可支配或可花费的收入的增加或减少，影响人们用于购买物品和劳务的消费量以及私人储蓄量。其次，税收还影响物品和生产要素的价格，因而也能影响激励机制和行为方式。当前财政政策的主要作用是通过影响国民储蓄以及对工作和储蓄的激励，从而影响经济增长态势。

由中央银行执行的货币政策决定货币供给和金融财务状况。货币供给的变动使利率上升或下降，并影响商业投资、房地产及对外贸易等部门的支出水平。货币政策对实际 GDP 和潜在 GDP 都有重要的影响。

此外影响宏观经济目标实现的还有贸易政策，所有的国家都会通过国际金融和国际贸易等渠道来参与世界经济。国际经济是一个联系各国贸易和金融的复杂的网络体系，所以没有一个国家是孤岛。国际经济体系顺利运行就能促进经济快速增长；若贸易体系崩溃，全世界的生产和收入都将受到巨大的冲击。因此，各国要考虑贸易政策和国际金融政策对它们国内的产出、就业和价格稳定等目标的影响。

五、市场经济体制改革以来我国宏观经济调控政策

宏观经济调控，是为了弥补市场自身因滞后性、盲目性等市场失灵所带来的缺陷，保证国民经济健康有序发展，发挥政府的作用，让政府运用相关工具来干预经济发展，最终实现宏观经济目标的过程。我国在改革开放以后，在马克思主义政治经济学基本原理指导下，从我国社会主义初级阶段的实际情况出发，努力制定适合我国国情的宏观经济政策。

我国自社会主义市场经济体制确立到 2017 年前共进行了 5 次主要的宏观调控：第一次在 1992 年邓小平南方谈话以后推行；第二次在 1998 年亚洲金融危机前；第三次的宏观调控于 2003 年初开始；第四次的宏观调控于 2008 年面对全球金融危机之时；第五次的宏观调控在 2012 年党的十八大之后。

(一) 1993 年至 1997 年我国的宏观经济调控

1992 年提出建设社会主义市场经济体制后，国民经济从计划经济逐渐转为市场经济，国民投资和消费需求猛涨，市场出现供不应求的状况，商品短缺、物价上涨，出现了较为严重的通货膨胀，特别是 1994 年被誉为 90 年代的“改革年”“攻坚年”和“关键年”等，国家为此实行了宏观调控，让过热的经济实现了软着陆。

在 1993—1997 年间，我国实行从紧的财政政策和从紧的货币政策，称为

“双紧”政策，通过分税制改革、发行国债、收紧财政支出等财政政策和提高存贷款利率、控制信贷规模等货币政策，压缩国家支出快速回笼资金，使得经济平稳刹车，实现了软着陆。

(二)1998年至2003年我国的宏观经济调控

1997年下半年，东南亚金融危机爆发，我国的外贸出口受到严重影响，加之国内出现特大洪涝灾害，国内国外的双重影响使得我国经济出现了大幅下滑和衰退的危险，需求不足、通货紧缩等问题严重危及人民生活和经济发展。为此，我国采取了宽松的财政政策和宽松的货币政策，简称“双松政策”，旨在扩大内需，恢复市场，保持经济增长。

在财政政策方面，我国增加财政投入，加强基础设施建设，大力发行国债，扩大政府投资力度和采购规模，实施财政赤字政策；在货币政策方面，连续五年下调了存贷款利率，降低存款准备金率，鼓励中小企业发展，扩大公开市场业务。由于采取了较为宽松的财政政策和货币政策，五年间，实现了市场的恢复，有效扩大了市场需求和投资需求，大量企业如雨后春笋般发展起来。

(三)2004年至2007年我国的宏观经济调控

中国加入WTO后，国际经济形势逐步好转，随着前五年经济的恢复，2004年初，承接经济发展的良好势头，中国经济继续快速增长。但由于大量的投资需求造成了投资膨胀，使得商品价格大大超出人们的预期，消费者物价指数居高不下，出现了较大的通货膨胀压力。2004年底的中央经济工作会议做出了稳健的财政政策和稳健的货币政策的决定，简称“双稳健”，使得经济发展在快中变稳，物价上涨势头得到控制。

(四)2008年至2012年我国的宏观经济调控

2008年9月，美国次贷危机引发了一场全球性金融危机，这场金融危机波及全球，还大大波及处于经济结构正在转型的中国。我国经济增长已经抛弃了过去片面追求国内生产总值的高增长率，转向强调转变经济发展方式，促进经济结构升级。面对骤然变化的国内外经济局势，我国迅速调整宏观调控目标，通过一系列强有力的宏观调控，我国经济在经济危机中避免了巨大的震荡，率先在全球实现了国民经济的总体回升，为世界渡过这次金融危机做出了贡献。

(五)2013年至今我国的宏观经济调控

“十二五”以来，供需矛盾明显变化，产业结构持续调整，新旧动能接力转换，经济增长由数量扩张向提质增效转换，经济增速也有所放缓，经济发展进入新阶段，经济发展的难度在加大，对宏观经济管理提出了新的挑战。① 面对这种全新巨变，十八大以来，以习近平同志为核心的党中央，准确把握全球经济发展大势和中国经济发展变化，不断创新宏观调控方式，形成以经济进入新常态为重大判断、以新发展理念为指导、以供给侧结构性改革为主线、以稳中求进为工作方法论的宏观经济政策框架。

十八大以来宏观经济政策新框架具有以下四大特征：其一，做出了“新常态”这一重大判断。其二，确立了新发展理念这一指导思想。其三，明确了推进供给侧结构性改革这一工作主线。其四，确定了稳中求进这一工作方法论。

近年来，党中央为推动宏观经济行稳致远发展，推动国民经济高质量发展，陆续出台了“六稳”“六保”等经济方针。2018 年，面对复杂的内外部经济环境，中央经济工作会议首次提出“六稳”方针。“六稳”是指稳就业、稳金融、稳外贸、稳外资、稳投资、稳预期工作。2020 年 4 月，在突如其来的疫情冲击、外部不确定性持续上升的情况下，中央又提出“六保”新任务。“六保”是指保居民就业、保基本民生、保市场主体、保粮食能源安全、保产业链供应链稳定、保基层运转。“六稳”是大局，“六保”是前提。从“六稳”到“六保”，体现了稳中求进、危中寻机的战略定力；彰显了稳住经济基本盘，兜住民生底线的深刻内涵。2020 年 9 月 1 日，习近平总书记在中央全面深化改革委员会第十五次会议上强调，加快形成以国内大循环为主体、国内国际双循环相互促进的新发展格局，即“双循环”新发展格局，这是根据我国发展阶段、环境、条件变化做出的战略决策，是事关全局的系统性深层次变革，面对世界“百年未有之变局”，面对国家发展优势和现实约束提出的发展新战略，是关系我国发展前途的重大谋划，为“十四五”规划乃至更长远的发展提供了方向性的引领。

第二节　宏观经济知识关键概念

宏观经济研究内容主要包含国民收入核算、消费水平核算、总需求与总供给、通货膨胀与通货紧缩、就业与失业、财政与税收、进出口等内容。本节就宏观经济知识的关键概念进行梳理，以期在经济新闻报道中更具专业性。②

① 李伟：《宏观经济政策新框架成功驾驭新常态》，《瞭望》2017 年第 33 期，第 8~9 页。

② 本节相关概念参考：曼昆的《经济学原理》(第七版)、萨缪尔森的《经济学》(第 19 版)及高鸿业的《西方经济学》(第六版)等三本著作。

一、国民收入核算

国民收入是指物质生产部门劳动者在一定时期所创造的价值。从社会总产值中扣除物质消耗后的剩余部分就是国民收入，国民收入(价值形态)= 社会总产值-已消耗生产资料价值或国民收入(实物形态)= 社会总产品-已消耗生产资料。反映国民收入的两个主要统计数字是本地生产总值(GDP，即国内生产总值) 及本地居民生产总值 (GNP，即国民生产总值)。

(一)国内生产总值

国内生产总值(Gross Domestic Product，GDP)是指一个国家或者地区所有常驻单位在一定时期内生产的所有最终产品和劳务的市场价值。GDP 是国民经济核算的核心指标，也是衡量一个国家总体经济状况的重要指标。GDP 包含以下几个内涵：一般仅指市场活动导致的价值。GDP 测度的是最终产品的价值，中间产品价值不计入 GDP，否则会造成重复计算；是一定时期内(往往为一年)所生产而不是所售卖掉的最终产品价值；是计算期内生产的最终产品价值，因而是流量而不是存量，流量是一定时期内发生的变量，存量是一定时点上存在的变量。

GDP 由四个组成部分：消费(C)、投资(I)、政府购买(G)、净出口(NX)，这四个组成部分的总和等于 GDP(用 Y 表示)：$Y = C + I + G + NX$。GDP 分两类，实际 GDP 和名义 GDP，实际 GDP 只反映产量的变动，而名义 GDP 可以根据价格和产量的变化而变化。名义 GDP 和实际 GDP 的关系可以表示为：名义 GDP=实际 GDP×GDP 缩减指数。

GDP 是核算体系中一个重要的综合性统计指标，通过该指标，我们可以观测一个国家或地区经济发展的状况，即经济增长或衰退、市场规模大小、经济实力状况等。当其增长数为正数时，说明该国家或地区经济增长，处于扩张阶段；当其增长数为负数时，说明该国家或地区经济衰退，处于倒退时期。

(二)国民生产总值

国民生产总值(Gross National Product，GNP)指一个国家所有常驻机构单位在一定时期内(年或季)收入初次分配的最终成果，是一国所拥有的生产要素所生产的最终产品价值。GNP 是以国民为核算原则的，它计算的是相应国家或地区的居民的劳动创造总值，不论这个居民是否在本国或本地区居住，其创造的生产经营总值都应该计入其内。国民生产总值的核算分为支出法和收入法。

支出法又称为产品流动法、产品支出法或最终产品法。从产品的使用出发，将一年内购买各项最终产品的支出加总起来，计算出该年内生产出来的产品的市场价值，即把购买各种最终产品所支出的货币加在一起，得出社会最终产品的流动量的货币价值的总和。即个人消费支出+政府消费支出+国内资产形成总额(包括固定资本形成和库存净增或净减)+出口与进口的差额。

收入法又称要素收入法或要素支付法。从收入的角度出发，将生产中所形成的各种收入加总起来，即把西方经济学提到的工资、地租、利息和利润等四类收入相加。每一类收入均来自相应的、所提供的要素，即收入是由提供要素而得到的，也就是说劳动得到工资，土地得到地租，资本得到利息，企业家才能得到利润。

(三)GDP与GNP的关系

GDP和GNP是两个既有联系又有区别的指标，它们都是核算社会生产成果和反映宏观经济总量的重要指标。两者的关系是：GNP=GDP+【本国生产要素在其他国家获得的收入(投资利润、劳务收入)-外国居民从本国获得的收入】。西方大多数国家都采用GDP作为国民收入核算基础。由此可以推出：若本国公民在国外生产的最终产品的价值总和大于外国公民在本国生产的最终产品的价值总和，则GNP一定会大于GDP；反之，若本国公民在国外生产的最终产品的价值总和小于外国公民在本国生产的最终产品的价值总和，则GNP一定会小于GDP。正是由于这两个概念的区别在于本国(或外国)公民在外国(或本国)生产的最终产品的价值总和，因而它们对于我们分析开放经济中对GNP的实际贡献因素就显得十分重要。

但因计算途径不同，两者又有区别：GDP强调的是创造的增加值，它是个“生产”的概念，GNP强调的则是获得的原始收入，是个“收入”的概念。GDP强调的是制造地，GNP强调的是制造人，追求的是本国企业、本国公民制造。

GDP是一国范围内生产的最终产品的市场价值，从而是一个地域概念，而与此相联系的GNP则是一个国民概念，乃指某国国民所拥有的全部生产要素在一定时期内所生产的最终产品的市场价值。由此可见，GNP强调的是国民性，GDP强调的是地域性。

二、失业与失业率

(一)失业与失业率的定义

西方国家在界定失业的含义时普遍认为：凡在一定年龄范围内，有工作能力愿意工作而没有工作，并正在寻找工作的人均为失业。

衡量一国或地区经济中失业状况的最基本的指标是失业率，它是失业人数占劳动力总数的百分比，用公式表示即为：失业率=(失业人数/劳动力总数)×100%，劳动力总数是指失业人数与就业人数之和。

失业率是反映一个国家或地区失业状况的主要指标，是指一定时期满足全部就业条件的就业人口中仍未有工作的劳动力数量情况。它是资本市场的重要指标，失业率增加是经济疲软的信号，可导致政府放松银根以刺激经济增长；失业率下降，将形成通货膨胀，使央行收紧银根以减少货币投放。2011 年始，我国开始采用“调查失业率”这一指标，不再使用“城镇失业登记率”这一指标。

(二)失业的分类

宏观经济学通常将失业分为以下三种类型，即摩擦性失业、结构性失业以及周期性失业。

1. 摩擦性失业

摩擦性失业是指在生产过程中由于难以避免的摩擦而造成的短期、局部性失业，即劳动力市场供求信息的不完善以及劳动力在异地之间流动所引起的失业。

2. 结构性失业

结构性失业是指劳动力的供给和需求不匹配所造成的失业，其特点是既有失业，又有职位空缺，失业者或者没有合适的技能，或者居住地点不当，因此无法填补现有的职位空缺。结构性失业可以看做摩擦性失业较为极端的形式。

3. 周期性失业

周期性失业指经济周期中的经济衰退和经济萧条阶段产生的失业。由于社会总供给大于社会总需求，即需求不足而引起的失业，这种失业是由整个经济的支出和产出下降造成的，在经济萧条时期上升，在经济繁荣时期下降。

除了上述三种失业类型外，在宏观经济学中还有一种关于失业的分类，即所谓的自愿失业和非自愿失业。其中，前者指工人不愿接受现行工资水平而形成的失业，后者指工人愿意接受现行工资水平但仍找不到工作从而形成的失业。

三、总需求与总供给

(一)总需求

1. 总需求的涵义

总需求(Aggregate Demand，AD)是指在一定时期及物价的经济体系内对最终物品及劳务需求的总和，或用于购买物品与劳务的支出的总和。

这是商品及服务在一个经济体系中任何可能价格水平下会被消费的总量，它也经常被称作有效需求。其核心要素是总价格水平，同时还受到国内投资、消费水平、货币状况、政府收支、进出口等因素的影响。简单来说就是指全社会在一定价格水平下，对产品和劳务的需求总量。影响总需求的因素包括消费者的收入、消费者的偏好、相关商品的价格、消费者对商品价格的预期。此外，还有很多因素会影响总需求，如人口的数量、结构和年龄，政府的消费政策等。

2. 总需求的分类

总需求由消费需求、投资需求、出口需求等三部分组成，消费需求是居民的日常消费，投资需求由固定资产投资需求和流动资产投资需求组成，是企业在投资和再投资过程中形成的商品和劳务需求，出口需求是国外对本国产品和劳务的需求。其中投资需求和消费需求被称作国内需求，出口需求也就是国外需求。

3. 总需求的计算方法

(1)从需求形成角度测算，其计算公式为：

社会总需求=本期国内生产总值-本期储蓄+本期银行信贷收入+本期财政赤字+本期出口

(2)从需求使用角度测算，其计算公式为：

社会总需求=本期投资需求总量+本期消费需求总量+本期国外需求总量

(二)总供给

1. 总供给的涵义

总供给(Aggregate Supply，AS)是相对于总需求的一个概念，是指一个国家或地区在一定时期内(通常为1年)由社会生产活动实际可以提供给市场的可供最终使用的产品和劳务总量。它包括国内生产活动的产品和劳务和国外商品及劳务输入。

社会总供给和社会总需求是宏观经济学的一对基本概念，它们的关系构成了国民经济中最重要的比例关系。社会总供给与社会总需求的平衡是保证国民经济持续、稳定、协调发展的决定性因素。只有社会总供给与社会总需求平衡，国民经济才能得到稳定增长。否则，就会使经济大起大落。只有社会总供给与社会总需求平衡，才能保证国家重点建设，合理调整产业结构，否则就会发生预算外固定资产投资挤预算内固定资产投资、一般建设挤重点建设的情况。

2. 总供给的分类

(1)由国内生产活动提供的产品和劳务，其包括农林牧渔业、工业、建筑业等行业提供的产品，也包括由交通运输、邮电通信、银行保险、商业、服务业等行业提供的服务，即国内生产总值。

(2)由国外提供的产品和劳务，即商品和劳务输入。

3. 总供给的计算方法

(1)社会总供给=本期国内生产总值+本期进口-本期不可分配部分

本期不可分配部分，是指国内生产总值中当年不能进行分配的部分，如人工培育正在生长过程中的牲畜、树木、由于天灾人祸造成的损失等。

(2)由于各时期的供求状况相互影响，在测算社会总供给时，应考虑各时期之间的衔接。其计算公式又可表示为：

社会总供给=本期形成的社会总供给+期初供给结余总额

四、通货膨胀与通货紧缩

(一)通货膨胀

1. 通货膨胀的涵义

通货膨胀是经济发展中发生了一个不良经济现象，它是指在货币流通条件下，流通中的货币数量超过实际需要的货币数量从而引发货币贬值、物价持续上涨的现象。也就是说，在一定的时间内，社会物价水平出现了普遍持续上涨、货币购买力持续下降的现象，就可以认定为出现了通货膨胀。

通货膨胀产生的原因，凯恩斯主义经济学认为，是经济体中总供给与总需求的变化导致物价水平的移动。货币主义经济学认为，当市场上货币发行量超过流通中所需要的货币量，就会出现纸币贬值，物价上涨，导致购买力下降，出现通货膨胀。

2. 通货膨胀的分类

通货膨胀按剧烈程度可以分为：低通货膨胀、急剧通货膨胀、恶性通货膨胀。

以引发通货膨胀的原因可以分为：需求拉上型通货膨胀、成本推动型通货膨胀、输入型通货膨胀、结构型通货膨胀。

需求拉上型通货膨胀是指因社会总需求过度增长，超过了社会总供给的增长幅度，导致商品和劳务供给不足、物价持续上涨的通货膨胀类型，其特点是自发性、诱发性、支持性。成本推动型通货膨胀又称成本通货膨胀或供给通货膨胀，是指在没有超额需求的情况下由于供给方面成本的提高所引起的一般价格水平持续和显著的上涨。输入型通货膨胀是指由于国外商品或生产要素价格的上涨，引起国内物价的持续上涨现象(汇率所致)。结构型通货膨胀是指物价上涨是在总需求并不过多的情况下，因对某些部门的产品需求过多而造成部分产品的价格上涨现象。

3. 通货膨胀的测量指标

由于通货膨胀表现于社会生活中各类物品的价格变化，也表现于经济发展的各个区域和领域，因此没有专门单独的测量方法，而是通过多种指标综合反映。通货膨胀通常通过以下指标进行测量：生活指数(CLI)、消费者物价指数(CPI)、生产者物价指数(PPI)、批发物价指数、商品价格指数、GDP 平减指数、个人消费支出价格指数(PCEPI)。

4. 反通货膨胀

反通货膨胀指的是通货膨胀速度下降，此时经济仍然处于通货膨胀的状态。比如，当一个国家处于反通货膨胀时，物价增长率从每年 10% 减缓至每年 3%，虽然说物价仍然在增长，但是增长的速度下降了。

(二)通货紧缩

1. 通货紧缩的涵义

通货紧缩是一个与通货膨胀相对的概念，它也是一种不良经济现象。通货紧缩是指流通中的货币量少于实际需要的货币数量，从而引起货币升值、商品物价持续下跌的现象。判定是否出现通货紧缩必须参考物价水平、经济增长率和货币供应量等三个指标是否持续下降，这种观点被称为“三要素论”。“三要素论”认为，通货紧缩是一种货币现象，表现为价格的持续下跌和货币供给量的连续下降。总之，当市场上的货币供应量不合理减少，就会引起物价下跌，货币购买力下降，如果是长期的通货紧缩会导致投资和生产减少，从而导致大量的社会失业，引发经济衰退。

2. 通货紧缩的类型

按通货紧缩持续的时间长短可分为长期性通货紧缩和短期性通货紧缩；按通货紧缩和经济增长的关系可分为需求不足型通货紧缩和供给过剩型通货紧缩，前者是指由于总需求不足，使得正常的供给显得相对过剩而出现的通货紧缩，后者是指由于技术进步和生产效率的提高，在一定时期产品数量的绝对过剩而引起的通货紧缩；按通货紧缩和货币政策的关系可分为货币紧缩政策情况下的通货紧缩、货币扩张政策情况下的通货紧缩和中性货币政策情况下的通货紧缩。

此外还可分为显性通货紧缩和隐性通货紧缩。界定通货紧缩，在一般情况下可以而且能够用物价水平的变动来衡量，因为通货紧缩与通货膨胀一样是一种货币现象。但是如果采取非市场的手段，硬性维持价格的稳定，就会出现实际产生了通货紧缩，但价格可能并没有降低下来的状况，而这种类型的通货紧缩就是隐性通货紧缩。

3. 通货紧缩的测量指标

由于通货紧缩最重要的指标是物价全面持续下降，所以通过物价总水平的变化可以看出是否出现通货紧缩。最常见的指标有：GDP 平减指数、生产者物价指数、消费者物价指数等。在日常生活中，当物价、工资、粮食、能源、利率等要素不停持续下跌，持续出现供过于求的状况，就是通货紧缩的征兆。在经济指数上，当消费者物价指数连跌两季，即认为已经出现了通货紧缩。

（三）通货膨胀与通货紧缩的关系

1. 通货膨胀与通货紧缩的联系

二者都是由社会总需求与社会总供给不平衡造成的，亦即流通中实际需要的货币量与发行量不平衡造成的。二者都会使价格信号失真，影响正常的经济生活和社会经济秩序，因此都必须采取有效的措施予以抑制。

2. 通货膨胀与通货紧缩的区别

含义和本质不同：通货膨胀是指纸币的发行量超过流通中所需要的数量，从而引起纸币贬值、物价上涨的经济现象，其实质是社会总需求大于社会总供给；通货紧缩是与通货膨胀相反的一种经济现象，是指在经济相对萎缩时期，物价总水平较长时间内持续下降，货币不断升值的经济现象，其实质是社会总需求持续小于社会总供给。

表现不同：通货膨胀最直接的表现是纸币贬值，物价上涨，购买力降低。通货紧缩往往伴随着生产下降，市场萎缩，企业利润率降低，生产投资减少，以及失业增加、收入下降、经济增长乏力等现象，主要表现为物价低迷，大多数商品和劳务价格下跌。

成因不同：通货膨胀的成因主要是社会总需求大于社会总供给，货币的发行量超过了流通中实际需要的货币量。通货紧缩的成因主要是社会总需求小于社会总供给，长期的产业结构不合理，形成买方市场及出口困难。

危害性不同：通货膨胀直接使纸币贬值，如果居民的收入没有变化，生活水平就会下降，造成社会经济生活秩序混乱，不利于经济的发展。不过在一定时期内，适度的通货膨胀又可以刺激消费，扩大内需，推动经济发展。通货紧缩导致物价下降，在一定程度上对居民生活有好处，但从长远看会严重影响投资者的信心和居民的消费心理，导致恶性价格竞争，对经济的长远发展和人民的长远利益不利。

治理措施不同：治理通货膨胀最根本的措施是发展生产，增加有效供给，同时要采取控制货币供应量、实行适度从紧的货币政策和量入为出的财政政策等措施。治理通货紧缩要调整优化产业结构，综合运用投资、消费、出口等措施拉动经济增长，实行积极的财政政策、稳健的货币政策、正确的消费政策，坚持扩大内需的方针。

五、消费者物价指数

（一）消费者物价指数的涵义

消费者物价指数（Consumer Price Index，CPI），又称生活费用价格指数，指通过计算城市居民日常消费的生活用品和劳务的价格水平变动而得到的指数，它是普通消费者所购买的物品与服务的总费用的衡量指标。

居民消费价格统计调查的是社会产品和服务项目的最终价格，其同人民群众的生活密切相关，同时在整个国民经济价格体系中也具有重要的地位，它对监测价格总水平、反映经济发展状况、进行经济分析决策预测、核算国民经济等都具有重要作用，特别是消费者物价指数变动是反映通货膨胀和通货紧缩的重要指标，一般来讲，物价全面地持续上涨就认为是发生了通货膨胀。

全国居民消费者物价指数涵盖全国城乡居民生活消费的衣着、居住、生活用品及服务、交通和通信、教育文化和娱乐、食品烟酒、医疗保健、其他用品和服务等 8 大类、262 个基本分类的商品与服务价格。消费者物价指数具有以下主要作用：反映通货膨胀状况、反映货币购买力变动、反映对职工实际工资的影响。

（二）消费者物价指数的公式及计算方式

消费者物价指数的公式：CPI=（现期价格指数/基期价格指数）×100%

计算方法：

（1）固定篮子。即先确定哪些物价对普通消费者而言是最重要的。在计算 CPI 时并非把居民所购消费品价格都计入，只是挑选对居民生活影响较大的一些商品。这些商品是固定一篮子产品，且每种被选产品相对固定，并非基期选这些产品，现期又选另一些产品。只有这样，才便于对比分析物价的变动。

（2）找出价格。找出每个时点上篮子中每种物品与服务的价格。

（3）计算这一篮子东西的费用。用价格数据计算不同时期一篮子物品与服务的费用。

（4）选择基年并计算指数。指定一年为基年，即其他各年与之比较的比率。（在用指数衡量生活费用的变动时，基年的选择是任意的。）一旦选择了基年，指数的计算如下：

消费者物价指数=(当年一篮子物品与服务的价格/基年一篮子物品与服务的价格)×100

这就是说，每一年一篮子物品与服务的价格除以基年这一篮子物品与服务的价格，然后再用这个比率乘以100，所得出的数字就是消费者物价指数。

六、宏观调控

(一)宏观调控的涵义

宏观调控是凯恩斯理论的重要内容，由于市场失灵所以需要政府调节，这种调节行为就称为宏观调控，即国家综合运用各种手段对国民经济进行调节与控制的行为。从国家的角度来看，宏观调控是国家重要的经济职能，是政府运用政策、法规、计划等手段对经济运行的环节进行干预和调整的方式。其目标是保持经济增长、保持物价水平稳定、实现充分就业、保持国际收支平衡，实现国民经济快速、协调、健康、持续地发展。

(二)宏观调控的基本手段

(1)经济手段。主要包括税收、利率、存款准备金率、信贷规模、汇率、价格、购销、扶贫等各种工具和政策，通过利用这些工具来对经济杠杆进行调节。

(2)法律手段。政府通过立法、司法等来调节经济关系和控制经济活动。

(3)行政手段。主要包括通过制定行政命令、规划、指示、规定等方式来调节经济活动。在实际操作过程中，宏观调控应该以经济手段和法律手段为主，在一定条件下也可采取必要的行政手段。

此外，宏观经济学除了以上关键概念外，还包括财政政策、税收政策、储蓄、投资、进口、出口、汇率等重要概念，这些概念将在后续章节进行详细介绍。

第三节　宏观经济新闻报道

从我国经济新闻报道实践来看，新中国成立初期的经济新闻报道侧重于对宏观经济成就的描绘，侧重于阐释、宣传政府的经济政策和成绩，这是我国早期的宏观经济报道。后来随着改革开放特别是社会主义市场经济体制的建立，公司企业如雨后春笋般发展起来，人民更加注重自己的经济生活，经济新闻报道开始关注企业发展、消费情况和市场状况，以此为代表的微观经济新闻报道受到重视。再后来，随着城市群、经济带的发展，产业结构的调整，于是有了更多着眼于城市、城市群、地区、区域等经济发展的中观经济报道。不论是宏观经济新闻报道、微观经济新闻报道，还是中观经济新闻报道，它们对建设中国特色社会主义市场经济都发挥了巨大的作用，特别是宏观经济新闻报道在呈现经济成就、阐述经济政策、预测经济走向、指导经济行为等方面的作用不容小觑。

一、宏观经济新闻报道概述

要了解宏观经济新闻报道的要求，首先要了解宏观经济新闻报道的涵义、特点及作用。

(一)宏观经济新闻报道的涵义

目前对宏观经济新闻报道有以下定义：

“宏观经济新闻报道主要是阐释国家和地方的宏观经济政策的报道。”①

“宏观经济新闻是关于国家经济总体运行状态和政府宏观调控的新闻。”②

“何谓宏观经济报道？简单而言，即是把国民经济作为一个整体，对其活动、变化以及相应的政府调控行为和政策所作的报道。”③

这些说法均窄化了宏观经济新闻报道的概念。宏观经济新闻报道应以国民经济为核心，把国家整体经济活动和宏观经济现象等作为内容予以报道。

“由于凯恩斯及其现代追随者的努力，我们现在已经知道，通过选择不同的宏观经济政策，即那些影响货币供给、税收或政府支出的政策，一个国家能够加快或减慢其经济增长的速度，点燃高速的通货膨胀或降低物价的上涨幅度，以及引起贸易逆差或产生贸易顺差。”④由此可见，宏观经济的发展和宏观经济政策密切相关，是影响一个国家经济发展状况和走势的关键所在。因此，宏观经济新闻报道的首要任务就是把握政策、解释政策、宣传政策、运用政策，把政策作为宏观经济报道的主要观念和核心内容。

“一个国家的政治、社会和军事命运大大依赖于经济上的成功，而对于这

① 丁骋：《论地方综合性日报的宏观经济报道》，《新闻爱好者》(理论版)2008年第6期，第71页。

② 李鼎鑫、黄蕙：《宏观经济报道四“守则”》，《声屏世界》2009年第8期，第66页。

③ 莫林虎：《财经新闻概论》，浙江大学出版社2013年版，第103页。

④ 保罗·萨缪尔森等：《经济学》(第十四版)，首都经济贸易大学出版社1996年版，第733页。

种成功而言，在经济学当中没有别的部分比宏观经济的业绩更为重要。”①宏观经济的业绩是一个国家经济发展状况和经济实力的展现，是一个国家国民经济建设的成就。因此，宏观经济新闻报道的另一个主要内容是从整体上把握、传播、塑造经济建设的成就，展示经济业绩。

《人民日报》原经济部副主任皮树义认为：“从严格意义上来讲，宏观经济新闻报道只是指有关国民经济整体情况的报道，比如，一个时期国民生产总值的增长快慢，物价涨幅的高低，居民收入的增减，就业、失业情况，进出口额的多少等总量指标的变化；社会在生产中消费、生产、流通、分配各环节整体情况的变化以及对这些总量指标和整体情况变化原因的分析和发展趋势的预测。但从一个更广义的概念出发，国民经济中各行业整体情况的报道，市场中各类商品和要素市场整体情况的报道，也属于宏观经济新闻报道的范围。”②

综上所述，宏观经济新闻报道是以国民经济为核心对象，从整体上对经济发展中的政策、成就、现状、趋势等进行描述、解读以及预测，给受众提供宏观经济信息、解读经济政策和现象、指导经济行为的一种报道方式，它不仅关乎整个经济发展利益，也影响国民个人利益。

不管是直属专业报《经济日报》还是新财经媒体代表的《21 世纪经济报道》，宏观经济新闻报道都是其重要的报道内容，它们设立的要闻版就是以刊发宏观经济新闻报道为主，指导经济工作，提供情况、提供经验、提供信息、指导消费，推动社会主义市场经济建设，着重把握、解读、宣传党和国家经济方针、路线、政策，描述和阐释经济现象，挖掘经济发展中的重大问题，同时也注重对经济理论进行探索。

央行定调 2021 年十大工作任务：引导金融资源向绿色发展领域倾斜

1 月 6 日央行官网消息，2021 年央行工作会议于 1 月 4 日召开，总结 2020 年主要工作，分析当前形势，部署 2021 年工作。

此次会议定调了 2021 年的十项工作任务。会议要求，稳健的货币政

① 保罗·萨缪尔森等：《经济学》(第十四版)，首都经济贸易大学出版社 1996 年版，第 733 页。

② 皮树义：《把握大势写宏观——谈谈宏观经济报道》，《新闻战线》1997 年第 2 期，第 17~19 页。

策要灵活精准、合理适度；继续发挥好结构性货币政策工具和信贷政策精准滴灌作用，构建金融有效支持小微企业等实体经济的体制机制。

值得一提的是，继2020年央行货币政策委员会第四季度例会首提“碳达峰、碳中和”目标后，央行工作会议再次指出，要落实碳达峰、碳中和重大决策部署，完善绿色金融政策框架和激励机制，做好政策设计和规划，引导金融资源向绿色发展领域倾斜。

稳健的货币政策要灵活精准、合理适度

在深入分析当前经济金融形势的基础上，会议要求，2021年人民银行系统要全面贯彻党的十九届五中全会和中央经济工作会议精神，稳字当头，抓住重点，守住底线，敢于担当，认真履行国务院金融委办公室职责，建设现代中央银行制度，继续做好“六稳”“六保”工作，为加快构建新发展格局提供有力有效的金融支持。

为此，会议提出了2021年十项工作任务。其中，第一项要求为“稳健的货币政策要灵活精准、合理适度”。完善货币供应调控机制，保持广义货币和社会融资规模增速同名义经济增速基本匹配。健全市场化利率形成和传导机制，深化贷款市场报价利率改革，带动存款利率市场化。深化人民币汇率市场化改革，加强宏观审慎管理，引导市场预期，保持人民币汇率在合理均衡水平上的基本稳定。

（节选自《21世纪经济报道》2021-01-07，边万莉采写。）

这是一篇典型的政策解读性报道，围绕1月4日央行工作会议定调的2021年十大工作任务进行解释，不仅让读者了解2021年经济工作的核心与重心，并为投资理财提供参考。记者从央行官网获悉2021年我国经济工作的十大任务，从宏观经济的角度出发，重点介绍了“稳健的货币政策要灵活精准、合理适度”“落实碳达峰、碳中和重大决策部署”两个方面的宏观经济战略，从政策解读的视角为受众普及了当前宏观经济政策和发展重点。该报道将政策解读作为重点，融入诸多宏观经济数据，多方面论证和阐释了“引导金融资源向绿色发展领域倾斜”的发展重点，介绍了我国经济结构转型和新金融经济的发展方向，为指导人们的经济行为提供了一定的服务和参考。

（二）宏观经济新闻报道的特征

宏观经济新闻报道作为一种常见的新闻样式，具有经济新闻报道的实用性、专业性、引导性、服务性、前瞻性等特点，此外，它还有显著的自身特点，比如重大性、全局性、政策性等。

1. 重大性

从报道题材来看，宏观经济的发展是宏观经济新闻报道的重要内容，国民经济具有重大性，因此宏观经济新闻报道的题材也必然关乎整个国民经济发展状况，关乎国家重大政策的发布与执行，关乎重大经济现象和经济问题，关乎经济发展的成就与现状。这些报道站在国家的高度，选择重大的经济政策、经济状况、经济指标作为报道题材，看似高深莫测、高大宏观，但实质却与每个受众的经济生活和经济利益密切相关。

《李克强：中国仍然是推动全球经济增长的重要力量》(新华网 2018 年 3 月 15 日)选取 2018 年“两会”政府工作报告中所提及的经济增长状况和目标来对中国宏观经济进行分析，并报道中国经济对全球经济增长的贡献，这样的选题必定是重大的，站在国家的高度来审视经济发展。又如《消费成为我国稳增长压舱石》(《人民日报》2018 年 3 月 31 日)解读国家发改委首次组织编写的《2017 年中国居民消费发展报告》，指出报告从四方面分析我国消费的发展特征：一是我国居民消费总体规模不断扩大，二是消费对经济发展的基础性作用显著增强，三是消费升级步伐加快，四是居民消费能力不断提高。国家发改委的报告自然是重大的，对整个国家的政策制定和企业经营计划都具有十分重要的指导作用。

2. 全局性

从报道选题和报道视角来看，相对于微观经济关注单个经济主体经济活动以及中观经济关注区域经济发展而言，宏观经济关注的是总量上的经济，是整个国民经济运行的状况。宏观经济新闻报道着眼点不在于个体和局部，而是把眼光放在国民经济的整体状况，着眼全局、放眼全国。因此，宏观经济新闻报道选题要着眼全局，用全面的观点、联系的观点和发展的观点辩证地认识和解读宏观经济，不仅要有横向的描绘，还要有纵向的解读，联系过去，着眼未来，对国民经济进行“全景式”报道。

2020 年全国“两会”期间，全国人大代表、海峡两岸关系协会会长张志军在北京接受了福建广电融媒体资讯中心记者的独家专访，第一次向媒体发布“福建省 2019 年经济总量首超台湾”的重磅消息。《历史性突破！福建经济总量首超台湾》这篇网络文字消息于 5 月 27 日采访当天在网络端首发，除了第一时间公布福建经济总量首超台湾这一新闻事实外，更挖掘“1980 年代台湾 GDP 是福建的 40 倍”“2009 年提出 GDP 反超台湾目标”“已有 8 省 GDP 超过台湾”等背景，回顾福建的赶超历程，同时引用张志军观点，强调福建的发展以及祖国的发展进步，印证了两岸关系的未来、祖国统一的大趋势，是任何势力任何人都阻挡不住的。这篇消息站在全局的高度传递了一个具有指标意义的信息：海峡两岸的此消彼长，制度的优越性不言自明。透过经济数据对比，更有利于启发读者思考和判断两岸关系的走向与大势。这一赶超是历史性的突破，对于对台工作具有深远意义。

3. 政策性

政策性是宏观经济新闻报道的显著特征，这就要求不仅要报道和解读宏观经济政策，还需要有正确的政策意识。政策性在宏观经济新闻报道中显得格外突出和重要，对政策进行全面把握后向受众传播和解读，让受众了解宏观经济政策推出的必要性和可行性、实施现状和措施、实际意义和成效，进而达到让受众接受政策、拥护政策、利用政策的效果，推动政策的落实和施行。同时宏观经济新闻报道的政策性关系到报道方向的正确与否、关系到舆论导向的正确与否、关系到国民经济的健康运行。因此，政策性对于宏观经济新闻报道来说，就是其命脉，具有正确政策意识的报道才能充分发挥报道的作用。

《发展更高层次的开放型经济》(《人民日报》2018 年 3 月 16 日)通过把握国家“一带一路”的倡议和继续支持对外贸易发展的政策，制造舆论环境，鼓励发展开放型经济。《一根糯玉米演绎的“供给侧改革”》(《安徽日报》2017 年 8 月 15 日)是《安徽日报》推出的“砥砺奋进的 5 年・一线调研”系列报道中的一篇，该报道在 2017 年中央“一号文件”提出深入推进农业供给侧结构性改革的政策背景下，将“供给侧改革”这样的大道理，通过一位普通农民种植、加工、销售玉米的实践，讲得通俗易懂，既反映了现代农民的成长，也佐证了安徽省从供给侧入手，引导农民从追求高产向优质转变，以优质农产品对接市场的做法，是顺应时势、十分正确的。

(三)宏观经济新闻报道的作用

国家的任何一项宏观调控措施、经济指标的出台，都会对实体经济和虚拟经济的各个方面产生巨大的影响，甚至会造成一个国家乃至世界政治、文化、社会意识的转变。宏观经济新闻报道在反映国民经济走向、解释宏观经济政策等方面发挥着重要作用，了解宏观经济新闻报道的作用对于做好宏观经济新闻报道至关重要。

1. 反映国民经济走向和宏观经济政策制定部门动向

宏观经济新闻报道以整体国民经济运行情况为报道对象，以国民经济运行状态、国民经济发展现状、国民经济成就及问题等国民经济走向以及国民经济发展中制定和实施宏观经济政策的政府部门的职能和动向为报道重点，这些部门涉及财税、银行、证券、保险、经济、医疗等各个职能部门和机构。例如，

《经济日报》的《宏观资讯》栏目专门设置了部委信息版块，聚焦各部委在经济发展过程中制定政策、实施政策以及发展动向，将各部门的动作作为自己的关注点和报道点。

2. 解释新的宏观经济政策与宏观经济现象

宏观经济新闻报道的重要使命在于报道经济政策、经济数据、经济现象等内容，这些选题大多为非事件新闻，因其大多涉及经济领域的相关专业知识，宏观经济新闻报道不应仅仅是这些数据、政策等信息的传播者，还应该做好受众的“经济翻译师”，为受众的经济生活释疑解惑，解释新的宏观经济政策与宏观经济现象。例如，《习近平首次系统阐述“新常态”》(新华网 2014 年 11 月 9 日)通过对“经济新常态”的具体阐述，把这一经济状态解释给受众，让受众对新常态的特点、目标、任务有个清晰了解。

3. 探寻国民经济活动中的深层次问题

每一位社会公众都离不开经济，也无法避免对经济发展问题的关注，他们或以消费者的角色参与经济生活，或以投资者的角色参与经济利益分配，不论是消费者还是投资者，公众都非常重视国民经济活动中的问题，并参与到解决问题的过程中。这就需要宏观经济新闻报道发挥探寻国民经济活动深层次问题的功能，为受众发现问题、揭露问题、解决问题。例如《宏观经济面临更大挑战 下半年车市高基数上承压》(《中国汽车报》2018 年 8 月 8 日)解读了受经济、地产、市场周期性回调等多方因素影响导致的汽车市场经济下行、消费意愿不足、市场高基数等压力，为汽车购买者提供了一定的参考。

4. 以舆论提振经济发展信心

新中国成立后，我国经济经历了从恢复到振兴，从计划经济到市场经济，从市场在资源配置中起基础性作用到起决定性作用，特别是社会主要矛盾变为人民对美好生活的需要和不平衡不充分的发展之间的矛盾，我国的社会生活和经济发展都经历了巨大的变革与飞跃。

当前，我国经济社会正处于转型时期，互联网技术带来第四次科技革命的变革，以“新四大发明”为代表的新技术、新思想、新事物层出不穷，但是在这其中还是面临许多的问题与冲突，因此，宏观经济新闻报道不仅包括对经济信息的传播，还承担引导舆论、提振信心的职责，应如实地报道中国经济现状，凸显中国经济发展成就，挖掘和解决中国经济问题，在注重理性分析的基础上，稳定国民情绪，提振市场信心，以舆论提振经济发展。

2014 年 8 月，《人民日报》刊发“新常态 · 平常心”系列报道和“新常态下的中国经济”系列评论员文章，全面揭示了新常态的内涵与特征。该系列报道对新常态进行全面、系统、科学的阐发，在国内外产生了热烈反响，大量媒体纷纷转载、跟进，使“新常态”很快成为中国经济的新“热词”，让受众对“新常态”有清楚的认识和积极的信心。

二、宏观经济新闻报道分类

宏观经济新闻报道根据报道内容，可以分为宏观经济政策报道、宏观经济指标报道、宏观经济成就和现状报道、宏观经济走势预测报道及其他宏观经济报道等五类。

(一)宏观经济政策报道

宏观经济政策报道，是构成媒体经济信息的重要组成部分。通过阅读宏观经济政策报道，受众可以了解国家的宏观经济政策，通过媒体对经济政策的解读，更好地贯彻执行经济政策，理解政策与受众的关系，根据政策信息来做出自己的经济决策。

根据投资、消费、出口等“三驾马车”理论，宏观经济政策报道分为财政政策报道、货币政策报道及对外经济政策报道。财政政策是指相关政府部门(如财政部、发改委等)通过调节税率或者提高/降低政府开支等影响宏观需求或供给的政策，涉及税收、预算、国债、购买性支出和财政转移支付等方面的内容。例如国家提出减税政策，财经新闻记者在了解财政政策基本内容及观点之后，就可以对减税政策进行深层次分析，如减少税收可以刺激消费，扩大内需，拉动我国经济增长，促进经济结构转型。货币政策报道一般是对中央银行通过价格手段(降息/加息)或者数量手段(提高/降低准备金率)调控货币供应量的政策进行报道。一般而言，货币政策报道主要涉及国家公布的有关公开市场业务、存款准备金、中央银行贷款、利率政策、汇率政策等。对外经济政策报道包括对对外贸易政策、对外投资政策、技术引进政策、国际经济合作政策等的报道。因此，在宏观调控报道中对外经济政策报道也是极其重要的一部分。

近年来，由美国次贷危机引发的全球金融危机，导致世界经济格局发生剧变，这对我国经济的发展既带来机遇，也带来挑战，这也是宏观经济新闻报道中特别值得关注的。特别是在“一带一路”倡议的建设中，涌现出很多有关“一带一路”的政策报道，如《正确认识“一带一路”》(人民网 2018 年 2 月 26 日)通过对“一带一路”倡议进行理论再解读，对传播“一带一路”倡议具有重要的意义。又如《财政部：新增地方政府专项债券发行前 需公开项目预期收益等信息》(《每日经济新闻》2018 年 12 月 29 日)就是对财政部印发的《地方政府债务信息公开办法(试行)》进行了详细介绍，要求地方政府在新增一般债券、新增专项债券发行前，提前5个以上工作日公开相关信息，并且在债券发行后2个工作日内，公布发行债券编码、利率等信息。再如《〈电子商务法〉实施在即微商代购和“头号玩家”们都坐不住了!》(《每日经济新闻》2018年12月29日)，介绍了我国首部电子商务领域的综合性法律——《中华人民共和国电子商务法》即将于2019年1月1日实施的消息，然后对《中华人民共和国电子商务法》出台的影响进行了分析，包括对代购微商和阿里、京东等电子商务行业公司的影响。通过这样的解读，相关的从业人员能更加了解这部法律对自己生活、行业的影响，并能够根据这个法律制定自己接下来的经济活动。

(二)宏观经济指标报道

在宏观经济新闻报道中，GDP、CPI、PPI、就业率、失业率等数据指标经常出现，这些数据指标的出现能为受众提供最准确直观的经济发展状况，并对经济发展的走势起到一定的启发作用。在宏观经济新闻报道中，经济指标往往成为报道的主要对象和内容，往往一个新的指标数字的更新就能显示经济在某一方面的发展情况，一个新的指标的发布往往涉及经济的各个方面，并能触发媒体进行大量报道，通过经济指标来解读经济形势。宏观经济指标报道通过对数据的报道来阐释经济发展的现状、成就和问题，用数据说话、用指标展示经济发展的方方面面，所以如何用好用活数据显得尤为重要。

如《2017年CPI同比增1.6% PPI结束连续五年下降态势》(腾讯财经2018年1月10日)通过对国家统计局公布的CPI和PPI数据的报道，利用多种统计图形式来呈现数据，通过图文结合来解读宏观经济指标。又如《工业增长“三驾马车”降速 前11月周期行业利润增幅回落》(《21世纪经济报道》2018年12月28日)用了大量图标，展示了近三年来工业企业利润和主营业收入累计增速走势、产成品周转天数、实际库存增速和企业利润率、不同所有制企业利润总额同比增速等数据，并对其进行了分析，得出“从当前运行情况来看，明年工业品的运行情况不容乐观”的结论。《上半年经济增长12.7% 全年增长预期或需向下修正》(《21世纪经济报道》2021年7月16日)通过对国家统计局公布上半年经济数据的解读来揭示下半年经济走向，提出“随着供需循环、市场信心、内需动力等持续增强，下半年经济有望稳定复苏。虽然全年我国经济有望实现8%~9%的高增长，但全年经济增长预期面临向下修正的压力”。

(三)宏观经济成就和现状报道

经济建设成就的报道反映的是国民经济体系在一个特定阶段内实现的经济目标，主要体现在产出、就业、物价、对外贸易等一些国民经济的宏观指标上。在经济建设成就报道中，多以统计数字为依据，用宏观的视角看待国民经济发展的大局，结合政策宣传，正面报道经济建设的成就。同时，宏观经济成就报道也非常注重对统计数据的深层分析，如透过成绩的表面，发现、预测问题，并为群众解惑，为问题的解决提供一个正确的舆论导向。报道经济建设成就，要求媒体要有宏观的眼光，一方面体现为社会化的视角，要求结合社会发展看待我国经济成就；另一方面体现为全球化视角，要求参照世界经济看待我国经济成就。

《"十二五"回顾与"十三五"展望》（光明网 2015 年 10 月 27 日）在"十二五"即将收官之际，回顾国家"十二五"规划纲要，其中展现了经济发展、结构调整、科技教育、资源环境、人民生活、社会建设、改革开放七大类发展成就和目标。又如《2017 年去产能再度提前交卷 破除无效供给将是长期任务》（《21 世纪经济报道》2017 年 12 月 29 日）中，对 2017 年的供给侧改革进行了回顾，指出，"2017 年，中央明确制定了钢铁、煤炭、煤电三行业的去产能目标，三行业在四季度初均已提前超额完成了全年目标"，并说明了去产能大幅提升了工业产能的利用率，去产能的推进使得煤炭钢铁行业在盈利上实现了大幅好转。

（四）宏观经济走势预测报道

以世界经济发展规律为依据，结合近期经济发展的具体状况对未来一段时间的经济走势进行一个预测或判断，为广大消费者提供较为专业的投资消费引导，甚至为国家经济发展出谋划策，这是宏观经济走势预测报道的功能所在，也是经济新闻服务性和前瞻性的体现，这类报道基于经济规律和社会发展规律对经济发展走势做出预测，为受众提供判断性的信息。

如《2019 向改革要动力》（《21 世纪经济报道》2018 年 12 月 31 日）中，对 2019 年的宏观经济进行了预测，文中提到："三年来供给侧结构性改革持续推进，房地产去库存成效明显，煤炭、钢铁去产能任务已经超额完成，宏观杠杆率基本稳住，2019 年相关工作仍将'巩固'，供给侧结构性改革的另一个重要方面补短板、降成本有望得到强化。"此文通过对过去三年的供给侧结构性改革成效的回顾，来预测 2019 年我国宏观经济的走势。《全球经济同步放缓 前景依然难言稳定》（《经济日报》2019 年 12 月 26 日）以丰富的数据和翔实的事实，对全球经济未来的不稳定性进行了详细诠释。

此外，宏观经济新闻报道也关注人的素质和社会文化的全面发展，关注自然资源的合理开发、有效配置，关注与国民经济可持续发展相关的社会文化问题，关注与国民经济可持续发展相关的环境资源问题。这些都是涉及国民经济能否良性运作、获得持久发展动力的关键性问题。宏观经济新闻报道的范围不断拓宽，也体现了宏观经济新闻报道不断走向深入的发展趋势。如获得第25届中国新闻奖三等奖的作品《青海湿地面积居全国第一》(《西海都市报》2014年6月7日)紧抓经济运行中的环保问题，加大对生态问题的关注，该消息短小精悍，采写及时，第一时间反映出青海在经济发展过程中生态保护取得的成效，也颠覆了青海在许多人心目中干旱、气候恶劣的印象。

三、宏观经济新闻报道原则

随着社会主义市场经济的发展以及全球经济联系日益紧密，中国经济与世界经济正式接轨，我国的宏观经济越来越受到社会各界的关注和重视，然而在宏观经济报道中可读性强、受众满意的宏观经济报道仍然不多，许多报道还停留在晦涩的经济数字和术语组合以及简单的政策解读层面上，出现外行看不懂、内行不愿看的尴尬情况。因此，宏观经济新闻报道要把握以下原则，以便更好地为受众服务。

(一)以经济规律解读宏观经济政策

规律是事物之间必然的、本质的、稳定的联系，经济规律是社会经济现象中必然的、本质的、稳定的联系，最基本的经济规律是生产力与生产关系之间的相互作用规律。在经济快速发展的信息时代，媒介是传递经济信息的重要载体，受众通过媒介感知经济信息、关注经济现象，还通过媒介来理解经济规律，从而做到按规律办事。

宏观经济新闻报道要通过提供专业的、权威的内容，以可读性、趣味性的方式阐释经济规律，以经济规律来为受众的经济生活指点迷津，提供有指导意义、有价值的经济信息。也就是说，经济新闻报道者在进行宏观经济新闻报道时，必须要正确把握经济规律，从理论上掌握经济规律，还要回归实践感受规律，做到用经济规律审视经济现象，用新闻的思维和方式对经济规律加以解读，把专业的经济语言转化为新闻语言，把经济的视角和规律融入新闻信息中。经济新闻报道者要在遵循新闻规律的前提下，确立按经济规律办事的原则，全面反映经济现象和经济问题，提供完整而真实的经济信息。①

宏观经济新闻报道需要有政策意识，政策性是其重要特点，同时政策也是宏观经济新闻报道的重要内容。经济新闻报道者在进行宏观经济新闻报道时，既要在尊重规律的基础上去解读政策，也要在政策的引导下去解释经济现象，

① 吴玉兰:《经济新闻报道》，武汉大学出版社2009年版，第183~184页。

以媒体受众对政策信息的需求来引导自己的采写，打造出受众喜闻乐见的宏观经济新闻。

多地去产能“成绩单”亮眼

2020年已收官，多地在规划新的一年工作计划时，也陆续公布了去年去产能相关情况。值得关注的是，较多地区提前或超额完成了相关任务目标。

2015年末中央经济工作会议首次提出“三去一降一补”的五大任务，同时，这五大任务也被写入“十三五”规划当中。而今已经过去了五年，有关专家表示，中上游原材料行业方面，重点去产能行业的过剩产能去化基本完毕。

国新未来科学技术研究院执行院长徐光瑞在接受《证券日报》记者采访时表示，五大任务为我国供给侧结构性改革提供了明确抓手，去产能作为“三去”之首，主要目的是化解钢铁、水泥、电解铝、平板玻璃等传统制造业的过剩产能。合理去产能，对于我国构建以国内大循环为主体、国内国际双循环相互促进的新发展格局具有积极的推动作用，有助于加快建设现代化经济体系，实现高质量发展。

政策助力
多地去产能成果亮眼

去年6月份，为深入推进供给侧结构性改革，全面巩固去产能成果，国家发改委、工业和信息化部、国家能源局、财政部、人力资源社会保障部、国务院国资委联合印发的《关于做好2020年重点领域化解过剩产能工作的通知》提出，要坚持巩固、增强、提升、畅通的方针，着力巩固去产能成果，持续推动系统性去产能、结构性优产能。

……

“总的来看，2021年的经济工作会以深化供给侧结构性改革为主线，以改革创新为根本动力，一切政策的着力点都将聚焦在构建新发展格局上，因此去产能等供给侧手段会融合需求侧管理，形成需求牵引供给、供给创造需求的更高水平动态平衡，提升国民经济体系整体效能。”徐光瑞表示。(《证券日报》2021年1月7日，苏诗钰采写。)

该报道将“去产能成绩单”作为报道重点，从十三五期间“三去一降一补”

的五大任务提出后各地如何围绕“去产能”开展经济工作进行描述，将“供给侧改革”“扩大内需”“双循环经济发展格局”等经济政策主线融入之中，在总结经济成绩的同时阐释和解读经济政策。该报道紧紧围绕了“供给与需求”这一经济发展的核心规律，从总供给与总需求的角度提出如何通过去产能进行供给侧改革，并将十三五期间去产能的主要工作和十四五期间扩大内需的战略基点联系起来，介绍了如何把实施扩大内需战略同深化供给侧结构性改革有机结合起来，以创新驱动、高质量供给引领和创造新需求。这篇报道以经济发展的规律来解读宏观经济政策，将经济发展成就和未来发展方向结合起来，使受众能够切实感知去产能所带来的经济成绩单，也让受众能够较好地把握目前的经济方针政策。

(二)以站位高判断准解读政策

当下，一面是海量信息过剩，另一面是优质信息紧缺。抓住高端资源、发出权威声音，直接关系到媒体的核心竞争力和“领唱者”位次。权威机构所提供的信息肯定是与国家政府层面的动作紧密联系的，而主流学者更善于以“以小见大”的方式，让公众以较为直观的视角深刻理解国家宏观经济的专业知识。宏观经济新闻报道要借助权威机构和主流学者的观点来解读宏观经济政策、阐释宏观经济现象，力求在报道中做到站位高、判断准、解读深。

权威机构或权威人物所提供的信息具有较强的信源可信度，所以在进行宏观经济新闻报道时要借助经济学专家、国家经济部门所传达的声音，将宏观经济新闻报道的复杂性以及政治连带意义以简单易懂的方式全面准确地呈现给广大受众，既体现出应有的权威性，又达到简洁直观的目的。

宏观经济新闻报道要做到权威发声，可从这几方面着手：一是提供信息真实以求站位高，即报道中的信息必须是真实客观的，可以是来自相关部门的，也可以是来自相关专家学者的，信息来源要有理有据并且符合经济政策和经济规律；二是数据准确，即有关宏观经济的数据指标一定要准确无误，容不得半点差错，要通过准确的数据来反映经济发展形势，为受众的经济判断提供准确的依据；三是信息丰富，即宏观经济新闻报道的信息要丰富多彩，要挖掘信息与信息之间的联系，寻找具有相互关联性的信息，从多个侧面传播丰富的信息，帮助受众深刻解读经济，达到由表及里、由浅入深、由此及彼的效果。

《我国资本市场开放迈上新台阶》(《经济日报》2016 年 12 月 6 日)就是一篇典型的站位高解读深的成就类报道。深港通是 2015 年政府工作报告提及的重大年度工作，也是当年资本市场的最重要事件。深港通是一座沟通深圳、香港两地证券市场的桥梁，是促进资本市场双向开放、人民币国际化、香港金融中心繁荣稳定、深化粤港合作的重要举措。报道选取深交所、港交所同时敲响开市钟和开市锣为报道由头，分析了深港通正式开通，深圳、上海、香港三地共同大市场正式形成，内地与香港资本市场互联互通可再迈一大步。从报道中我们可以看到，资本市场对外开放是中国经济对外开放的最后一个“堡垒”，它与资本管制放松，以及人民币国际化进展息息相关。资本市场双向开放，既是中国经济对外开放的表征，也是大国自信与大国胸怀的必然选择和大势所趋。《来自江苏45家民营“冠军企业”的调查》系列报道是《新华日报》在2018年12月24日至2018年12月28日刊发的一组调查性系列报道，调研小组耗时半年，逐一走访调查江苏省内45家民营“冠军企业”发展成功之道，分别从企业的专注力、竞争环境、创新力、紧贴客户、企业传承5个角度展开论述，大大提振了民营企业家的信心，更为广大制造业企业高质量发展提供了参考，该系列报道获得第29届中国新闻奖二等奖。

任何挑战都挡不住中国前进的步伐

中美贸易摩擦再度升级。美方无视中方富有诚意的态度与行动，于华盛顿时间2019年5月10日0点01分开始，对2000亿美元中国输美商品加征的关税从10%上调至25%。中方同步发表声明，宣布不得不采取必要的反制措施。

面对这个令人遗憾的情况，密切关注中美经贸高级别磋商迄今所取得进展的人们不得不发问：美方从根本上违背相互尊重、平等互利的谈判原则，难道是要将中美经贸磋商进程退回到原点吗？

中方始终认为，合作是最好选择，也是解决问题的唯一正确选择。只有切实遵循双方业已确定的原则和方向，加强沟通、聚焦合作、管控分歧，才能推动中美经贸合作和两国关系健康稳定发展。

中美经贸关系走向，不仅攸关两大经济体，也深刻影响世界。面对百年未有之大变局，经济全球化遭遇波折、不确定性加剧，人类社会该走向何处？当前，美国政策制定者在“斗”的一面下了一个大赌注，让“现得利益”的浮云遮住了拨云见日的望眼，不能把握历史规律，不去认清世界大势，不想担负时代责任，给世界发展前景蒙上了阴影。

……

一个更高水平开放的中国，将与世界形成更加良性的互动，一起播撒合作的种子，共同收获发展的果实！（《人民日报》2019年5月13日要闻版，国纪平采写。）

中美经贸摩擦是2019年最大的热点事件之一，该篇署名“国纪平”的文章则是中美经贸摩擦舆论斗争中的标杆性、代表性作品。报道从全球经济和中国经济发展的关系入手，在经济全球化的背景下，在中美经贸摩擦的关键时刻举旗定向、为国发声，有力揭批了美国奉行的单边主义、霸权主义做法；充分展示了党中央捍卫国家核心利益和人民根本利益，有信心有决心有能力应对风险挑战的坚定姿态；理性阐释了“办好自己的事”的深刻道理。文章站位高、格局大、内涵深、分析透，凸显了党中央机关报勇于担当、引领舆论的“中流砥柱”“定海神针”作用，为中美经贸摩擦舆论斗争做出了突出贡献。该报道因其高站位、权威性、深刻性获得第30届中国新闻奖一等奖。

改革开放以来，尤其是中国加入WTO以后，随着全球化的不断深入，全球金融危机使得各国经济相互关联相互影响，中国与全球经济正在逐渐接轨，因此，财经新闻记者在涉及一些国际上经济发展的动态对中国经济发展的直接或间接影响时更需要高度关注。记者在报道时不仅要反映出事件的复杂性，还要注重热点经济事件对我国乃至世界经济的影响。在宏观经济新闻报道时要有全球化的视野和较高的理论高度，但同时要立足中国实际，从本国的经济实情出发，立足本土，放眼全球，以全球视野审视宏观经济现象，结合全球背景来报道中国经济发展。

（三）以民生视角关注社会宏观经济发展热点

宏观经济政策影响着人们的经济生产以及生活方式。有关货币政策、财政政策以及股票涨跌、证券基金的宏观经济新闻报道，在内容上抽象难懂，但与受众的利益息息相关。只有从民生视角展开报道才可以解民愁、听民意，满足公众的合理需求，帮助受众根据我国的经济政策及时调整经济决策。

宏观经济新闻报道要以为受众提供信息、做好信息服务为宗旨，尤其是在国家出台宏观政策时，要为受众做好政策解读以及宣传工作。而受众的文化程度与信息解读能力不同，对经济信息的需求有所侧重，在传播宏观经济新闻时，应紧紧抓住“民生”这个关键词，用好用活高端经济资源，要站在受众的角度去开展报道，创新报道方式，让读者容易懂、愿意看。总之，以民生视角创新宏观经济的报道，才能增强宏观经济新闻报道的有效性和影响力，彰显宏观经济新闻报道的独特性。

一粒小麦变身500种产品

粮食，一头连着农田，一头连着餐桌。粮食产业经济涵盖原粮到成品、产区到销区、田间到餐桌的全过程，是粮食供求的“蓄水池”和“调节器”。

“目前，我国初步建立了门类齐全的粮食产业体系，然而粮食产业经济的结构性矛盾突出，产能利用率低，粮食精深加工能力不足，与发达国家差距较大。”国家粮食局局长张务锋说。

在我国粮食连年丰收、供求相对宽松的情况下，统筹好粮食生产、加工、储备、流通能力建设，探寻粮食产业转型升级新路径迫在眉睫。

“粮头食尾”：做大做强粮食精深加工

在全国粮食系统，有着“全国粮食产业看山东，山东粮食产业看滨州”一说。正因如此，前不久国家粮食局把全国加快推进粮食产业经济发展交流会选在滨州举行。

作为传统农业大市，滨州也是粮食加工转化大市，域内聚集着规模以上粮油加工企业163家。2016年全市粮食总产量306万吨，年粮食加工转化量1379万吨。粮食加工转化量为总产量的4倍多，滨州在粮食精深加工上走出了一条新路子。

“我们以‘农头工尾、粮头食尾’为指引，实施‘工业强粮、科技兴粮’战略，推动粮食产业加快发展、转型升级，形成了‘政府引导、市场导向、龙头带动、科技支撑、循环融合、惠民安全’的滨州经验。”滨州市委常委、常务副市长赵庆平如是阐述。

窥一斑而知全豹。滨州的实践成为我国粮食产业经济快速发展的真实写照。目前，我国初步建立了门类齐全的粮食产业体系。2016年，全国纳入粮食产业经济统计的企业达到1.8万家，加工转化粮食4.8亿吨，实现工业总产值2.8万亿元，保持了平稳发展态势。

……

“粮食品牌化建设是实现粮食由注重规模扩张向注重质量提高转变的重要一环。”张务锋说，例如吉林省瞄准市场需求，充分挖掘优质粮食资源，集中打造大米核心品牌。仅用3年时间，吉林大米就已经建设成为全国知名品牌大米，这些实践都为破解“稻强米弱”“麦强面弱”的粮食加工行业发展困局提供了新的启示。(《光明日报》2017年9月25日，李慧采写。)

这篇报道选题来自国家粮食局的一个会议，记者从会上得知我国粮食转型升级面临的问题和挑战后，跳出会议做新闻、以小见大看变化、以问题视角做报道，从一粒小麦的变化折射我国粮食“吃干榨净”的途径，从一个小村庄的玉米油生产来看整个中国的粮食加工转化行业，让农业供给侧结构性改革问题立体起来、鲜活起来。从“小事件”折射“大主题”，报道刊发后，不仅引起从国家粮食局等有关主管部门到专家学者以及基层一线村庄的高度关注，而且还在社会上引发了一场关于粮食产业供给侧改革的大讨论，提出的问题和举措也为破解粮食产业供给侧结构性改革难题提供了新的视角和思路。该报道为此获得第 28 届中国新闻奖三等奖。

在宏观经济新闻报道中，应坚持以人为本的民生视角，紧扣社会关注热点，报道题材要与民生息息相关，报道视角站在民生的角度，关注人民群众切身关心的宏观经济问题，以百姓利益至上的原则引领宏观经济报道。我们需要做到：多一些百姓情怀，从宏观中寻找与百姓贴近的角度；多一些百姓话题，百姓关心的，就是经济报道关注的；多一些百姓表达，少些新闻腔、官腔，多些“百姓味儿”；多一些创新思维，使宏大的经济政策走到百姓身边。

（四）为硬新闻寻找软化的故事

宏观经济新闻报道大多是对经济政策、经济指标、经济状况、经济走势的报道，按照硬新闻、软新闻的划分方法，宏观经济新闻报道大多属于硬新闻。虽然硬新闻的内容和主题与人们息息相关，但其写法往往显得枯燥无味，很难引起读者的兴趣。所以如何将宏观经济硬新闻写软，如何将生硬的宏观经济信息转化为生动活泼的新闻语言，是经济新闻报道者需要探索的问题。目前，“华尔街日报体”的故事化写法在很多财经媒体上受到重视，并得到初步探索。曾获普利策新闻奖的美国记者富兰克林说：“用故事化手法写新闻，就是采用对话、描写、场景设置等，细致入微地展现时间中的情节和细节，凸显事件中隐含的能够让人产生兴奋感，富有戏剧性的故事。”①宏观经济新闻的故事化就是要寻找经济中的人物、事件、细节等故事，把这些情节要素融入宏观经济信息中，以“故事”来解读宏观经济政策、宏观经济成就、宏观经济形势、宏观经济现象以及宏观经济数据等，使宏观经济新闻报道独具一格、别出心裁，让更多的普通民众易于接受。

《“时光切片”见证一个家庭 40 年巨变》（《定西日报》2018 年 12 月 30 日）

① 高辉：《浅析新闻故事化的表现手法》，《记者摇篮》2015 年第 6 期，第 19~20 页。

是一篇从一个家庭、一件小事、一个人的活动切入，反映重大题材的佳作。2018年适逢改革开放40周年，面对这一重大历史事件的时间节点，记者巧妙地通过一组新老照片的对比，以小见大，反映了改革开放40年来甘肃省定西地区人民生活发生的巨大变化，展现了定西反贫困斗争取得伟大胜利这一重大主题，选题视角新颖。报道用带有泥土气息的文字，以小见大，展现了改革开放40年来定西地区反贫困斗争所取得的伟大胜利，同时在夺取脱贫攻坚战全面胜利的关键节点，对于改革开放这一重大主题起到了宣传效果，形成了舆论声势，一定程度上提振了全社会打赢脱贫攻坚战的斗志，报道获得第29届中国新闻奖三等奖。

第四节　案例分析：《五问中国经济》

五问中国经济——权威人士谈当前经济形势

一问：经济增长速度回落

增速回落是经济进入新常态的一个重要特征，但这是一个让人“不难受”的速度，既有“面子”又有“里子”。总的看，今年以来的经济增速符合《政府工作报告》提出的预期目标，经济运行在意料之中，仍处合理区间。

问：年初以来，我国经济增速出现进一步回落。4月30日的中共中央政治局会议提出“一季度经济增长与预期目标相符”。对当前的增长速度究竟应当怎么看?

权威人士：增速回落是经济进入新常态的一个重要特征。今年以来，在错综复杂的国内外环境下，中央坚持稳中求进的工作总基调，创新宏观调控方式，以全面深化改革促发展、调结构、惠民生，赢得了来之不易的成绩。总的看，经济增速符合《政府工作报告》提出的预期目标，当前经济运行在意料之中，仍处合理区间。

以一季度为例，虽然增速有所回落，但这是一个让人“不难受”的速度，用老百姓的话讲就是既有“面子”又有“里子”。从主要经济指标看，一季度GDP增长7%，合乎预期，在全球范围是很快的，而且在基数较大的情况下，我们的增量也较大；城镇新增就业324万人，就业形势平稳；城乡居民收入水平同比增长8.1%，各项民生指标继续明显改善。一系列重大改革举措相继出台，一些新增长点破茧而出。经济金融风险总体可

要闻 2

人民日报

五问中国经济

——权威人士谈当前经济形势

权威访谈

控，社会大局稳定。

……

（《人民日报》2015年5月25日2版，龚雯、许志峰采写。）

一、案例概述

2015年受结构性、周期性因素叠加影响，中国经济运行遭遇到不少预期内和预期外的冲击与挑战，经济下行压力持续加大。在这样的背景下，《人民日报》牢牢把握住经济规律，通过宏观视野、准确判断、透彻解析和高度概括打造出了影响重大的“现象级报道”——《五问中国经济》（后文简称《五问》）。《人民日报》《五问中国经济》是2015年一篇社会反响巨大、受到持续热议的现象级报道，这篇报道一炮打响，成为主流媒体经济形势报道主动发声、引导舆论的一次成功尝试。报道刊发后，“权威人士”一词持续引爆社会舆论场。该作品也因此获得了第26届中国新闻奖深度报道一等奖。

二、报道背景分析

（一）经济发展现实背景

2015年，受结构性、周期性因素叠加影响，我国经济运行遭遇到不少预期内和预期外的冲击与挑战，经济下行压力持续加大。经济增速较上年同期出现了明显的下滑，出现了投资增长后劲不足、市场出清困难、就业压力逐步凸显、金融风险加大的现象。之所以出现这些问题，是因为我国经济发展处于“四期叠加”的特殊阶段，即增长速度换挡期、结构调整阵痛期、前期政策消化期、新的政策探索叠加期阶段。

（二）经济悲观论调呼唤权威发声

在紧张的经济形势下，时常有一些关于中国经济恶化的消极舆论，与国内其他领域的悲观主义心理形成共振，严重挫伤了投资者的信心，对国家经济运行埋下了严重的隐患。长此以往，还将冲击社会稳定和政治团结。提升社会对中国改革未来的信心，化解国内外消极言论的干扰，已经成为同宏观政策调控、全面深化改革的战略布局同等重要的政策指向。为了稳定民心，增强人们对经济发展态势的信心，必须有人站出来解释经济形势，而且必须是权威的声音。

（三）宏观经济政策背景

报道发出前后，国家宏观经济形势和经济政策出现了一些新的变化，“供给侧改革”“经济新常态”成为经济发展的关键词。

供给侧改革：2015 年 12 月 18 日至 21 日，中央经济工作会议在北京举行，提出要推进供给侧改革，即在扩大内需的同时，提高供给体系质量和效率，加强供给侧结构性改革，以此面对国际金融危机后的综合国力竞争和我国经济发展新常态。

经济新常态：2014 年 5 月习近平同志在河南考察时提出“经济新常态”一词，强调“调结构稳增长”，着眼于经济结构的对称态及经济在对称态基础上的可持续发展，坚持用增长促发展，用发展促增长。

十三五规划：2015 年 10 月 26 日，中共十八届五中全会在北京召开，审议通过了《中共中央关于制定国民经济和社会发展第十三个五年规划的建议》，提出了“十三五”时期经济社会发展的主要目标和基本理念。此次规划提出“创新、协调、绿色、开放、共享”五大发展理念，在强调经济要保持中高速增长的基础上，对生态环境、国民素质等方面都提出了新的要求，着重强调软实力建设。

三、报道采访分析

(一)采访选题：体现了社会需求和传媒定位的统一性

在国际综合竞争日趋加强的压力下，中国经济面临经济下行的压力，进入经济新常态后，社会产生了一些争议和质疑，社会情绪敏感，公众经济信心处于重构时期。社会上产生了“你如何看经济新常态”“这真的有用吗”“中国经济形势怎么看”“中国经济发展出路何在”“怎么推进改革”等疑问。人们期待有权威声音对这些问题有所回答，期待中央放出来的信号。因此，回答这些问题符合社会需求，具有较大的新闻价值。《人民日报》作为中央级党委机关报，是党和人民最信任的喉舌，是人们了解中央精神和政府决策重要的渠道。在这样的社会需求和传媒定位下，《人民日报》打造《五问中国经济》，站位高、有权威、视野广，回答了受众最为关心的经济问题，解决了受众的好奇心，提振了公众信心，真正起到了“定海神针”的作用，符合《人民日报》作为党报的定位，实现了社会需求和传媒定位的统一性。

(二)采访对象：紧扣“权威人士”品牌，站在发声权威的制高点

由于宏观经济的专业性和复杂性，采访对象选择了具有一定权威性的“权威人士”，以“权威人士”发声，准确、全面、系统地传递出了中央对我国经济形势的研判、对经济新常态的阐释、对推进改革的解释。“权威人士”对这些问题进行解答，发出中央的声音，产生了较大的社会效应。

报道没有指明“权威人士”究竟是何人，“权威人士”以隐匿的身份不表明

姓名、身份、单位等信息，虽然没有告诉明确的信息源，但却激发了受众的浓厚兴趣和想象空间。“谁才是权威人士呢?”，受众怀着这个疑问迅速将该报道传播开来，起到推波助澜的作用，掀起舆论高潮，但这一报道来自《人民日报》这一中央媒体品牌，具有极强的权威性，所以大家的讨论由“权威人士是谁”转到了“权威人士说了什么”，完全实现了报道策划的意图。

（三）采访问题：关注焦点热点，释疑解惑疏导

社会普遍关注的焦点热点问题，是党和政府着力解决的现实问题，也是宏观经济新闻采访报道的一个侧重点。只有抓住焦点热点，为广大受众释疑解惑，做好思想情绪的疏导工作，才能真正做好宏观经济的报道工作，服务于整个大局，更好地推动国民经济和社会事业向前发展。①

《五问》全文 6000 多字，就新闻报道而言是长篇幅，受众却并无冗长之感，其关键就是访谈精准设置议题，以不回避、不遮掩、不保留的态度直击社会敏感问题。围绕五大问题形成五个提问的主线和方向，在每一条主线后又具化为两个具体的问题，形成“是什么—怎么看—怎么办”的提问逻辑，符合受众的阅读思维，并能清晰全面地回答受众关注的问题。比如，2015 年是中国经济进入新常态的第一年，增速下滑最受国内外注目。《五问》开篇第一个问题就是针对经济增速下降提出的。对于经济下行压力，报道认为：“需求低迷和产能过剩并存还会延续一段时间，对此要有充分的准备，拿出给力的措施。我们要高度重视应对下行压力，但也不必惊慌失措。”比如：“对于目前的增长态势，社会反应总体上还比较从容，但也存在一些担忧和疑虑。如何判断中国经济前景?”此问问出了民众的心声，敢于触碰“纠结点”。

（四）采访准备：扎实的专业知识和理论储备

宏观经济的覆盖面广，具有一定的复杂性，因而也对记者的政治觉悟和经济专业知识提出了更高的要求，这就意味着在采访前要进行扎实的准备工作，熟悉相关政策，了解相关经济学知识，才能使采访工作有条不紊地展开。

记者在采访结束后的采访手记中声称：“我们积极联系能够权威诠释中央精神的最佳对象——中央核心经济决策部门，在深度采访、吃透精神的前提下，依靠长期的专业积累，根据新闻传播规律对经济热点问题作了系统梳理和研究。”②可见记者在采访前进行了充分的准备工作，包括经济政策、经济理论

---

① 蓝鸿文：《专业采访报道学》，中国人民大学出版社 2003 年版，第 189 页。

② 龚雯、许志峰：《拼的就是权威性——中国新闻奖一等奖作品〈五问中国经济〉采写体会》，《新闻战线》2016 年第 12 期，第 48～51 页。

和经济知识的准备等，因而表现出较高的理论觉悟和政策感。

四、报道写作分析

（一）有张力的宏观思考：对话体报道

《五问》以中国社会中遇到的五大经济问题："经济增长速度回落""经济运行走势分化""经济下行压力较大""经济运行风险防控""宏观调控着力点"为问题框架，以采访者和受访者"权威人士"一问一答的对话形式，将中国经济中面临的现行问题进行呈现。它并不是报道完全的经济事实，而是将经济事实融入人物的经济观点中，以报道思想观点、认识判断为主，给人以开放性和包容性的张力思考。

该报道的一大魅力体现在以对话的深度采访方式，通过原汁原味的问答方式，将乱花迷眼的社会经济问题，通过紧跟中央精神、紧握社会热点、采访神秘"权威人士"，敏锐地把握住了社会经济热点问题，理清了"形"与"势"的脉络。在写作上直接以对话体报道的形式呈现，向受众展示了采访的主要过程，让受众了解到记者是如何提问的，"权威人士"是怎么回答的，将这一过程还原给受众，更具可信度和真实性，也能在一定程度上消除受众对"权威人士"的怀疑。对话体报道以双向沟通的形式报道中央的政策、观点、认识等，借权威之口给人以启迪，发挥了对话体报道的魅力。

（二）做好经济翻译师：语言的通俗化

在报道内容上，面对受众提出的"如何看待当前经济形势""如何看待经济新常态""如何看待发展中的问题""如何推进改革"等一系列问题，《五问》都做出了准确、全面、系统的回答，用通俗易懂的语言，明细的提问语言释放出中央的明确信号和权威研判，为受众做好经济翻译师，起到了定心定调的作用。

《五问》回答经济发展形势时，以通俗易懂的生活化语言阐述大方略、大道理，把经济专业术语翻译为简洁的生活化语言，让人入耳入心，产生共鸣。例如："增速回落是经济进入新常态的一个重要特征，但这是一个让人'不难受'的速度，既有'面子'又有'里子'。""经济增长说到底是为了让人民生活更美好，'有活干，有钱挣'，人民群众能够对当前增长态势充分理解，这是中国经济发展最大的底气。""结构调整是新常态更本质的特征，等不得、熬不得，也等不来、熬不起。""中国消费者的购买力是可观的，一个黄金周就能在境外刷新人家的销售记录，关键是我们要有令人心动的有效供给、有让人心安的产品质量。"这些生活化的表述，以日常交流的方式将经济情势解释得生动自然，受众阅读顺畅，更具亲切感。此外，在访谈对话中适度运用了民间熟知的话语，例如：“几家欢乐几家愁”“功成不必在我”，“权威人士”在深度报道中运用通俗化报道语言，也进一步强化了读者的阅读兴奋点。

(三)以小数字代替大数据：活用数据

相较于其他类别的报道，在宏观经济报道中，很少有对有关人物、事件的报道，报道往往非常抽象，更多是有关数字和一些抽象的决策、趋向、预测等，很难让读者能够有直观的感受，易使读者厌烦。但在《五问》中，6000多字的全文却通过“巧用”7个关键数据，不仅增强了深度报道的可读性，还深受读者的喜爱。例如在对主要经济指标表述时，并没有使用一季度GDP的具体数字，而是采用了增幅的比例，“一季度GDP增长7%，合乎预期，在全球范围是很快的，而且在基数较大的情况下，我们的增量也较大”，用小数字代替大数据，以小见大。

在具体表达数据的时候，还站在了老百姓的视角去报道阐述，使枯燥的经济数据变得更有人情味。例如，在面对经济增速回落问题的时候，“权威人士”将原本可以用生硬数字表达的内容，概括为“这是一个让人‘不难受’的速度，既有‘面子’又有‘里子’”。将速度的回落用“不难受”的速度表达，从而引出对经济增长速度这一严肃话题的轻松探讨。

(四)站在普通百姓视角写作：找出吸引受众的“点”

在宏观经济报道中，应研究读者，准确地掌握读者关心什么、想了解什么。在《五问》中，采访者首先亮出当下老百姓最为关心的、关系到其切身利益的经济问题——经济增长速度进一步回落。“经济增长说到底是为了让人民生活更美好，‘有活干，有钱挣’，人民群众能够对当前增长态势充分理解，这是中国经济发展最大的底气。”“权威人士”的解读，准确找到能够吸引读者阅读的结合点，在老百姓心中起到了“定心丸”的作用。

要想使经济新闻报道赢得读者的关注，关键在于要找准并把握经济新闻报道中的“点”，能以小见大，以人为本。全文6000多字的《五问》，通过“权威人士”的访谈精准设置议题，敏锐把握热点，通篇“全是干货”，句句点中穴位，尽管就新闻报道而言是长篇幅，但阅读起来并无冗长之感，反而牢牢抓住了受众的“点”，让人读得酣畅淋漓。

五、对宏观经济新闻报道的启示

(一)以尊重经济规律作为报道的出发点

经济规律是指社会经济发展过程中不以人们意志为转移的、内在的、本质的、必然的联系和趋势。随着我国经济发展水平的逐步提高和人们对经济新闻的需求增加,受众不仅想看到自己能切身感受到的经济现象,例如蔬菜等商品的物价上涨、房价波动情况,也希望通过媒介传达的权威信息解读经济规律。

因此,经济新闻报道者在进行宏观经济新闻报道时,必须对经济规律有所把握,以经济规律审视经济现象,再以新闻的方式对经济现象背后所蕴含的深刻的经济规律加以解读,向读者传播那些经过再加工后,具有高附加值的信息。经济新闻报道者要在遵循新闻规律的前提下,确立按经济规律办事的原则,全面反映经济现象和经济问题,为读者提供完整而真实的经济信息。①

(二)以宏观视角、全球视野作为报道视角和价值取向

在经济全球化的大背景下,如何帮助老百姓在全球化浪潮中顺应形势、顺流而进,经济新闻报道在价值取向上也应做出相应调整,一方面要与时俱进,坚持正确的舆论导向,为我国经济的迅速发展和国际地位的提高发挥舆论信息的先导作用;另一方面要根据国际舆论环境,以一种全新的视角和思维,来帮助受众解释和判断错综复杂的国内外经济形势。②

财经新闻记者在进行宏观经济报道时必须具有世界眼光,对全球经济发展动态和中国经济发展的影响时刻高度关注。在报道时要有全球化的视野和较高的理论支撑,在《五问》中,记者立足我国经济运行现状特点,从经济增速、运行走势、下行压力、风险防控、宏观调控五个方面,为我国经济改革中政府政策制定、企业战略制定、民众生活工作计划制订提供了信息依据。记者在进行宏观经济新闻报道时,要从本国的经济实情出发,立足本土,放眼全球,以全球视野审视宏观经济现象,结合全球背景来报道中国经济发展。

(三)将以人为本、提振士气作为报道的最终落脚点

对于直面经济生活的经济新闻,要能够记录社会经济发展的客观过程,对经济发展起指导作用,必须坚持以人为本的原则。因为人是一切社会活动的发动着、推动者、受益者,是社会活动的核心所在,人也是新闻产生和存在的理由。

在经济转型时期,主流媒体的经济报道要紧跟中央精神、紧扣社会关注热点,要有热气、接地气。《五问》作为深度报道新闻属于长篇幅,但受众读起来却并无冗长之感,主要在于全文通过"权威人士"访谈精准设置议题,敏锐地把握住了社会关注的热点问题。宏观经济报道在报道内容上要坚持以人为本,多报道值得关注的政策取向,紧扣社会关注热点,满足受众需求,报道题材要与民生息息相关,报道取向要展现亮点、提振士气、引导预期。

---

① 吴玉兰:《经济新闻报道》,武汉大学出版社 2009 年版,第 183~184 页。

② 吴玉兰:《经济新闻报道》,武汉大学出版社 2009 年版,第 183~184 页。

第二章　微观经济知识与微观经济新闻报道

微观经济学作为经济学的一个重要组成部分，是与宏观经济学相对的。在宏观经济学创立之前，微观经济学被称为新古典经济学，其主要体系是由英国剑桥大学的经济学家阿尔弗雷德·马歇尔在1890年出版的《经济学原理》中奠定的。20世纪50年代之后，在西方经济理论中占正统地位的新古典综合理论把经济学划分为微观经济学和宏观经济学。

第一节　微观经济知识概述

“微观”是希腊文的意译，原意是“小的”意思。20世纪30年代，西方经济学家将这个概念引入经济学领域。微观经济是宏观经济的基础，受宏观经济制约和影响。① “微观”是由马歇尔等学者奠定的分析微观经济学的一种视角，它研究商品货币经济中个人或个体经济单位(企业)的经济行为和经济变量，尤其关切竞争性环境对企业生产和定价的影响。微观经济活动中的主体是制定生产经营决策的企业和进行储蓄或投资选择的个人。② 微观经济学是现代西方经济学的一个主要分支，又被一些学者称为“个体经济学”。微观经济学主要研究的对象是具体的经济单位(生产者、消费者、经济活动)。这门学科致力于分析现代经济社会中市场机制的运行规律，还可以被用来解释市场机制在资源配置之中所起的重要作用，甚至可以通过微观经济政策以调控市场失灵状况。

一、微观经济与微观经济学的概念辨析

《新编财政大辞典》将微观经济定义为：单个经济单位的经济活动，例如

① 黄运武主编：《新编财政大辞典》，辽宁人民出版社1992年版，第62页。

② 王美涵等主编：《财务百科全书》，辽宁人民出版社1993年版，第4页。

个别企业、个别家庭、个别消费者的经济行为。微观经济指个别生产者、个别消费者的经济活动。如一个企业的生产安排、资金运用、设备利用、成本与利润、市场价格与供应，一个家庭的收入与消费或储蓄等。微观经济是宏观经济的基础，又受宏观经济的指导与约束，二者是相辅相成的关系。

国外学者格里高利·曼昆、保罗·萨缪尔森和国内学者高鸿业都从学科研究的角度对微观经济学给出了清晰的定义。曼昆认为，微观经济学研究家庭和企业如何做出决策，以及它们如何在特定市场上相互交易。① 萨缪尔森认为，微观经济学主要是研究作为单个实体的市场、企业、家庭的行为。② 高鸿业认为，微观经济学是经济学的一个重要组成部分，它以市场经济中的单个消费者(或称家户、家庭)或生产者(或称厂商、企业)为研究对象，通过分析他们的消费决策或生产决策，来说明消费品和生产要素价格的决定及其变动，进而说明稀缺性的资源如何得到最有效的配置。微观经济学的理论目的是为了论证亚当·斯密"看不见的手"原理，这只"看不见的手"就是价格机制。因此，微观经济学又被称为价格理论。③

二、微观经济学的研究对象与内容

(一)微观经济学的研究对象

微观经济学的研究对象是市场经济中单个经济单位的经济行为和经济规律。④ 具体来说，主要有：

第一，单个消费者和生产者的最优选择问题。如单个消费者如何在其收入约束下进行效用最大化的最优决策，单个生产者如何在技术和成本约束下进行获取利润最大化的最优选择。

第二，单个市场(产品市场和要素市场)的均衡实现问题。具体而言，单个市场的均衡实现，就是要考察单个市场的需求和供给达到相等时的均衡价格和均衡数量的决定情况。这种决定情况又是作为单个市场的所有消费者和所有生产者的最优选择条件下的相互作用结果的产物。

---

① 曼昆：《经济学原理》(第六版)，北京大学出版社2012年版，第28页。

② [美]萨缪尔森、[美]诺德豪斯著，萧琛译：《经济学》(第19版)，商务印书馆2014年版，第5页。

③ 胡代光、高鸿业主编：《西方经济学大辞典》，经济科学出版社2000年版，第43页。

④ 高鸿业、吴易风：《现代西方经济理论与学派》，中国经济出版社1988年版，第10~11页。

第三，所有市场(包括产品市场和要素市场)同时实现均衡的问题。这种均衡的实现就是要考察整个社会的所有消费者和生产者，以及所有单个市场的相互作用以后所得出的结果。①

(二)微观经济学的研究内容

微观经济学的研究对象决定着它研究内容的丰富性和范围的广泛性。微观经济学是经济学基本理论的重要组成部分，构成经济学的基本理论体系。微观经济学的基本内容包括均衡价格理论、消费者行为理论、生产理论、成本论、厂商均衡理论、博弈论、分配理论、一般均衡理论、福利经济学与微观经济政策等。②

三、微观经济学研究的基本框架

现代微观经济学研究，不管其内容如何安排，都有以下基本框架和基本内容。

(1)市场供求原理。微观经济学作为研究市场经济体制的一门经济学，市场供求原理是其最基本的理论基础，或者说，微观经济学不外乎是研究供给与需求、购买与售卖的关系。因此，微观经济学首先研究市场供求原理，并在此基础上分别研究家庭、企业的经济行为及其交易行为。

(2)家庭经济行为。家庭是经济社会的细胞，是社会构成的最小单元。任何人，不论其身份、地位、经济状况如何，身份是生产者还是消费者，都是特定家庭的成员。家庭通常拥有一种以上的生产要素，通过向要素市场提供生产要素取得尽可能多的收入，在这种收入的约束下优化自己的消费选择。因此，经济学意义上的家庭，不仅仅是消费者，也是要素所有者、劳动者、投资者。因此，微观经济学研究家庭经济、需求理论、消费理论、家庭决策(包括劳动就业、消费选择、投资、储蓄)等。

(3)企业经济行为。企业生产商品和提供劳务，是价值的直接创造者。企业在要素市场购买要素，按照经济社会的需要有效地组合多种投入，进行产品生产，并将生产出的产品或提供的劳务在产品市场上销售，最终实现企业目标。在这一过程中，企业是以最小的成本取得一定的收入，或以一定的成本取得最大的收入，即利润最大化为原则的。因此，微观经济学需要研究企业的性

① 张元鹏：《微观经济学教程》，中国发展出版社 2005 年版，第 10 页。

② 唐立峰、吴新文、赵卓主编：《西方微观经济学》，中国矿业大学出版社 2004 年版，第 6 页。

质、生产理论、成本理论、企业决策等。

(4)市场竞争。市场包括一切以公开价格进行交易的活动，是家庭与企业之间的桥梁，也是所有产品和劳务价值实现的桥梁。市场类型按其竞争程度可分为完全竞争市场、垄断竞争市场、寡头垄断市场和完全垄断市场四种类型，也可将这四种类型粗略地分为完全竞争市场和不完全竞争市场两类，后者就包括了垄断竞争市场、寡头垄断市场和完全垄断市场。对于完全竞争市场，在分析家庭和企业经济行为的基础上，需要研究它们的市场行为和规律，进而研究在完全竞争条件下产品市场和要素市场的局部均衡理论、一般均衡理论和福利经济理论。对于不完全竞争市场，需要研究各种经济主体在不完全竞争市场条件下的经济行为；存在垄断势力的垄断论；存在信息不完全、不对称、不确定条件下的信息论、对策论；存在外部性的公共产品和公共选择理论等。①

四、微观经济学的发展历史

微观经济学发展历史源远流长，最早可以追溯到 17 世纪的威廉·配第，至今已经有 300 多年的历史了。在这一漫长的历史时期中，伴随着西方经济学的发展，可以把微观经济学的发展分为四个阶段：第一阶段从 17 世纪中期到 19 世纪中期，是古典阶段；第二阶段从 19 世纪后期到 20 世纪初，是新古典阶段；第三阶段从 20 世纪 30 年代到 60 年代，是新古典综合阶段；第四阶段由 20 世纪 50 年代至今，是现代微观经济学的进一步发展和演变阶段。②

五、微观经济学与宏观经济学的区别

微观经济学是在马歇尔的均衡价格理论基础上，吸收美国经济学家张伯伦和英国经济学家罗宾逊的垄断竞争理论以及其他理论后逐步建立起来的。凯恩斯主义的宏观经济学盛行之后，着重研究个体经济行为的微观经济学与宏观经济学有以下几点不同。

(一)基本假设不同

微观经济学一般包括以下三点假设：第一，市场处于完全理性状态；第二，市场出清；第三，不存在信息不对称。

宏观经济学则是建立在两个基础假设上的：第一，市场处于不完善状态；

---

① 李新文、王健主编：《微观经济学》，中国农业出版社 2005 年版，第 10~12 页。

② 高鸿业、刘凤良主编：《20 世纪西方经济学的发展》，商务印书馆 2004 年版，第 26 页。

第二，政府具备经济调节的意愿和能力。

(二)基本内容不同

微观经济学内容涵盖了价格平衡、消费行为、生产行为、资源配置、一般均衡、市场失灵、福利经济等不同理论，同时还包括产权经济学、成本收益分析、时间经济学等不同门类，还有人力资源、家庭经济等不同领域的经济性内容。

宏观经济学则主要包括国民收入理论、失业与通胀理论、经济周期、增长理论、宏观经济理论等。

(三)研究对象不同

微观经济学主要以单一经济主体为研究对象，对其经济行为进行研究，主要包括居民和企业两大类型，其本质就是消费者与生产者。

宏观经济学针对经济发展模式和发展规律进行研究，从宏观角度对经济问题进行分析。

(四)解决的问题不同

微观经济学侧重于资源配置问题，也就是重点研究生产内容、生产过程、服务对象等。

宏观经济学则侧重于资源利用的研究，主要研究还有哪些社会资源没有得到充分开发和应用，怎样才能实现这些资源的高效应用，如何促进国家经济发展等问题。

(五)核心理论不同

微观经济学是以价格理论为核心的，研究在市场经济环境下，是什么对民众消费和商家生产行为进行主导支配，生产什么样的产品、采取怎样的工艺、面向怎样的消费者，这些都以价格为核心。

宏观经济学以“国民收入理论”为核心理论，将其作为研究的基础。

第二节　微观经济知识关键概念①

一、需求理论

(一)需求

需求是指消费者在一定时期内，对于某一商品(或服务)，愿意并且能够

① 以下概念参考：曼昆：《经济学原理》(第六版)、萨缪尔森《经济学》(第19版)以及高鸿业《西方经济学》(第六版)等著作的有关内容。

购买的数量，是购买意愿和购买能力的统一。但需求量不一定与实际购买量相一致，比如会出现供不应求的情况。按照个体和总体的标准，我们可以将需求分为两类：个人需求，是指单个消费者的需求；市场需求，则是市场上所有的消费者需求的总和，它的计算方法是将全部的个人需求量叠加。

（二）需求的影响因素

需求数量只是一种因变量，在现实之中，有许许多多的因素和情境影响购买者的购买意愿和购买能力，其中，主要的因素有：

（1）商品或服务的价格。通常来说，当商品价格上升，其需求量则会相应地下降。一般来说，价格和需求呈反方向变动，价格越高则需求越小。

（2）相关商品或服务的价格。在经济学之中，主要的两种相关商品分别被称为互补品和替代品。所谓"互补品"，指的是和其他商品共同使用的商品，即两种物品当中，假定其他条件不变，一种物品价格上升引起另一种物品需求的减少，并使其需求曲线左移，则这种物品被称为互补品，如汽车和汽油、面包和果酱。如果互补品的价格上涨，那么其他商品的需求则会下降，例如，如果汽油价格上涨，那么汽车的销量也会下降。另一种主要的相关商品是"替代品"，两种物品当中，假定其他条件不变，一种物品的价格上升会引起另一种物品需求量增加，并使其需求曲线右移，则这种物品被称为替代品，例如面条是大米的替代品，鸡肉是猪肉的替代品。替代品价格和被替代的商品的需求之间的关系是正相关的。如果替代品的价格下降，那么可以被这种商品所替代的其他商品的需求也会下降。

（3）消费者人均可支配收入。消费者对某种物品的需求取决于其收入水平，当价格不变时，收入的变化会引起整个需求曲线的移动。在绝大多数情况下，人均收入越高，人们进行购买行为的可能性就越大。

（4）消费者的偏好。消费者想去获得一款商品的意愿越强烈，则购买的可能性越高。在经济学中，人们往往假设人的个人品位和偏好都是长时期内稳定不变的。消费者对商品的偏好与商品的需求呈同方向变动，偏好越强需求越大。

（5）消费者对商品或服务的预期价格。对于非急需的商品，消费者目前是多买还是少买取决于对未来价格的预期，从而引起需求曲线移动。

（三）需求规律

当其他影响因素一定时，商品的需求量与价格之间呈负相关关系。但是，有些商品的价格与需求量同向变化，如带有炫耀性的奢侈品等，这种商品被称为"吉芬商品"。

(四)替代效应和收入效应

一种商品的名义价格发生变化可能会对其需求量产生两种影响：一种是和其他商品比较的相对价格变化，使得它替代了其他商品或被其他商品替代，从而导致需求量上升或下降，称之为替代效应；另一种情况是当名义收入不变时，由于商品价格的变化导致实际能够购买商品数量的变化，称之为收入效应。

二、供给理论

(一)供给

供给是指生产者在一定时期内对某一商品(或服务)在各种可能的价格水平上愿意并且能够提供出售的商品的数量。

(二)供给规律

当其他条件相同时，一种物品价格上升，其供给量增加；价格下降时，其供给量减少。也就是说，商品的供给量与其价格之间呈同向相关。但是，劳动力供给达到一定价格后可能相反，投机性商品供给主要受预期收益的影响。

(三)影响供给的因素

影响因素包括商品或服务自身的当前价格、其他相关商品或服务的价格、生产者对商品或服务的预期价格、生产成本、生产技术和管理水平、自然因素等。

(四)均衡与供求

当实现了市场供求均衡时，该商品的需求价格与供给价格相等称为均衡价格，该商品的成交量(需求量与供给量)相等称为均衡数量。商品需求与供给量的变化会使商品的市场价格发生变化，在其他条件不变的情况下，需求变动引起市场价格同方向的变动；供给量变动引起市场价格反方向的变动，这就是供给定理。

三、生产和成本

(一)生产者和生产要素

生产者即厂商，是指生产并供应产品和服务的企业。厂商的组织形式包括个人业主制、合伙制和公司制。生产者在市场中的角色是为消费者提供产品或服务，通过购买消费者提供的生产要素和为消费者提供产品或服务，厂商完成了一个从投入到产出的过程，生产者的目标是利润最大化，这也是企业竞争生存的基本准则，因为不以利润最大化为目标的企业长期来看终将被市场淘汰。

生产者进行生产活动，就需要生产要素。生产要素指的就是维持生产所必需的各种要素：场地、劳动力、原材料、管理费用、水电等。

(二)短期生产和成本

对于厂商来说，生产活动按时间划分可分为短期和长期。事实上"长短期"并不是由一个具体的时间长度决定的。短期是指生产者因为来不及调整所有生产要素的数量，结果至少有一种生产要素属于固定不变的时间周期；长期是指生产者可以调整全部生产要素的时间周期。

对生产者来说，投入生产要素就会产生成本。在短期情况下，无法改变的要素投入称为不变要素投入，可以改变的要素投入称为变动要素投入。相应地也就会产生固定成本，即不论生产多少产品，生产者总是要付出的成本，比如房屋和设备和可变成本，把这两种成本加起来，就是总成本。平摊到每一件产品上面的成本也就可以被分成：平均总成本、平均固定成本以及平均变动成本。

(三)长期生产和成本

长期生产成本曲线表现的是长期生产之中(生产者可以调整所有生产要素的数量)，最低单件商品平均成本随产量变化而变化的情况。厂商可以根据各自的情况来调整生产规模，以实现最低的平均成本。长期成本函数往往包含以下曲线：长期总成本，长期平均成本，长期边际成本。其自变量是企业的生产数量，因变量则是成本或平均成本的高低。

理想的"长期"是指企业在一定的技术水平下，可以自由改变任意生产要素的时间周期。例如，一家企业无法在短期内建造新的生产车间，但在长期内就可以。由于长期往往意味着不确定性，企业在进行长期假设的时候，一般都是基于当前的技术、信息和价格进行假设。长期成本曲线并不是要去预测企业、技术、价格、信息的改变，而是仅仅用来反映在当前时期内，成本随产量变化的情况。

四、市场

市场是由某种物品或劳务的买者与卖者组成的一个群体，买者作为一个群体决定了一个产品的需求，而卖者作为一个群体决定了一种产品的供给。换言之，市场是物品买卖双方相互作用并得以决定其交易价格和交易数量的一种组织形式或制度安排。市场理论的中心问题是分析不同类型市场中厂商追求利润最大化的行为，通过分析不同市场的均衡价格和均衡量产来选择不同的决策，更好地诠释作为生产方的演变路径。

市场可以划分为完全竞争市场和不完全竞争市场，其中不完全竞争市场又分为完全垄断市场、寡头垄断市场和垄断竞争市场。划分的因素主要包括厂商的数目、厂商所生产产品的差异程度、单个厂商对价格的控制程度、厂商进入或退出一个行业的难易程度。

根据这四个因素，我们可以对这四种市场进行简易对比(图 2-1)：

市场类型	厂商数目	产品差别度	对价格的控制程度	进出一个行业的难易程度	接近哪种商品市场
完全竞争	很多	完全无差别	没有	很容易	一些农产品
垄断竞争	较多	有差别	有一些	比较容易	服装品牌
寡头垄断	几个	有差别或无差别	相当程度	比较困难	汽车、石油、通信
完全垄断	唯一	唯一的产品且无相近的替代品	很大程度，但经常受到管制	很困难，几乎不可能	水、电等

图 2-1　四种市场对比

五、边际效用和机会成本

(一)边际效用

效用是指商品满足消费者需求的能力，是消费者的一种主观心理评价。边际效用则是指消费者在一定时间内增加一单位商品的消费所得到的效用量的增量。根据边际效用递减规律，当其他条件不变时，消费者对某一种商品的需求完全取决于这种商品对它的边际效用。如果一种商品带给消费者的效用大，他愿意为此付出的货币就多；反之，如果该商品带给他的效用小，他愿意为此付出的货币就少。而对于消费者来说，一种商品效用的大小随着他占有这种商品数量的变化而变化，数量越多，他从中得到的边际效用就越少，他愿意为此付出的货币也越少。由此，边际效用递减规律说明了要想使消费者需求量增加，就要降低商品价格，从而印证了消费者需求量是随着商品价格的下降而增加这一经济规律。

(二)机会成本

机会成本是指为了获取某些东西而不得不放弃的其他东西。经济学本身就是一门研究如何对稀缺资源进行合理配置的学科，机会成本这一概念的提出就是出于对资源稀缺性的考虑。由于资源稀缺，每次我们采用一种方法使用资源时，我们就放弃了用其他方法使用该资源的机会。这在日常生活中很常见，有些可以用货币来衡量，比如，我们是去旅行还是买一辆汽车？企业应当投入生产设备的更新还是新产品的研发？也有一些机会成本无法用货币来衡量，比如我们是复习考试还是看电视剧之间的选择。但无论能否用货币衡量，每一个决定都会使我们得到一些东西，同时也将失去一些东西，失去的这些就是机会成本。机会成本是一种观念上的成本，不是付出的、真实的存在，当收益大于机会成本时，可以说决策是合理的。因此，机会成本可以用来衡量经济行为的合理与否。

六、规模经济与规模不经济

规模经济与规模不经济是一组相对概念，主要是为了研究厂商在长期生产中由于扩大生产规模而引起的经济效益变化的问题。规模经济是指扩张初期厂商由于扩大生产规模而使得经济效益得到提高，但当生产扩张到一定的规模以后，厂商继续扩大生产规模反而会使经济效益下降，这就叫作规模不经济。

规模经济产生的原因是专业化，较高的产量水平允许在工人中实现专业化，而专业化使得工人更精通某一项工作，例如福特公司采用的汽车流水线作业，通过实现工人的专业化进而提高效率，降低生产作业的成本，从而实现规模经济。

规模不经济产生的原因是协调问题，由于任何一个大型组织中都会存在一定的协调问题，若厂商不断扩大生产规模，大到一定程度就会使得管理过于艰难，管理团队变得越庞大，管理者在压低成本方面的效率就越低，从而引发规模不经济问题。因此，在生产水平较低时，厂商可以通过扩大生产规模，利用更高程度的专业化而获益，同时协调问题时阻力少。而当生产水平较高时，专业化的好处已经实现了，再扩大生产规模就会使得协调问题越来越尖锐，导致规模不经济。

七、恩格尔系数和基尼系数

(一)恩格尔系数

恩格尔系数是指食物支出占总支出的比重，可以反映一个国家的富裕或贫困程度。一般来说，在0.6以上为贫困，0.5到0.6为温饱，0.4到0.5为小康，0.4以下为富裕，0.2以下为特富。

(二)基尼系数

基尼系数是国际上通用的、用以衡量一个国家或地区居民收入差距的常用指标。基尼系数值的大小表示收入不平等程度，基尼系数越接近于1，说明越不平均分配；反之，基尼系数越接近于0，说明分配越平均。根据国际有关组织划定的标准，基尼系数低于0.2，则收入绝对平均；基尼系数在0.2~0.3之间，收入比较平均；基尼系数在0.3~0.4之间，收入相对合理；基尼系数在0.4~0.5之间，收入差距较大；基尼系数在0.5以上，则表示收入差距悬殊。

八、市场失灵

完全竞争的市场机制在很多场合下不能导致资源的有效配置，不能达到帕累托最优状态的情形，也称市场经济失败，或者市场经济失灵，简称市场失灵。

市场失灵的具体表现为：(1)垄断。垄断的高度集中或较大程度的垄断，都违背了市场经济最基本的自由竞争法则，是有碍市场经济发展的。(2)外部经济效应。外部经济效应是指不通过影响价格而直接影响他人的经济环境和经济利益的过程。外部经济效应是经济生活中的客观存在，却无法按照市场法则进行调节，因此也会出现市场失灵。(3)公共物品。所谓公共物品是指一个人使用不会影响其他人使用及福利的物品。如道路、桥梁、涵洞、隧道等。严格地说，没有纯粹的公共物品，只能说半公共物品或准公共物品。公共物品具有非排他性特征、非分割性特征、非竞争性等三个主要特征。正是公共物品的“共享”和“公共”特性，决定了公共物品和利益并不归属某些个人私有，不能作为个人的私有财产权。在市场交换原则下，公共物品的交换行为难以产生，消费者与供给者之间的联系由此中断。虽然存在市场需求，但却没有市场供给，不存在供给产品的市场交换价格，因此市场机制对公共物品的均衡无实际意义，所以，在公共物品上也存在着市场失灵。

第三节　微观经济新闻报道

微观经济新闻报道不仅关注市场，也关注市场背后的参与者，即消费者与生产者。与宏观经济新闻报道关注国民经济的发展不同，微观经济新闻报道更加关注经济活动中的个体。在我国市场经济的发展过程中，微观经济新闻报道发挥着重要作用。

一、微观经济新闻报道内涵与分类

微观经济新闻报道是对消费者和生产者及市场所作的报道，其关注的是经济环境中的生产者、消费者与市场之间的变化。①

微观经济学研究的是经济中的个体或部门的行为，市场是微观经济学关注的核心。因此，微观经济新闻侧重于对经济生活中的个体行为或部门行为的报道。我们从经济新闻的受众入手，可以把微观经济新闻分为三类：消费需求和消费者行为报道、企业生产和经营决策报道、市场竞争机制报道。

(一)消费需求和消费者行为报道

这类报道主要关注消费者需求，传达消费者的需求信息，引导消费机制的改善，分析消费心理，保护消费者的利益。在市场经济条件下，消费行为是决定市场运行的关键，应通过对社会消费热点、消费行为的深入报道和消费产品的评测分析，揭示消费现象的逻辑和本质，维护消费者的合法权益，同时为消费者提供科学、权威的商品及服务质量信息，进而加强消费引导。

消费报道涉及百姓消费领域的方方面面，尽管表面上与宏观经济的报道相去甚远，但作为反映社会生活的微观经济窗口，可以引导我们去窥视整个社会经济的发展动态。②

跑三条街买不到一个顶针
市民建议给“针头线脑”一个生存空间

本报讯 “没想到跑三条街买不到一个顶针”，近日，家住市区联盟路的黄老太太为买一个顶针，在附近几条街道找了近一个小时，都未能如愿。记者调查了解到，目前在市区，要买个纽扣、缝衣针、顶针这样的“针头线脑”还真非易事。

黄老太太告诉记者，家里拆洗褥子时，她发现用惯了的顶针找不到了，就下楼去买。没想到商店里的人听说要买顶针，不是连连摇头，就是不知道“顶针”是啥玩意，黄老太太找了几条街都没有收获。而她的抱怨也引起很多市民的共鸣，许多人反映，不仅顶针不好买，针、线、纽扣、蜡烛这类廉价的小物件也越来越不好买。

7月26日，记者走访市区多家大型超市和街头小商店了解到，纽扣、

① 徐一林：《论微观经济报道的语言策略——以广西报纸经济新闻为例》，《新闻爱好者》2008年第3期，第30~31页。

② 鹿琳、苏守芳、黄淑华：《浅谈消费报道》，《齐齐哈尔大学学报》1999年第3期，第60~62页。

顶针不仅超市难觅踪迹，就连街头的小商店也很难找到。部分超市销售的针线盒，把各种型号的针和各种颜色的线"打包"出售，售价在10元左右，价格不菲。

为何在商品丰富齐全的都市买不到日常生活用品？"利润太小，划不来！"在市区南门口开商店的王萍一语道破天机。她说，这些小东西几天卖不了一个，挣不来几个钱，久而久之就不卖了。记者在火车站附近的批发市场了解到，一个顶针批发价0.3元，市场售价不过0.5元，纽扣批发价一颗0.1元，市场售价也就0.5元左右，并且品种繁多，许多经销商一看太麻烦就不进货了。"现在这类小物件主要向县区批发。"批发商杜某告诉记者。

如何给传统小物件一个生存的空间呢？新民路社区主任张淑超说，建议商家瞄准市民日常需要，提供细节服务，同时，也可以尝试以小区物业和社区为单位，为居民提供生活必需品，"毕竟这些物件虽然小，人们还是离不开的。"她说。(《宝鸡日报》2013年6月28日，郑晔采写。)

这篇消息记录了市民黄老太太想买一个顶针，可是跑了几条街道找了近一个小时都没有找到的故事。记者在深入实践"走转改"的过程中，与社区居民拉家常时了解到该情况，意识到一枚顶针虽小，可是背后却关系到民生，在流行商品铺天盖地的当下，传统小物件生存问题值得关注。记者在走基层过程中，及时发现这一问题，并以此为选题，通过对报道思想和报道内容精心策划，带着问题深入各行各业进行详细采访，采集了各方声音，为"针头线脑"这类与百姓生活息息相关的小物件呼吁生存空间。报道看似不起眼的小东西实则反映了消费者需求心声这一选题，不仅帮助老百姓解决了问题，还真正体现出"走转改"的目的和意义。消息刊发后，引起了强烈反响。不少群众通过电话和信函，赞扬党报心系群众，知民情、解民忧。一些商家积极与社区联系，在社区开设便民店，着重销售百货类商品，与大型商超形成差异化经营，真正为群众解了难，帮了忙。此消息获得第24届中国新闻奖三等奖。

(二)企业生产和经营决策报道

现代企业制度的建立是我国市场经济体制的重要组成部分。这一类微观经济新闻聚焦于厂商的投资或需求行为，从某个产业出发，既可以总结企业经营体制改革的经验和教训，探讨现代公司治理中的问题，报道企业经营和管理的经验与教训，又可以宣传企业文化与经营理念，为厂商行为提供指导，为企业决策提供参考，并为企业融入社会提供舆论环境，打造企业文化和塑造企业形象，达到优化资源配置和实现经济利润的目的。

企业生产和经营决策报道虽然离不开企业经营活动和经营业绩，但报道不应仅停留于具体操作，而是首先应该倡导一种新的企业管理制度和理念，还要通过企业案例分析提供警示：市场大浪淘沙，优胜劣汰。比如对曾经风云一时但因决策失误或管理失当或外部环境等原因而陨落的企业的报道，通过对企业衰落的原因做出客观深入的分析，作为前车之鉴，无疑对企业、对有关管理部门都会有所裨益。此外，还要注意展示企业新的动态和未来发展趋势。这类报道常常以相关成功企业的群体行为作为报道对象，将现代企业的前沿信息和最新动态告诉受众，使受众感受现代企业的脉动，也使经营者勇立潮头、不断创新。

“永远不要算计工人”

“永远不要算计工人！你在工人身上克扣的那点钱，绝对抵不上工人积极性受挫而给你带来的损失。”浙江省慈溪市嘉利机械实业有限公司老板陈百亨告诉记者。

他说话时，慈溪口音很重，但是，意思很明确。

七成纯利润用于员工

记者在采访时了解到，这些年来，嘉利公司一直坚持利润分配的倒“三七开”原则，即企业纯利润的七成用于员工收入和福利，三成归股东所有。在中国的民营企业中，员工得大头的分配方式实属罕见。

陈百亨解释：“从现阶段来说，职工到你的企业来打工，最关心的当然是工资收入。我是企业老板，如果要把企业做大做强、可持续发展的话，除了产品适销对路外，更重要的是靠企业员工。既然他们是企业依靠的对象，那我就没有理由不为他们着想了。”

“工资，一定要建立正常的职工工资增长机制。但这个机制怎么来设定？老板不能拍拍脑袋给谁加多加少吧。”陈百亨说。

2001 年 8 月，公司开始起草、讨论第一份职工工资集体协议。当时的行政方和工会方代表都认为，职工工资增长幅度应该与企业经济效益挂钩。但具体如何挂钩，双方展开了热烈讨论。

工会方提出，职工工资可以按每年 8%～10%的固定比例增长；行政方则提出，职工依法享有的各类劳动报酬和社会保障，是企业必须承担的“初次分配”。但从企业实际来看，职工工资按固定比例增长并不科学，应该以企业经济效益为基础，随经济效益的增长而增长。市场有风险也有机遇，要让职工们充分享受到企业发展壮大带来的福利，完成企业层面上的“二次分配”。

最后，双方确定以企业税后利润为职工工资增长基准，企业获得税后利润的30%~50%，职工集体获得税后利润的50%~70%，每个职工由各车间部门根据其工作实绩等因素取得相应的份额。

由此，嘉利确立了员工得大头的利润分配原则。

……

在陈百亨看来，嘉利的用户对产品质量要求比较高，而这有赖于设备的状况与职工的用心程度。目前，公司的设备资产超过3000万元，公司将在试点的基础上全部“出让”给职工。(《工人日报》2011年1月5日，李刚、殷陈迪采写。)

这是获得第22届中国新闻奖二等奖的通讯作品。记者充分利用采访记录材料，从中凝练出鲜活生动的事例和细节，使一个“不把自己当老板，一切以员工利益至上的老板”形象跃然纸上。报道传达了一个现代企业家的经营理念：“永远不要算计工人”“企业职工人人都是老板，机器设备不全是我的，企业职工是设备的‘二东家’。”该报道从对浙江省慈溪市嘉利机械实业有限公司老板陈百亨的采访入手，从企业家到企业经营管理，从企业行为到企业文化，使企业精神跃然纸上，对该企业的形象塑造和经营管理无疑增加了一种隐性价值，同时也向社会传达了一种新的企业经营管理理念。

(三)市场竞争机制报道

市场是买者和卖者相互作用并共同决定商品或劳务价格和交易数量的机制。市场是一种机制或一个系统而不是一个场所。在我国，市场机制的建立和完善是一个任重道远的任务。经济新闻报道在这一方面也面临两个任务：一是做好生产与消费的联系纽带，发挥媒体的信息渠道功能，二是通过报道规范市场竞争机制，发挥媒体的舆论监督功能。

我国的经济市场包括生产资料市场、房地产市场、技术市场、信息市场、劳动力市场、期货交易市场、金融市场等。市场竞争机制的建立与市场运行监督的报道要扩大视野，及时报道改革开放中萌生的、符合社会主义经济价值取向的新生事物，鼓励引导要素市场的发展。

《海尔：全球家电巨头的小微化转型》(山东广播电视台2017年12月30日，刘仁超、陈琛、伊力采写，作品链接：http://news.cctv.com/2017/12/30/

VIDEehaqsRRY3MlmgPHHxgT8171230.shtml）是获得第28届中国新闻奖二等奖的电视专题报道。党的十九大报告指出，我国经济已由高速增长阶段转向高质量发展阶段。如何实现高质量发展，海尔率先做出了探索，主动颠覆传统组织架构，通过培育小微团队，让每个人都直接面向市场、面对客户，精准对接用户需求，更好满足人民对美好生活的需要。在这场变革中，海尔从一个出产品的企业转变为出创客的平台，而它孵化出来的小微公司也不断演进，变身为新的平台，形成生生不息、共创共赢的生态圈。海尔的转型，对当下我国传统企业的转型升级、实现高质量发展具有重要的启示意义。记者敏锐捕捉到这一重大主题，并抓住海尔孵化出来的小微公司——雷神科技上市这条线索，深入挖掘，将海尔转型的全过程渐次展现、娓娓道来，报道播出后，在社会上引起强烈反响。

竞合发展深化　酱酒产区拓宽新市场空间

随着酱酒热不断延续，酱酒核心产区的形成也逐渐成为水到渠成之事，并也早已成为行业共识。

“如今是酱香酒发展较快的大时代，是茅台酒和酱香酒共同发展的时代。酱香酒发展到今天，要想走得长远，需要走产区化路线。”中国酒业泰斗、茅台老领导季克良在3月4日召开的2021年春季“中酒展”上表示。

从贵州茅台引领行业增长，到郎酒、国台接连备战冲击IPO，随着酱酒热不断延续，酱酒核心产区的形成也逐渐成为水到渠成之事，并也早已成为行业共识。对于产区而言，近年来，酱酒市场长期在白酒行业中占据较为重要的市场地位。据不完全统计，2019年酱香型白酒产能约55万千升，完成销售收入约为1350亿元，实现利润约550亿元，以全国白酒行业7%的产能，实现了21.3%的销售收入和42.7%的利润。

与此同时，在“黄金产业”之下，酱香酒核心产区赤水河流域更是提供了绝对力量。根据公开数据显示，2019年赤水河流域酱香型白酒产能约为47万千升，占全国酱酒产能的85%，实现营收约1244亿元，占全国酱酒市场的90%以上，已经形成典型的产业集群。

“产区化发展是每个香型均需经历的过程，也是行业逐渐走向规范化、集中化的发展趋势。随着酱香酒核心产区的形成，酱酒品类也进入了一个新的发展阶段。这一阶段内，品类也将进一步发展，在不断扩充产能的同时，进一步提升酱酒的影响力。这也对区域内品牌有良好的推动作用。”对此，业内人士指出。

随着酱酒核心产区的形成，区域酒企也将在产区协同作战、抱团发展中进一步获得更多市场空间。

……

“由于白酒高度依赖于区域，因此特色产区的形成催化系统性产区品牌的形成。同时，无论是加快白酒行业的产业结构调整，促进产业的空间结构优化，提升产品品质，实现高质量发展，还是深化供给侧改革，为城乡居民提供更高质量的产品，满足消费者不断增长的需求，这次宣言将进一步增强酱香白酒产业集群竞争能力，优化核心产区资源配置。”国务院发展研究中心市场经济研究所原所长任兴洲指出。（界面新闻 2021 年 3 月 5 日，冯若男采写。）

该报道聚焦于白酒行业的市场新变化，着眼于酱香酒产区化推动白酒市场出现新空间，提出“随着酱酒热不断延续，酱酒核心产区的形成也逐渐成为水到渠成之事，并也早已成为行业共识”的报道主题，并围绕该主题展开报道。报道通过举例酱酒市场的市场份额等数据以及酱酒市场的产业集群，结合对业内人士的深度采访，报道了白酒行业的结构调整和供给侧改革，将消费需求和市场需求结合起来，宣扬增强酱香白酒产业集群的竞争能力。报道瞄准市场中的新行业、新变化、新需求，是一篇典型的市场报道。

二、微观经济新闻报道要求

总的来说，要做好微观经济新闻报道，记者要深入经济生活，开拓经济报道视野，及时了解行业的经济动态，善于了解和掌握典型的成功经验，及时、准确地加以报道，一方面为政府的宏观调控提供制定政策的依据，另一方面也可作为解决市场经济改革与发展过程中存在的问题的理论基础。

(一)从了解消费者需求和引导消费行为出发，做好消费和市场报道

“消费类报道是生活服务类报道的一种报道类型，它既为市民服务，记录消费市场的现象，反映问题，探索趋势，同时又反作用于市场——在反映消费者诉求及供需矛盾的同时，让商业行为有方向可循，起到引导和鞭策的作用。”①这是经济新闻报道服务性和前瞻性的具体体现。经济发展的决定因素不

① 聂梦婷：《把消费类报道写得更接地气》，《中国地市报人》2018 年第 11 期，第 100~101 页。

是生产者，而是消费者，微观经济新闻报道必须立足于生活，努力把握市场的“脉搏”，帮助受众认识消费对于经济发展的意义，及时掌握和传达消费者的需求信息，因为市场的需求信息对于生产者来说是一种稀缺资源。新闻报道要把理论还原为日常生活中可以体验的现象，深入浅出，化难为易。

在计划经济体制下，经济新闻的核心内容是国家对于经济计划的制订、企业对经济计划的执行以及完成情况。市场经济体制的确立，使我国的经济环境发生了根本的变化，这就要求经济新闻报道改变过去重生产轻流通、重视生产者忽略消费者的倾向，建立以需求为切入点的报道理念。

消费者的需求信息对于生产者来说，是一种稀缺资源。我国是一个城乡差异和区域差异都很明显的社会主义市场经济体制国家，大数据时代很多实力雄厚的企业都在建立自己的消费者需求信息数据库，以期实现对资源的有效配置。消费者需求信息报道以公开发布和无偿服务的特性成为企业感受市场脉动、把握消费需求的重要媒介，因此传达消费需求信息应该从细处做起，从流通入手，从消费角度切入，引导生产者生产适销对路的商品，从而带动生产资源和生产要素的有效配置。通过研究分析消费者行为，把握消费行为规律，把研究分析的过程和结果在媒体上公开发布，不仅能得到市场反馈的检验，还能为企业把握消费者心理和行为、有针对地安排生产和销售提供重要的参考，为市场提供一个理性和感性兼备的、把握消费者心理和行为的渠道。

2017 年入冬以来，方便小火锅被越来越多的年轻人熟知，在广告宣传铺天盖地的时候，《新京报》推出的报道《门槛低标准缺 方便火锅背后藏隐忧》(2017 年 11 月 28 日)没有一味跟风叫好。面对消费市场中的新鲜事物，媒体没有跟风报道，而是从产品质量安全、市场隐忧方面加以剖析，提出了目前方便火锅还缺乏统一的国家标准与行业标准，较低的准入门槛致使产品质量难以掌控，并且随着地方标准的陆续出台，业内认为方便火锅市场将日趋规范，未来可能有过半品牌退出市场。《新京报》既看到了方便小火锅的未来发展前景，同时对事故频发背后的行业过热现象进行了深度分析，可谓做到了全面、辩证地报道微观经济事件。

“正常消费与消费主义之间的界限，是媒体在报道时促进消费与宣扬消费主义之间的分水岭，这个界限是促进消费报道的基本原则和立足点。”①《生存不易，老牌粤菜酒楼也做起了半成品菜》(界面新闻 2020 年 5 月 12 日)一文中

① 杨丽琼:《试论社会转型中的消费报道——当前新闻媒体亟待研究的一个新课题》,《新闻记者》2012 年第 11 期，第 71~75 页。

提到，疫情导致的全民皆厨，让方便烹调的半成品菜斩获了不少消费者的欢心，也让企业嗅到了商机。以粤菜为特色的广州酒家因此推出部分半成品菜投向市场，但从产品研发的角度看，半成品粤菜在如何锁住鲜味层面上存在着不小的挑战。如何引导消费者的消费理念和消费行为，成为微观经济报道需要着重思考的问题。

(二)将宏观与微观相结合，做好市场经济和企业公司报道

虽然微观经济新闻报道更加侧重于消费者、厂商和市场这三个主体，但同样需要用宏观的经济政策视角来统领微观市场。如果只看到经济现象的宏观方面，就会使报道失去可操作性，甚至忽视了具体问题的危害性；如果只看到经济现象的微观方面，就容易犯以偏概全的错误。宏观视角是只见森林不见树木，微观视角是只见树木不见森林，一个从上往下看，一个从下往上看。无论宏观或微观，都有视角盲区，只有二者结合，即在宏观视角下才能找准微观经济新闻的发展脉络，在微观视角下为宏观视角提供参考，寻找新形势下新的增长点。

首先，要做好联系生产和消费的纽带，促进市场机制良性运作。众所周知，生产者和消费者之间存在着信息不对称，因此微观经济新闻报道，一方面要对企业产品信息深入调查分析，同时要对消费者的消费行为和消费心理有深刻体察，以维护消费者利益，净化市场环境，达到促进市场机制良性运作的目的。

其次，要以深化改革、建立现代企业制度为主调，促进企业蜕变。现代企业制度的建成不是一朝一夕能完成的，相当长时期内，政府和企业同处在艰难而又无可回避的蜕变过程中，微观经济新闻报道要注意报道的度，正确反映双方的利益诉求。

此外，市场经济条件下的企业经济报道必须关注过程，总结企业经营的经验教训，传播公正客观全面的市场信息。在市场经济条件下，企业成为一个面向市场、面向社会的有独立生产和经营权利的能动主体。市场经济条件下的企业报道不仅应涉及企业生产、分配、流通、消费等一系列决策过程，还要报道企业与科技教育、法律等其他社会领域的关系。同时，因为经济领域实现了全方位的开放，资源流动日趋频繁，热点问题层出不穷，经济信息瞬息万变，企业的生存有赖于对市场信息的及时占有和有效利用，这些均离不开报道的信息传播。

钢筋像面条一样被随意拉细 机器一拉8mm圆钢瘦成7.3mm
瘦身钢筋再现

海口多店面卖瘦身钢筋，生意很好，工地使用瘦身钢筋已是潜规则?

海口多家钢筋加工店门前存放着一台由多个转轮构造的机器，原本直径8毫米的圆钢从这些轮子穿过，就能拉成直径7.3毫米的钢筋。

“瘦身”钢筋无法保证建筑的质量安全。连日来，记者走访海口市永万路、海榆西路多家钢筋加工店，发现多数店面能买到“瘦身”钢筋。店家透露工程使用“瘦身”钢筋是潜规则，因为进入工地的钢筋多数不过磅，只需按长度来计算重量，商家每销售1吨“瘦身”钢筋，除去各种成本后还能挣100多元。

钢筋可当面条拉？海口多家店面卖“瘦身”钢筋

早在2011年，《南国都市报》就对文昌市文城镇保障性住房工地出现的“瘦身”钢筋事件进行过报道。近日，有市民向记者反映，目前海口市的钢筋加工店都能买到“瘦身”钢筋，生意还不错，很多工地都在使用“瘦身”钢筋。

近日，《南国都市报》记者走访海口市永万路、海榆西路多家钢筋加工店，多家店面声称能买到“瘦身”钢筋，店里不会存放“瘦身”钢筋，顾客买多少，就加工多少，加工好后马上运走。

……

一钢筋加工店老板介绍，“瘦身”钢筋的生意一直很好，每天能生产20吨的“瘦身”钢筋，很多工程从他这购买被拉细的钢筋。

“瘦身”钢筋到底流到哪些工地上？本报将继续关注。(《南国都市报》2017年7月7日，林文泉采写。)

这篇报道的新闻线索来源于记者与在海南各工地做钢筋工老乡的一次聚餐。聚餐闲谈中，有位老乡透露工地上使用的钢筋是经过“瘦身”的。根据此线索，记者历经半个多月，走访了海口市多家钢筋加工店，发现多家店面可以买到“瘦身”钢筋。其间有一家店面经营者还透露“瘦身”钢筋卖到滨海九小旁的水利工程等。记者一路追查，确定滨海九小旁的水利工程使用了“瘦身”钢筋，遂对此事进行曝光。“瘦身”钢筋的稿件见报后，在社会上引起广泛关注，也引起了海南的工商、质监、住建等部门的重视，同时也引起国务院的关注，派出督察组对此事进行督查。事后，职能部门对市场上销售“瘦身”钢筋的行为进行检查，查处了一批违法商家，有效打击了“瘦身”钢筋市场，维护了正常市场秩序，保证了工程质量，弘扬了社会正义。报道获得第28届中国新闻奖三等奖。

（三）实现“硬”新闻的“软着陆”，提升服务性、前瞻性、可读性

微观经济新闻报道要以实现服务性、前瞻性、可读性为报道目标。微观经济新闻往往就是发生在受众身边的、关乎柴米油盐衣食住行的事实，微观经济新闻报道要兼顾读者中的普通市民，他们阅读经济报道的目的是了解经济现象、经济形势和理财知识，因此，报道在语言和表现形式上应力求通俗易懂，在文字表达上适当采用叙述性、描述性的语言，对专业术语的解释要采用各种灵活的修辞方法，从而强化经济报道的表现力，使文章浅易、流畅和生动。要善于把概念的表述通过形象的报道来体现，使报道的内容亲切可感。

项目审批“长征”698天
泰豪动漫变“动慢”

本报讯　一个产业项目需闯过20道行政许可事项审批关口，涉及8个部门及省、市、县三级政府、工业园区，最后完成项目审批时间长达698天——3月18日，记者在省政府最近一份调研报告中，看到了泰豪集团“晒”出的行政审批流程图。正是这纷繁复杂的审批“长征”，令起步较早的泰豪动漫项目，实施进度缓慢，“‘动漫’变成了‘动慢’”。

据了解，泰豪动漫产业园一期工程2010年3月立项，至2012年11月才获得施工许可证。按法定期限计算，该项目完成各项审批需392个工作日，实际办理时间为200个工作日，剩余498天由以下三部分构成：13项非行政许可事项耗时255天；工程设计、供水、电力等市场有偿服务耗时100天；泰豪集团自身消防设计、环评整改、缴纳有关规费耗时143天。

“审批事项千头万绪、过于复杂。”据泰豪集团相关负责人介绍，除行政许可事项过多以外，审批前置事项大量存在，是审批过程迁延时日的重要原因。譬如，住建部门在施工许可审批过程中存在规划方案审查、施工图纸审查等；国土部门用地审查要制定失地农民养老保险方案等。由于部分审批前置事项还涉及垄断行业，其较低的工作效率直接拉长了项目审批时间。同时，一些政府部门服务缺乏主动性，未履行事项一次告知义务，导致申报材料、程序重复进行，令项目申报者“一头雾水”。

……

“项目审批‘路漫漫’，吃亏的看似是项目投资者，但最终为低效‘埋单’的，还是地方经济社会发展质量。”省委党校经济社会发展战略研究所所长黄世贤认为，深化行政审批制度改革刻不容缓，当务之急，既要完善顶层设计，又要抓好简政放权。期待经过不懈努力，把江西打造成为中部地区审批事项最少、行政成本最低、发展环境最好的省份。(《江西日报》2014年3月19日，桂榕、何宝庆采写。)

在十二届全国人大二次会议上，李克强总理作政府工作报告时指出：“我们从政府自身改起，把加快转变职能、简政放权作为本届政府开门第一件大事。”会议期间，全国政协委员、泰豪集团董事局主席黄代放告诉记者：其一个项目申报审批时间竟长达698天。记者从中敏锐觉察到企业对政府转变职能、简政放权的强烈期盼。由于新闻时间跨度长、涉及部门多、采访难度大，记者查阅大量资料、反复核实修改，“解剖麻雀”直击阻碍发展的“审批难”“审批慢”怪相，反映了来自企业家、基层干部、专家学者盼望破除发展机制体制障碍的急切呼声，凸显了政府“自我革命”的重要意义，彰显了党报的权威性和舆论引导力。报道成为中国全面深化改革元年推出的一篇舆论监督力作，有力推动了全省各级政府加快转变职能、简政放权的步伐。报道获得第25届中国新闻奖一等奖。

第四节　案例分析：《石家庄破解水泥产能过剩难题调查》

石家庄破解水泥产能过剩难题调查

为啥拆——石家庄破解水泥产能过剩难题调查(上)

“倒计时：5、4、3、2、1，开始起爆！”

2月17日上午10：03，随着一声令下，位于河北省石家庄市平山县恒达鑫水泥公司的13个圆仓在一阵爆炸声中顷刻倒地。这标志着继去年12月份集中拆除第一批水泥企业之后，石家庄市第二批集中拆除水泥过剩产能行动全面启动。

河北省委常委、石家庄市委书记孙瑞彬说，石家庄市两次拆除的35家水泥企业均具有正常生产能力，均不在国家淘汰序列，拆除工作带来的

经济日报
特别报道
2014年2月19日 星期三
9
为啥拆
——石家庄破解水泥产能过剩难题调查（上）
本报记者 林火灿
第一批拆除水泥粉磨企业分布位置图
第二批拟拆除水泥粉磨企业分布位置图
通过两次集中拆除，石家庄市将减少水泥产能1850万吨，约占全市总产能的40%
比原定计划提前3年完成“淘汰水泥过剩产能1500万吨”的目标任务
曾经，靠山吃山富了一方
而今，过剩泥潭拖了后腿
天天喊“化解产能过剩，治理大气污染”，不如真刀真枪、甩开膀子干。总得有人迈出第一步，总要牺牲一些局部利益。
——河北省委常委、石家庄市委书记 孙瑞彬
曾经，不知雾霾为何物
而今，PM₁₀天天“光顾”
曾经，谋划转型信心满满
怎奈，升级之路跌跌撞撞
我们集中拆除水泥过剩产能，就是要断了企业的念想，逼着他们把料仓拆掉，把磨机卸掉，让他们有足够的积极性去进行“二次创业”。
——石家庄市副市长 邢什山
札记
算大账 看长远
现场
砸掉“泥”饭碗
再造“铁”饭碗
本报记者 林火灿

直接经济损失约10.8亿元，减少产值超过60亿元、财政收入3亿元。

石家庄市为何要下这么大的力气、付出这么大的代价来拆除这些水泥企业？35家水泥企业的退出，将给石家庄市经济社会发展带来怎样的影响？

……

“水泥企业在这个区域比较集中，环境容量不允许，必须下决心‘壮士断腕’。但水泥企业仅是石家庄工业转型的一部分，还要逐步谋划其他行业的转型。要以水泥为抓手，其他行业如钢铁、玻璃、燃煤企业、发电企业，也都要加快转型的步伐。”郝竹山说。（报道详情参见《经济日报》2014年2月19日，林火灿、顾阳、王铁辰采写。）

一、案例概述

化解产能过剩，事关经济发展全局。石家庄市水泥产能严重过剩，且空气污染严重。化解产能过剩与治理空气污染交织在一起，而主动爆破拆除水泥厂又具有足够的新闻性。2014年2月17日，石家庄市爆破拆除水泥企业，经济日报派出了调研组前去采访。19日，《为啥拆》《如何稳》《怎么转》三个整版见报。在其他媒体还处在消息传播阶段时，这组报道从深度视角切入，极具冲击力和影响力，显示出独特的报道风格和水平，社会反响良好。该报道获得第25届中国新闻奖二等奖。

二、报道背景分析

河北省石家庄市下辖的平山县和鹿泉区，因其特殊的地理位置和太行山丰富的石灰岩资源，使得水泥产业一度红火。但是水泥全行业产能过剩，和对环境的严重污染，让这个“靠山吃山”的产业，渐渐走进了一条死胡同。对此，石家庄市拿出了“壮士断腕”的决心，要压减水泥产能，关闭水泥工厂。

（一）供给侧政策

所谓供给侧改革就是从供给、生产端入手，通过解放生产力，提升竞争力促进经济发展。具体而言，就是要求清理僵尸企业，淘汰落后产能，将发展方向锁定新兴领域、创新领域，创造新的经济增长点。

供给侧改革是相对于需求侧改革的新措施，更侧重提升经济增长的效率，增强企业长期发展的活力，注重经济长期持续平衡和可持续发展。供给侧结构性改革，就是从提高供给质量出发，用改革的办法推进结构调整，矫正要素配置扭曲，扩大有效供给，提高供给结构对需求变化的适应性和灵活性，提高全要素生产率，更好满足广大人民群众的需要，促进经济社会持续健康发展。

(二)水泥产业政策及变化过程

“十一五”是我国水泥工业迈向辉煌灿烂的5年，水泥工业结构调整取得突破性进展，经济运行质量大幅度提高，经济增长方式明显转变，水泥投资、产值、利润高位攀升，实现了中国水泥工业在世界水泥史上的历史性跨越。进入21世纪，国家把水泥产业列入全国重点调控产业，出台了一系列政策措施，全行业抓住国民经济高速发展拉动水泥需求高速增长机遇，“十一五”的5年期间，我国水泥生产达到75亿吨，年平均增长11.7%，水泥建设的投资总额达到5755亿元。①

2011年是“十二五”计划的开局之年，“十二五”规划提出了约束性指标，这些指标对水泥产业的发展提出了硬要求。水泥产业主要是以满足内需为主，经济发展不只是依靠投资拉动，经济增长方式将转向依靠消费、投资、出口协调拉动，这对以投资拉动为主的水泥产业发展方式及其市场需求增长模式影响深远，在水泥消费的总量上不能一味地增长。建设“两型社会”也对水泥产业发展提出新要求。②

2017年6月中国水泥协会正式发布《水泥工业“十三五”发展规划》。“十三五”是我国水泥行业转型升级，实现转折性发展的重要时段，此时发布《水泥工业“十三五”发展规划》，对实施水泥工业“创新提升，超越引领”战略，推进水泥工业供给侧结构性改革，促进结构调整、转型升级，带动水泥行业步入新的发展阶段具有重要意义。

(三)河北环境变化情况

京津冀是中国经济发展快、综合实力强的区域之一，正处于城市化和工业化“双快速”发展时期，伴随着区域资源和能源的大量消耗，主要污染物的排放量已远远高于环境容量，污染范围日益扩大，污染物类型从常规污染物向常规污染和新型污染物的复合型转变。日益严重而又复杂的环境问题，使得我国环境质量改善的难度和压力进一步加大。作为京津冀区域重要组成部分

① 李贺林主编：《“十二五”中国水泥工业发展研究报告》，中国建材工业出版社2011年版，第4页。

② 李贺林主编：《“十二五”中国水泥工业发展研究报告》，中国建材工业出版社2011年版，第5页。

的河北省，集聚了大量的水泥、钢铁、炼油石化等高污染产业和遍布全省的无组织零散污染排放源，产生的大气污染物排放量非常巨大，而地形和气候系统又不利于污染扩散，导致污染物的排放量远远超出该区域大气环境的承载能力。

三、报道特色分析

（一）选题紧扣媒体定位，应时而动

水泥产业的产能过剩，是这几年来社会主义经济建设面临的重大难题，它影响着中国经济更好更快的发展，还会直接导致政策环境和市场环境的转变。解决好这一难题，不仅能在经济工作中提供情况、提供经验、提供信息，还能指导消费、提高环保意识、促进绿色经济发展。《石家庄破解水泥产能过剩难题调查》这一系列调查报道，从选题内容上看，它关注的是水泥工业这一行业的经济行为和经济活动，结合时代发展的市场因素和环境背景，发现经济发展的问题与阻力，提出及时调整产业结构、改变传统产业生产方式的要求。它符合《经济日报》的媒体定位，体现了《经济日报》是党和国家发布经济政策的重要渠道，是各方寻求经济合作的主要媒介，是企业获取经济政策和信息的首选报纸，是政府和企业沟通的重要桥梁，也是大众提高经济生活质量的“良师益友”。

河北省石家庄市平山县恒达鑫水泥公司于2月17日上午10：03予以爆破，这标志着石家庄市第二批集中拆除水泥过剩产能行动全面展开。该文的首发日期为2014年2月19日，回答了民众最为关心的转变经济发展方式问题，采访收集了多方水泥企业负责人、政府官员等人的建议，正确引导了舆论走向。

（二）以宏观经济视角审视微观经济现象

1. 水泥走廊带来“产能过剩”

20世纪七八十年代，石家庄市依靠水泥产业的发展，促使当地的多个镇和区成为工业领头军。水泥产业的繁荣，不仅拉动了当地的就业，也大幅度增加了当地的财政收入。因靠近矿山方便取材，加上交通便利，在石家庄市西柏坡高速公路两侧，大大小小几十家水泥企业形成了一条“水泥走廊”。然而自从2009年以来，我国水泥市场行情出现明显下滑，水泥产业的快速扩张，使“水泥走廊”陷入了产能过剩的泥沼。

“产能过剩”，不能简单地把它解释为供给量过大，供给与需求之间出现“供大于求”的状况。在微观经济学的概念中，首先要把“市场”这一核心因素作为背景来分析，产能过剩是生产产品的能力如果饱和，生产出来的产品将超出社会需要的能力。产能是指生产产品的能力，所以产能过剩不是产品过剩——即使产品不过剩的情况下，产能也有可能过剩。在计划期内，企业参与生产的全部固定资产，在既定的组织技术条件下，所能生产的产品和能够处理的原材料数量过多，超过市场标准的剩余就叫产能过剩。此案例中，整个石家庄全市有4500万吨水泥产能，从辐射半径和周边地区的水泥分布情况看，在计划时间内，市场是很难消化这么多产能的。

2. 产能过剩诱发“外部性效应”

产能过剩的进一步加剧，将会造成资源的不必要浪费，造成市场的恶性竞争，给环境和资源带来极大的压力。

外部性又被称为“溢出效应”，是指一个经济体的行为对另一个经济体的福利产生了影响，但这种影响并没有通过货币或是市场交易反映出来。外部性可分为正外部性和负外部性。负外部性也称为“外部不经济”。石家庄市水泥产业排放的有害气体，所带来的雾霾和水质污染，对其他社会成员造成了严重损失，但企业并没有因此支付赔偿。与此同时，水泥产业负外部性也严重影响了市场效率。比如，企业在生产的过程中，所购买的设备、原料、支付的利息与工资等是由企业自身所承担的私人成本，但在生产过程中所排放的有害气体、废渣废水却给了企业生产者以及产品购买者之外的人，这些存在的外部成本则是由受害人自己承担。

3. 外部性效应促成“政府管制”

因为有害的外部性会造成企业内部成本的外部化，它是市场失灵的反映。因此靠“看不见的手”——市场来调节是无法克服的，这就要求“看得见的手”——政府干预来管制，其目的是使外部化的企业成本内部化，由企业自己承担造成外部化的成本。

管制是政府直接干预微观经济主体活动的一种行为方式，通常可以分为直接管制和间接管制。直接管制是政府的相关机构通过价格、许可、标准、收费等法规直接对企业市场行为施加管制。间接管制指的是政府的司法机构通过一定的法律程序而对企业的不正当竞争和垄断行为进行的管制。直接管制又分为经济管制和社会管制，前者是对垄断企业和金融行业等进行的管制，后者是对企业行为造成了环境污染等外部性问题以及生产安全和卫生等内部性问题进行的管制。石家庄市副市长郝竹山表示，拆除水泥企业以后，石家庄市将尽快研究制定鼓励企业二次创业的政策措施，帮助拆除企业盘活土地资源，大力发展高新技术产业、生态农业、休闲旅游业和文化产业，走绿色发展之路，并且为了鼓励淘汰过剩水泥产能，当地制定了详细的补偿和奖励标准。为了切实保障职工利益，石家庄市及鹿泉、平山两级政府多次召开协调会，要求企业必须在与职工解除用工合同前缴清所有费用。

4. 政府管制选择“机会成本”

“机会成本原理”是经济学十大原理其一。简单来讲，机会成本是为了得到某种东西而放弃的其他东西。换句话说，选择是有成本的，选择意味着放弃，即选择某一目标而放弃其他目标。

石家庄市水泥行业在当地已有几十年的发展，要想在几年时间里进行缩减关停，实在不是件容易的事情。所以从长远来看，石家庄市必须忍痛割爱，做出必要的牺牲，不仅要坚决淘汰那些对税收、就业贡献小的落后企业，也要淘汰那些符合产业政策，但对排放“贡献”大的行业和企业，以牺牲眼前利益、局部利益，换来长远利益和老百姓的根本利益。石家庄市长王亮表示，水泥行业发展涉及眼前利益和长远发展的博弈，涉及局部利益和整体布局的调整，拆除水泥过剩产能，是为了给新兴产业腾出发展空间。

（三）采访对象丰富，提问以“问题”为导向

为全面客观地了解当地产能过剩情况，记者分别对石家庄市水泥企业分布最为密集的平山县和鹿泉市进行采访，在与当地有关部门代表集中座谈的基础上，分头走访了相关水泥企业的负责人，真实记录他们的酸甜苦辣，其中有怨言也有理解，有无奈也有希望。正是得益于这种“接地气”的采访和交流，整组报道读起来不枯燥，平淡中透着一种力量。

采访对象的选择基于“抓住问题”“了解情况”“问准对象”这条主线，前后采访了十余个政府机关代表，了解政府对于水泥产业现状大局、全局的看法，厘清水泥产业的发展走向、路径和解决措施；采访若干个有关企业代表，让受众了解水泥产业就爆破和拆迁而言所面临的困境和阻碍，包括企业负责人的态度和对以后转型的想法；采访企业的职工，尤其是退休职工，是为了解他们的利益和生活状态，包括他们失业后有关社保、子女上学、再就业、养老等一系列大家关心的问题。

整组报道分为《为啥拆》《如何稳》《怎么转》共三篇调查性报道，报道主线以问题为导向，紧紧把握报道脉络，循序渐进，步步深入。站在受众的角度，替百姓发问，解决受众关心和想要了解的问题。微观经济新闻报道相对于宏观和中观经济新闻报道而言，它能直接由市场反映出来，因此它更接近于大众本身，更贴近人们的生活。

在上篇《为啥拆》一文中，记者首先提出疑问来抓住读者的眼球：“拆除

具有正常生产能力，且均不在国家淘汰序列的水泥企业将带来的是巨额直接经济损失，那么为何要付出这么大的代价来拆除这些水泥企业？这么做又会给经济社会发展带来怎样的影响？”随即，记者解释其中原因，即产能过剩带来环境污染。在中篇《如何稳》一文中，记者通过提问，以及政府部门相关人员的回答来帮助企业主了解他们最为关心的问题，如工厂拆迁后该怎么安置，该怎么转型？在下篇《怎么转》一文中，记者同样是通过提问和采访，为企业在拆迁中所遇到的困难和阻力发声，以及政府政策与规划所做出的应对方案。

（四）以全局视角解剖“麻雀”，以新视角看待老问题

这组报道立足于石家庄市水泥产业，但却以全局视角解剖“麻雀”，探寻化解产能过剩的共性做法，为地方政府、企业管理者和市场观察者提供了可借鉴的实践样本，也体现出《经济日报》在经济领域敏锐的新闻性、强烈的责任感，进一步强化了《经济日报》“权威、主流、公信力”的办报特色。

化解产能过剩的报道年年有，普通读者大多司空见惯、兴趣不大。这组报道之所以引起广泛关注，关键在于用新视角来考量老问题，力求报道方式创新。产能过剩“屡化不解”，与地方保护主义不无关系。我们了解到的情况却是，化解水泥产能过剩是当地政府主动为之，被炸掉的水泥企业均有合法手续，均不在国家淘汰序列。这种做法有悖常规，从这样的“冲突”入手，既能增强报道的吸引力，也避开了就事论事的老路子。

理性、辩证的分析，也是做好微观经济新闻报道的必备要素。该组报道不仅善于算好“补偿款从哪里来”“如何合理地分配给企业”之类的经济账，还将背后的“环境账”“生态账”算得一清二楚。“大账”“小账”，使读者可以直接明了地认识到化解产能过剩的意义所在。

此外，该组报道综合运用通讯、短评、图表、照片等多种报道方式，文字清新精炼，读来一气呵成。采访组赶到石家庄市采访当天，正值当地严重雾霾，“行驶在西柏坡高速上，眼前只有白茫茫的一片”。报道以此开头，虽寥寥数字，却让读者感同身受，也暗示了化解水泥产能过剩的紧迫性。类似这样的叙述还有不少，诸如“晴天是扬灰场，雨天是水泥场”、“鹿泉人均三两土，白天不够晚上补”等。

这组报道的成功，也离不开后方编辑的精心编排。总编辑张小影多次电话指导协调前方采访组，并亲自在夜班督阵，指导编辑对稿件进行精心编辑和安排，确定版式标题；责任编辑别具匠心地设计版面，整组报道大气美观、可读性强。

四、对微观经济新闻报道的启示

(一)注重选题策划，实现价值最大化

微观经济新闻报道需要从小处着眼，在宏观背景下关注个体，发现新的情况，从而进行选题策划。2014 年，财税、货币、户籍、价格、国企、外贸、房地产等领域出台了一系列政策措施和改革举措，本报道正是在这样的大背景下，顺应国家政策，将国家抽象概括的政策条文转化为人们社会实践活动的具体事件。此外，河北省石家庄市平山县恒达鑫水泥公司于 2 月 17 日上午 10:03 进行爆炸，这标志着石家庄市第二批集中拆除水泥过剩产能行动全面展开。该报道及时策划，爆炸后两天内即进行发表，回答了民众最为关心的转变经济发展方式问题，可以说策划得非常及时，选题也非常精准。因此，做好微观经济新闻报道要充分发挥创造性，立足现在，着眼未来，在具有丰富材料和总结经验教训的基础上，把握事件的本质和规律，用前瞻性的视角设计出独具匠心的报道方案，从而深化报道主题，做好舆论导向工作，促进新闻报道价值最大化。

(二)以宏观经济政策审视微观问题，实现小切口大主题

该系列报道以微窥宏，循序递进，成为传统行业寻求新增长、新作为、新篇章的生动范例，为全国供给侧结构性改革提供了典型经验和时代价值。微观经济新闻报道要扩宽视野，从大局着眼，从小处着手，发掘具有典型意义的事实，把握事件的深度和广度。该报道既从回顾历史到讲述现实到展望未来，从大局出发，把握报道的全面性，又通过领导、企业家的视角介绍水泥产能过剩所带来的实际影响，综合运用通讯、短评、图表、照片等多种报道方式，多层次、多侧面地展示新闻事件，在供给侧改革等宏观经济政策背景下关注水泥产能过剩的微观问题，扩宽新闻的广度，开发新闻的深度，以深度新闻塑造独家新闻，取得了良好的报道效果。

(三)从消费者需求出发，传播公正、客观、全面的市场信息

广大消费者在日常生活中会经常接触到微观经济新闻，舆论的评价和引导起着很明显的作用，媒体的信息渠道功能更成为促进市场机制深入发展的重要保证。因此媒体在监督市场机制运行的过程中不能假公济私，必须从消费者出发，关注过程，总结企业经营的经验教训，传播公正客观全面的市场信息。

第三章　中观经济知识与中观经济新闻报道

中观经济是相对宏观经济和微观经济来说的，中观经济是介于整个国家和具体单位(家庭消费者、企业)之间的经济活动。从广义上讲，它是介于宏观经济和微观经济之间的所有经济形态的总和。从狭义上讲，它特指国家范围内的区域经济、产业经济和城市经济，它们是国民经济活动在某一特定地域或部门行业的展开，它们构成国民经济的重要子系统，但它毕竟不等于整个国民经济，不能归之于宏观经济领域；同时，区域(城市)、部门和行业又是自成体系，不能归于微观经济领域，所以便产生了中观经济。

第一节　中观经济知识概述

一、中观经济及中观经济学的产生与发展

20 世纪 70 年代，德国奥斯登堡大学教授汉斯·鲁道夫·彼得斯提出，中观经济作为国民经济的独立层次应加以系统研究。他认为，中观经济是有别于宏观经济和微观经济的独立层次，按其规模是介于个体经济和总体经济之间的中间聚合体。所以，有必要为这个领域创立一种独立的理论，以解决经济结构发展部门和地区因素等问题。

(一) 中观经济现象产生的原因及条件

中观经济现象作为一种时空经济现象，必然有其产生的原因和条件。首先，就产业集群现象而言，作为大量相关产业集聚在特定的地域空间之内并形成一个类似生物有机体的产业群落，这显然是一个非常典型的中观经济现象。其次，就县域经济而言，在一个县域范围内发展经济，它与微观的企业发展不同，它与宏观的国民经济发展也不一样，它更多地具有中观经济的特征。县域经济在整个国民经济中的地位和作用是不容低估的。再者，就循环经济来讲，它是 20 世纪 60 年代才产生的一种全新的经济现象。它以“资源—产品—再生

资源"的反馈式循环经济替代了传统的"资源—产品—污染排放"单程式的线性经济。

社会生产力的发展水平是各种经济现象产生的自然基础，生产力水平对经济现象的产生有着刚性制约。中观经济现象和一般经济现象一样，都是在生产力发展水平基础上产生的。这种因果关系有一定的时序性。生产力的发展不可能一成不变，而是与时俱进的。生产力的进步会促进新的经济现象产生，也会使过去成型的经济现象消失或改变形式。政治、法律、产权、货币和其他制度因素，也给各种经济现象的产生带来了重要影响。新制度经济学把制度因素看成经济发展的内生变量，是经济发展和经济行为、经济现象的关键因素。在传统计划经济体制下，区域要素流动、区域市场资源配置、农民工进城务工现象等都是不太可能出现的。空间范围是中观经济产生的重要条件。人们从事物质资料生产，其活动空间可以分为大、中、小，即宏观、中观、微观，因此，经济现象也就相应地出现了宏观经济现象、中观经济现象和微观经济现象。

(二)中观经济学的产生及发展

20 世纪 80 年代初，我国经济理论界的视线开始进入中观经济领域并进行了初始阶段的研讨。著名经济学家于光远在一次关于经济社会发展战略的讨论会上提出和强调了"中观经济问题"，随后在发表的《狠抓一下"中观经济问题"》中提出："有这么一类经济问题，就它本身来说似乎是个很具体的问题，涉及的范围并不很大，说不上宏观经济问题；但它的解决，却对国民经济有相当大的意义。"① 1988 年我国第一本《中观经济学》专著问世，但该书作者王慎之在书中并未提出研究对象。作者当时认为，中观经济学还处于发展的初期，研究对象选定太早就容易将研究者带入争论之中。只要具有明确具体的内容阐述，研究对象自会有一个清晰的轮廓。王慎之将中观经济的含义确定为：介于整个社会和一个经济单位之间的经济活动，也就是非"宏"非"微"，亦"宏"亦"微"的中间状态的经济结构。具体地说，也就是某一区域或某一部门的经济活动。②

陈云贤和顾文静认为，中观经济学是介于宏观经济学与微观经济学之间的一门学科，以区域资源配置效率为研究对象，从区域政府的主体职能出发，系

① 王慎之：《中观经济学的研究和进展》，《生产力研究》1992 年第 5 期，第 33～37 页。

② 王慎之：《中观经济学》，上海人民出版社 1988 年版，第 20 页。

统阐述区域政府在区域经济发展中的内在规律和发展趋势，研究框架和分析工具仍以微观经济学和宏观经济学的框架和工具为基础，属于理论经济学范畴。① 他们认为，“中观”和“区域”是相对概念，所以，中观经济学既可以指国家经济学，也可以指城市经济学或区域经济学。

二、中观经济的内涵及外延

物理学认为，自然物质领域存在着微观、中观、宏观三个层次；在经济学领域，微观、中观、宏观是基于比较而产生的空间的相对概念或范畴。如果将世界看做宏观，中观就可以是世界范围内的一个区域。② 中观经济研究的主要内容是部门、地区和集团经济现象。③

在一个国家内部，这个国家属于宏观，每一个个体、家庭、企业构成了微观单位，而介于国家和个体单位之间的某个区域、行业、部门等自成体系的独立系统，则构成中观范畴。但如果把世界看做宏观，则中观范围也可以是指某个国家、某个地区。因此，中观的概念在这里可理解为世界范围内的一个“区域”的概念，而中观经济学就是以区域为单位，研究其经济发展规律的理论学科。④

中观经济的外延按照当前的研究成果来看，大致有以下几种看法：中观经济就是区域经济；中观经济是区域经济和部门（行业）经济；中观经济是区域经济、部门（行业）经济和城市经济；中观经济是区域经济、部门（行业）经济和集团经济；中观经济是区域经济、产业经济和城市经济；中观经济是区域经济、产业经济、城市经济和集团经济等。

以上论述观点各不相同，各有侧重点。“地区经济”的提法与现在多使用的“区域经济”表述的含义大体相似，只不过前者是从行政区域进行分析，后者则是从多方面的角度来定义，行政角度相对淡化；“行业经济”与“产业经济”从总体来看也具有很多相似之处，只不过行业概念侧重反映外在门类特

---

① 陈云贤、顾文静：《中观经济学——对经济学理论体系的创新与发展》，北京大学出版社 2015 年版，第 23~24 页。

② 转引自陈云贤、顾文静：《中观经济学——对经济学理论体系的创新与发展》，北京大学出版社 2015 年版，第 33~36 页。

③ 杜栋：《中观经济定义与形态的再研究》，《理论月刊》2009 年第 11 期，第 65~67 页。

④ 厉以宁：《把区域经济发展经验上升为中观经济理论》，《南方日报》2016 年 4 月 14 日，第 A18 版。

征，产业概念则侧重反映内在经济特征；“部门经济”一般以行政主管部门为标志，部门经济与产业经济为从属关系；“城市经济”是农村经济的对立物，城市经济与区域经济也为从属关系；至于“集团经济”，它是部门经济和地区经济在同一经济组织内的集合体，跨地区、跨行业的大型企业集团经济就具有中观经济的某些特征。

三、中观经济的研究对象与研究范围

(一) 中观经济的研究对象

毛伯耕认为，研究中观经济首先必须区分宏观、中观、微观三个层次各自的研究内容和对象。中观经济的研究对象在广义和狭义上有所不同，广义上的中观经济研究对象包括：第一，研究国民经济承上启下的经济形式；第二，研究国民经济结构的具体内容；第三，研究国民经济总体和局部的关系；第四，研究市场供需各方的关系；第五，研究国民经济布局和空间变化；第六，研究企业群体组合和资本集中、垄断关系等。①

彼得斯教授将部门经济、地区经济、集团经济视作中观经济研究的主要内容，并将这三个方向作为自己的研究方向。他认为，部门经济是某个地区或多个地区按照产品群/物质生产的公益特点或者是经济活动中的性质和职能等同类经济的集合体，也有人将其称之为行业经济。地区经济不同于一般的区域经济，具有相对独立性，它将独立性、多重隶属关系和若干部门聚集在一个区域内，在这个区域内每个地区各自具有自己的优势特色，内部之间既相互联系又相互制约，形成国民经济的空间结构。因此，中观经济学主要以行政性区域为研究对象，虽然它有时也涉及其他性质的区域。集团经济也叫企业集团经济，交叉性、综合性和独立性是它的特点。它是部门经济和地区经济在同一经济组织内的集合体。对于专业化的集团来说，它属于单一部门在同一地区或者不同地区的集合；对于综合性、一体化的集团来说，它属于若干部门在同一地区或者不同地区的集合；对于跨地区的集团来说，它是一个部门或者多个部门在不同地区的集合。

(二) 中观经济的研究范围

中观经济学是介于宏观经济学与微观经济学之间的一门学科，其研究范围也与宏观经济学、微观经济学既有区别又有联系。②

---

① 毛伯耕：《中观经济管理与实践》，厦门大学出版社 2009 年版，第 28 页。

② 周扬明：《中观经济本论》，经济科学出版社 2006 年版，第 5 页。

中观经济与宏观经济、微观经济的关系见表 3-1：

表 3-1 中观经济与宏观经济、微观经济的关系

理论分类	研究出发点	理论范围	政策范围
宏观经济	国民经济	经济循环和国民经济核算理论，经济发展和就业理论，财政、货币、外贸理论，国民收支理论等	就业政策，金融信贷财政政策，国际收支政策，指令性经济计划等
中观经济	部门、地区、集团	经济结构理论，部门与地区发展理论，基础设施理论，环境保护理论，集团与协会理论等	部门结构政策，部门结构计划，研究与工艺政策，部门原料供应政策，地区结构政策等
微观经济	家庭、企业、市场	需求与供给理论，市场与价格理论，竞争理论，个人分配理论等	企业法，竞争政策，消费者政策，收入与价格政策等

应当指出，上述划分使中观经济与宏观经济、微观经济各自有了比较明确的理论范围和政策范围，但它们研究的范围仍然有一些交叉。例如市场与价格理论、环境保护理论、部门结构政策、竞争政策，并不局限于某个领域，而是涉及经济活动的各个领域。

四、中观经济的基本特征

由于中观经济是一个介于宏观与微观之间的经济系统，它既是个量经济的集合，又是总量经济的分解，所以具有与总量经济和个量经济都不同的特点。

（一）差异性

由于时空关系不同，中观经济必然存在差异性，这表现为经济发展水平的差异，生产结构与形式的差异，人民生活贫困与富有的差异，人文、劳动与环境的差异等；地形地势多样、经济社会发展历史复杂、我国经济政策倾向等原因，使得差异化更加明显；我国地域广袤，地形地势、地质、气候、民族习惯等都存在着差异，由此导致的级差是客观的，故而物产、流通和消费都会不一样；经济社会发展历史层面，由于产业发展和产业技术落后于世界先进国家水平，加之生产布局不合理，地区间、部门间的差距被拉大，人民的收入与生活水平的绝对差距扩大；我国经济政策倾向层面，自中华人民共和国成立后，我国经济发展政策倾向于促进落后的产业发展，这些均导致我国经济呈现差异性。①

(二) 交叉性

中观经济的交叉性突出表现为地区与产业的交叉，以及集团经济的跨地区和跨部门。这种交叉是中观经济实体存在的空间。在中观经济运行过程中，一是要承认交叉性，二是要充分尊重交叉对方的权利，三是要协商解决交叉中的矛盾。

行业、部门中纵横交错的联系，是以行业内部的纵向联系为主，行业间的横向联系为辅。地区经济是分层次的，既有大区、中区、小区之间的纵向联系，又有不同层次的分区之间的横向联系。集团内部联系最为紧密，但与外部也有纵横交错的联系。地区、部门、集团之间也是相互交叉的：地区经济包含部门经济、集团经济，部门经济包含地区经济、集团经济，集团经济又包含地区经济和部门经济。

但我们也不能忽略其"独立性"的含义，即企业(集团)之间、行业部门之间、地区之间经济上的独立性：一是指行业经济、地区经济、集团经济都是一个相对独立的生产系统，都各自具有其自身运行规律。二是指整个中观层次是独立的。每个中观主体都是独立的，但又不是孤立的，它们相互关联，共同构成一个有别于宏观和微观的独立的中观层次，并在国民经济中发挥着自身独特的作用。

(三) 关联性

中观经济的关联性表现为产业的连接性和地区的均衡性。一种产业的发展，在外部要受其他产业发展的制约，国民经济的所有产业都存在互为条件、互相制约的关系；在内部又决定于工艺和工序上的连接，缺少了一个环节，就可使整个产业中断运行。

在我国，由于地区经济级差造成生产、生活的差异和不平衡，这是国家经济发展中的一个最关键的问题。实现地区经济均衡发展，要特别注意依靠本地区的力量。

(四) 市场性

中观经济的市场性，不是研究它们之间的竞争性和价值规律影响下的自发性，而是研究它们之间的市场依存性和互补性。启动内需是充分调动中观经济市场能动性的良策，大力推动经济结构战略性调整是促使中观经济市场良性发

① 毛伯耕：《中观经济管理与实践》，厦门大学出版社 2009 年版，第 33~44 页。

展的需要，抓好产业转移是促使我国中观经济市场均衡发展的需要。我国自然资源分布不均，这就要求国家更好地关注中观经济之间的互补——积极促进矿产资源国内市场的开拓，积极开发利用我国的水资源，积极促进我国劳动力资源地区间合理流动，促进资源间的平衡与交流。

第二节　中观经济知识关键概念①

一、区域经济

区域是一种地理上的空间概念，它可以特指一省或几省，也可以是省级行政区下的各地区以及跨越行政区域的各经济区。由于在不同的地理区域，矿产资源、人口分布、交通条件、政治制度以及工农业的发展水平等都各不相同，因此从各个不同地理区域的实际情况出发，研究经济现象，把握区域内经济发展的规律，是了解和促进经济发展的重要基础，也是制定长远规划的客观需要。

二、部门经济

社会化分工是产业部门保持独立性的根本，在此基础上出现了各种类别的部门经济学。国民经济的构造错综复杂，在错综复杂的结构中也就出现了各种层次，这种层次大致可以分为三层：国民经济总体结构属于第一层次（宏观层次）；部门经济结构属于第二层次（中观层次）；企业或单位经济实体结构属于第三层次（微观层次）。如果和社会分工联系起来，可以形成下列图式（图 3-1）。

这是一个简单的经济结构模型。宏观层次中的农业、工业和服务业，在国民经济中是作为总体的局部发生作用的。中观层次中的农业、工业和服务业（在更广泛的意义上称为三大产业），则相对形成一个局部总体，互相连接又形成部门内部的结构。微观层次中的企业，可以是农场、家庭，也可以是工厂、专业公司，或者其他经济单位，它们都是独立的经济实体，都有各自的内在结构。

① 以下概念参考：王慎之的《中观经济学》，陈云贤、顾文静的《中观经济学——对经济学理论体系的创新与发展》等专著。

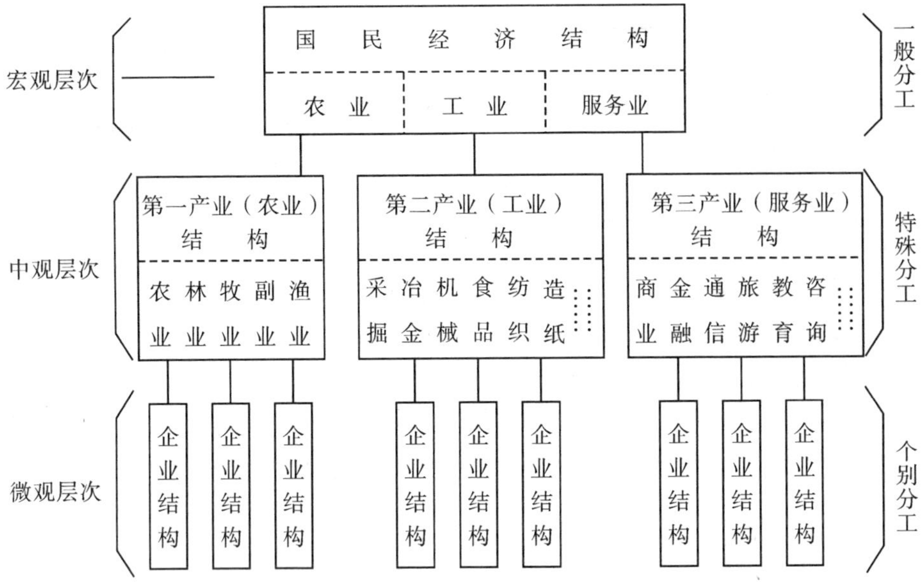

图 3-1 国民经济三层次划分方法

三、产业经济

产业是指国民经济中以社会分工为基础，在产品和劳务的生产和经营上具有某些相同特征的企业或单位及其活动的集合。在国民经济中，从各类物质生产部门到提供各种服务的各行各业，都可以称之为产业。产业既不属微观经济的范畴，也不属宏观经济的范畴，而是介于二者之间的中观经济范畴。

作为社会分工的产物，社会生产力发展的结果，产业随着社会化分工的提高，技术的进步，生产力水平也会实现高水平的发展。随着生产经验和知识的增加，生产能力的提高，人们可以分别从事不同种类的劳动，使社会分工具有可能性，而且社会分工能够极大地提高劳动生产率，促进社会经济的发展。一般来说，社会分工越发达，生产专业化的程度越高，社会生产力发展水平也就越高。

产业分类标准是多种多样的，所确定的产业分类标准不同，产业分类方法也不相同，不同的产业分类方法是以不同的产业分类标准为前提条件的，因此，产业分类方法是产业分类标准的具体运用，如表 3-2 所示。

表 3-2　产业分类标准与产业分类方法

产业分类标准	产业分类方法
产品的最终用途不同	马克思两部类分类法
物质生产特点的不同	农轻重分类法
工业生产的特点不同	霍夫曼分类法
产业发展层次顺序及其与自然界关系不同	三次产业分类法
生产要素集约程度不同	生产要素集约分类法
产业在国民经济中的地位和作用不同	产业地位分类法
产业技术先进程度与发展趋势	产业发展状况分类法
统计标准	标准产业分类法

四、城市经济

1988 年出版的《中国大百科全书》将城市经济定义为：“由工商业等非农业经济部门集聚而成的地区经济。”也就是说，城市经济是指以一定区域为存在与发展空间的，以各种经济要素的高度集聚性、各种经济活动的对外开放性、各种经济发展条件的复杂性、社会化生产的高效性为特征的非农业经济部门集聚而成的地区经济。它反映的是城市一切部门之间经济联系与经济活动的总和。城市经济包括工业经济、商业经济、公共经济、规划管理经济、房地产经济、生态环境经济等内容。

五、集团经济

集团经济是对以资产纽带和产业链条组织起来的企业集团经济活动的总称。对集团经济概念的理解，应把握如下要点：

企业集团是一种适应市场经济要求的经济组织形式。按照市场经济内在的价值规律、供求规律和竞争规律的要求，企业必须向生产专业化、经营多元化和经济规模化的方向发展，而这些对于单一企业而言，显然是难以做到的，因此众多企业依据产业链条和资产纽带，分别组建企业集团是必然趋势。

跨地区、跨行业的大型企业集团经济具有中观经济的某种特征。目前，虽然各种类型的企业集团在我国都存在，但从企业集团在市场经济中所发挥的作用看，只有跨地区、跨行业的大型企业集团才能有效组织和协调众多当地企业的经济活动，并在交易协调、资产配置和战略发展等方面发挥重要作用，从而有助于增强市场经济运行的有序性和稳定性，即跨地区、跨行业的大型企业集团已经开始进入中观经济层次，并初步具备了中观经济形态的部分特征。

六、经济圈经济

1957年，法国地理学家戈特曼首次提出了大都市圈概念，用以概括一些国家出现的大城市群现象。这些大城市群往往具有以下特征：区域内城市高度密集，人口规模巨大，城市间具有建立在分工明确、各具特色、优势互补基础上的密切的经济联系，是一个国家和地区经济最活跃、最重要区域。

经济圈又称大城市群、城市群集合、大经济区、大都会区或都会区集合，属于20世纪90年代开始频繁出现的中文地域经济用语。它指一定地区范围内的经济组织实体，是生产布局的一种地域组合形式。经济圈是主要从地域的自然资源、经济技术条件和政府的宏观管理出发，组成某种具有内在联系的地域产业配置圈。经济圈通常指疆域极广的国家内部某一特定地区，常为城市群体的集合，或在国家经济总量中占有很大比重，并且对全球经济产生影响。

都市经济圈的形成，就本质而言，是市场化和城市化的结果。都市经济圈的成功与否，关键要看有没有世界级的超级城市作为其内核，而这种超级城市除了能源、水源、机场等硬件条件以外，新型机制和创新能力也是至关重要的。

第三节　中观经济新闻报道

中观经济新闻报道主要是指以区域经济活动、城市经济活动、产业经济活动等为报道对象的经济新闻，包括区域经济报道、城市经济报道和产业经济报道。随着中观经济理论在我国逐渐被接受，以中观经济视角撰写的经济新闻也发展成为经济报道的一个重要分支，不仅体现在内容上和数量上，还体现在版面上，一些媒体专门开辟了中观经济报道版面，如《经济日报》的“区域经济”版。

一、中观经济新闻报道内涵与特征

中观经济研究的是区域的问题、行业的问题、结构调整的问题，是局部的问题，中观经济新闻以这些内容为报道对象。①

---

①　方琦：《经济新闻实务》，西南财经大学出版社2009年版，第91页。

(一)中观经济新闻报道的内涵

随着我国改革开放进程的不断深入，各项体制机制不断健全，中观经济也因此得以产生和发展起来。在此背景下，有学者提出了中观经济新闻报道的概念，其具体是指：时刻以宏观和微观相结合的态度去追寻信源、完成报道，从而使所写内容能够既生动活泼又发人深省，既迅速全面客观地报道经济生活中时刻发生的可能带有某种方向性的新闻事件，又能对事件的发生和发展有所影响。① 换言之，中观经济新闻主要是指以区域经济活动、城市经济活动、产业经济活动为报道对象的经济新闻，无论是对新闻的内容，还是对表达这一内容的形式，都应该采取“中观”的思维方法，加以采写报道。中观经济新闻报道与宏观经济新闻报道和微观经济新闻报道的区别当然有写作形式方面的，但更主要的是新闻视角即研究新闻事件的抽象方法上的不同，从而“脱胎”出一个生动活泼、内涵丰富的崭新的报道形式。

(二)中观经济新闻报道的特征

1. 全局性

中观经济新闻报道不能离开全球视角。所谓全球视角，是指中观经济新闻的采编活动应该放眼世界空间范围，在广域的、多变的和复杂的经济活动中，获取新闻的真实性。首先，中观经济新闻报道的选题方向要有国际背景支撑，以凸显城市、区域、产业经济发展的外向度，构建中观经济新闻报道的新格局；其次，中观经济新闻报道的新闻事实要素要有国际背景比较，以凸显城市、区域、产业经济在全球的水平和位次，找到中观经济新闻报道的新坐标。这个新坐标表现在新闻事实上就是：要从经济水平的“纵向比较”，转向“横向比较”，在国际同类经济体对比中寻找到产生新闻的客观理由；从竞争能力的经济规模比较，转向“经济成本参数比较”，在国际经济体的总量分析中寻找到新闻事实存在的准确程度；从可持续发展的“产业产品优势比较”转向“科技人才优势比较”，在国际经济的发展后劲上寻找到新闻事实的最大影响力等。②

比如区域经济新闻报道关注的核心问题是区域经济如何快速发展和如何改善协调区域经济不平衡的问题，因此，突出报道的本土性和服务性无可厚非。但是，当前信息技术的不断发展，改变了人们的生产、工作、生活方式和思维模式，进而改进自己的报道方法，区域经济新闻报道的全球化也必然会成为一

① 刘克田：《中观经济概论》，经济科学出版社 1999 年版，第 5 页。

② 王景文：《城市经济报道视角分析》，《记者摇篮》2002 年第 9 期，第 41 页。

种趋势。①

以全球的视野观照区域性的经济社会活动，以全局的视角关注区域经济的格局和地位，这样才能把握住经济发展的脉络，使区域经济新闻报道更具启示性和影响力。这在客观上要求我们摆脱思维定式，放眼全局，在更大的视野下，观照本地区的经济活动和经济社会的发展变化。②

2. 交叉性

中观经济新闻报道的交叉性主要体现在两个方面：一是在本区域贯彻实施中央的宏观政策和措施，立足于为宏观管理和体制目标的落实服务，实现整个国民经济的良性循环；二是从本区域实际出发，因地制宜地进行区域规划，组织区域经济发展战略的实施，进行必要的区域调控，同时对各项微观经济活动进行行为指导。中观问题不等于一个企业的问题，也不是一个单位的问题，而是涉及某省市、某区域、某产业的全局性的问题。相对于全国，它是一个局部，相对于一个企业、单位而言，它又是全局。中观经济新闻关注的经济现象、经济问题居于中间层次，不正视它，会影响某省市、某区域、某产业经济的发展，但对全国经济格局，不会产生太大的影响；正视它，解决它，会促进某省市、某区域、某产业经济的发展，同时也会对全国经济格局带来积极影响。

比如国家出台降低小排量汽车购置税政策这一消息，它既包含有宏观经济新闻中的政策性动态消息，又有中观经济新闻中产业经济新闻的政策性动态消息。从宏观角度看，汽车是全国老百姓普遍关注的重要商品，中国处在私家车正逐步普及的进程中，降低小排量汽车购置税的消息，人人都关注。因此，这是一条宏观经济新闻。从中观的角度看，汽车只是汽车产业生产的一种商品，全国有无数个产业，因此，降低小排量汽车购置税的消息，是一条中观经济新闻的产业经济新闻。

比如，《温州都市报》对"一带一路"倡议进行的系列策划报道(2015 年 5 月 13 日至 2015 年 6 月 30 日刊发)就是一种交叉性的体现。在了解、掌握国家战略布局的前提下，在"温州模式"迎来 30 周年之际，温州日报报业集团推出"'一带一路'万里行"大型报道活动，记者走进"一带一路"沿线国家，准确真

① 张伟：《地方经济报道要有全球化眼光》，《新闻世界》2015 年第 8 期，第 34~35 页。

② 陈娟：《全球化视野做城市台经济报道》，《东南传播》2001 年第 9 期，第 213~214 页。

实地记录看到、听到的原生态故事，用简洁的文字呈现给国内读者，把新闻采访搬到了焕发青春的丝绸之路上，是一种很有独创意义的“慢新闻”采访报道实践，从而总结出“温州模式”是指浙江省东南部的温州地区以家庭工业和专业化市场的方式发展非农产业，从而形成小商品、大市场的发展格局。小商品是指生产规模、技术含量和运输成本都较低的商品；大市场是指温州人在全国建立的市场网络。记者在古老与现代、东方与西方之间穿行，着眼“一带一路”倡议的宏大视角，沿途寻访新丝路上的温商足迹和“温州模式”在陌生国度的生命底蕴，诠释温州模式异乡栽培、落地生根的成长性，解析本地区区域发展的路径，报道取得了很好的宣传效果。

3. 专业性

中观经济新闻主要以区域经济理论、城市经济理论和产业经济理论作为指导，报道区域经济、城市经济、产业经济建设中所出现的各种新情况、新问题。由于区域经济建设、城市经济建设和产业经济建设中存在着许多复杂的问题，要正确理解和看待这些问题，没有经济学专业知识，尤其是没有区域经济理论、城市经济理论和产业经济理论专门知识，是无法正确理解和处理这些问题的。

比如城市化问题，过去，我国经济理论界缺乏对这一知识的了解，长期以来奉行一种严格控制农民进城的政策，结果严重违背了经济规律，给我国造成了巨大的损失。在当前经济学界，区域经济学、城市经济学以及产业经济学都属于应用经济学的范畴。这些学科对于相关实践问题具有很强的指导作用，我们从事中观经济新闻报道，必须很好地运用这些理论知识，以帮助我们分析各种复杂的现象，解决实践中的问题。

中观经济新闻较少关注一般信息，更多地关注某省市、某区域、某产业经济发展的深度问题。无论是区域经济报道、城市经济报道，还是产业经济报道，都更多地将视角投向关注区域经济发展、城市经济发展和产业经济发展的深层次问题，尤其是专业财经媒体，更是把这类问题作为主要报道内容，其通常从专业角度，对这类问题展开深度分析。在报道中观经济新闻时，要求用专业的视角关注中观经济现象、中观经济问题，只有这样才能促进某省市、某区域、某产业经济的发展，同时也会对全国经济格局带来积极影响。

杨伟民：中国城市化存在四大结构性失衡，要改革住房制度

经济日报北京6月12日讯(记者 马常艳)全国政协常委、经济委员会副主任杨伟民11日在由中国互联网新闻中心(中国网)和云河都市研究院联合主办的中国城市高质量发展研讨会上表示，中国城市化存在四大结构性失衡，要树立空间发展理念，进一步放宽户籍限制，完善农村建设用地产权制度，改革住房制度，推进城市化高质量发展。

杨伟民指出，工业化高质量发展和城市化高质量发展是推动经济高质量发展的两大任务。城市化高质量发展的含义是城市集聚的经济、人口与资源环境之间实现均衡发展。

为何要推进城市化高质量发展？杨伟民表示，是因为中国城市化存在四大结构性失衡。一是经济与人口失衡，人口向大城市集中，但户籍制度限制其落户。二是财力和人口失衡，经济发展向大城市和特大城市集中，财政体制导致地区和城市之间人力财力差距大。三是土地和人口失衡，其中，城乡之间，人口向城市集中，但农村建设用地没有进入城市，人口城市化的半市场体制和土地城市化的计划体制出现“体制冲突”，农村宅基地闲置和城市居住用地短缺；城市之间，一二三线城市土地配置与人口流动配置不合理，一线城市居住用地少，地价过高、房价过高，部分三四线城市人口流出，而居住用地增加，住宅空置高。四是经济人口与资源环境失衡。(节选自《经济日报》2019年6月12日)

这篇报道从四个方面解释了推进城市化高质量发展的原因，并从六个视角总结提出城市化高质量发展的举措，具有非常高的专业性。城市化是城市经济报道关注的重点话题，而要做好城市经济报道必须具有全局性的视野、交叉性的内容、专业性的知识，需要从全球城市经济发展和全国城市格局的视野中去关注城市经济，要从城市化和区域经济的交叉性中去寻求报道的内容，要运用城市经济理论去组织城市经济报道。这篇报道较好地体现了这三个特征，通过对城市化的四大结构性失衡的关注，深入剖析全国政协常委、经济委员会副主任杨伟民的观点，提出了城市化高质量发展的举措。

二、中观经济新闻报道分类

按照中观经济研究的范围和方向，可以将其分为三个部分，即区域经济、产业经济、城市经济。就中观经济新闻报道而言，主要集中在与区域经济、产业经济和城市经济所对应的几个方面。

(一) 区域经济新闻报道

1. 区域经济新闻报道的内涵

区域经济是介于宏观经济与微观经济之间的一种经济现象，其特点是竞争与合作并存。① 改革开放以来，我国经济高速发展，出现了越来越多的带有区域性质的、地区性的经济组织，区域经济学也发展成为一门新兴学科。区域经济学是运用经济学的观点，研究国内不同区域经济的发展变化、空间组织及其相互关系的综合性应用学科。它主要研究市场经济条件下生产力的空间分布及发展规律，探索促进特定区域而不是某一企业经济增长的途径和措施，以及如何在发挥各地区优势的基础上实现资源优化配置和提高区域整体经济效益，为政府的公共决策提供理论依据和科学指导。所以，区域经济新闻报道关注的核心问题是区域经济如何快速发展的问题和如何改善协调区域经济不平衡的问题。②

20 世纪 80 年代以来，地方经济的繁荣和城镇化的发展使得受众日益出现了一种新的内生需求：关注的重点不再局限于一个个单线产业、单一经济结构，取而代之的是块状地区、经济带或经济圈的整体发展动态。在此基础上区域经济新闻报道应运而生。陈峣认为，区域经济新闻报道传递的是“块状信息”，它是新闻采编人员对单个或多个地域进行深入观察、探访、了解和体验之后表达出的声音，同时也是党报打造自身核心竞争力、稳定并扩大市场占有量的关键所在。相比“条线新闻”，其区域视野更宽、经济触及面更广、层次更为丰富、报道内容也更加深刻。③陈颂清表示，区别于其他报道类型，区域经济新闻报道具有一定的特殊性，它主要关注并报道的是各省市地方经济的特色及创新之处，还包括各区域间的利益往来和各类联系等。④

区域经济新闻报道主要依托区域经济学相关理论，以各地特色、差异及其互动关系为报道对象，主要研究区域要素的流动和整合，具体探索特定区域经济增长的途径和措施以及如何在发挥各地区优势的基础上借鉴有效经验，进一步实现资源的优化配置。方琦提出区域经济新闻报道关注的核心问题是地方经

---

① 王慎之：《中观经济学》，上海人民出版社 1988 年版，第 35 页。

② 刘笑盈：《经济学与经济新闻报道》，中国传媒大学出版社 2006 年版，第 308~318 页。

③ 陈宗安、陈峣：《信息领域的“集成电路板”——采写区域新闻的实践与思考》，《新闻战线》2009 年第 1 期，第 50 页。

④ 陈颂清：《经济一体化给新闻报道带来什么》，《中国记者》2003 年第 9 期，第 13 页。

济如何实现快速发展，经济不平衡问题如何得到改善和协调，应对策略可分为三个方向：一是配合各项规划和政策要求，及时实现区域经济发展的阶段性目标；二是为区域经济定位提供理论指导和信息服务；三是寻求地方经济增长的新路径。①

2. 区域经济新闻报道的发展

随着当前整体经济形势及区域经济政策的不断转变，区域经济新闻报道也随之在不同阶段表现出完全不同的面貌特征，其历程大致可以梳理为四个阶段。

(1)20 世纪 80 年代初期：区域经济新闻报道初现端倪

作为定格一定区域内的新闻报道指向，区域经济新闻报道最早出现于 20 世纪 80 年代。由于商品经济天然强调交换与联系，于是经济属性进一步突破区域行政属性的框架束缚，媒体报道开始呈现出一种新的发展态势：一方面，客观地揭露仅局限于区域内行业部门、断绝区间经济往来的种种问题；另一方面，有意识地报道打破条块分割、畅通交换渠道带来经济效益的典型探索案例。一场轰轰烈烈反映增强区域经济“横向联系”的报道由此展开。

(2)20 世纪 80 年代中后期至 90 年代初期：区域经济新闻报道不断丰富

80 年代中后期，纷纷设立的各类经济开放区、沿海开放城市及经济特区等成为不可忽视的区域经济亮点，我国的总体开放格局开始朝着全方位、多层次及宽领域方向不断发展，在此背景下，三大区域变化开始凸显：首先是国家政策转变，各地区在其影响下开始探索差异错位的发展战略；其次是经济体制转变，地方经济在“放权”的鼓励下自主性、能动性和主导性不断增强；最后是区间连接关系转变，纵横交错的经济发展形势日趋复杂。基于以上种种，区域经济新闻报道开始进一步关注不同区域的改革形势、发展重点和交错关系等，报道形式包括长篇分析通讯、系列跟踪报道及分析解释性述评等，范围覆盖整个区域发展整体。一时间诸多优秀的报道见诸媒体版面，对区域各现象做出独到和理性的思考。

(3)20 世纪 90 年代中后期：区域经济新闻报道形成规模

20 世纪 90 年代中后期，中国经济发展步入转轨期，对外开放及经济全球化进程也随之不断推进，区域间竞争日益激烈。基于此，受众开始出现新一轮的信息诉求，即突破“横向联系”，以“全面合作”取代“简单协作”，助力区域经济走向一体化道路。在此背景下，区域经济新闻报道从国家发展战略的高度

① 方琦：《经济新闻实务》，西南财经大学出版社 2009 年版，第 94 页。

出发，不断“借题发挥”“因势发力”“借机发展”，对对外开放及全球化做出有力回应。媒体报道双管齐下，一方面，以题材独特、观点深刻的报道启发受众强化区域全方位合作，理性配置资源，打造优势；另一方面，以简洁有力、发人深省的报道引导受众良性竞争，互相交流区域发展经验，突出特色。两方合力，积极探索区域经济的突围路径，一股区域经济新闻报道的热流随之涌动起来，区域经济新闻报道逐渐形成规模。

(4)90 年代中后期至今：区域经济新闻报道走向成熟

中国经济开始步入新常态，区域经济功能和地位进一步凸显，成为推动整体经济发展的新引擎。近十年来，中国在区域经济发展方面更是进入一个全新的境界，中央在区域发展的“棋盘”上频繁落子。上海浦东新区、天津滨海新区、成渝经济区、海峡西岸经济区、中原经济区、长江经济带等区域规划相继出台，细化了中国区域发展版图，释放了经济发展能量，区域发展战略从根本上改变了中国的经济发展格局。近几年“一带一路”概念的提出和推进，亚洲基础设施投资银行的创立，上海自由贸易试验区的实施以及广东、福建、天津等自贸区的成立，更是让世人认识了一个全新的区域经济发展观，为传统区域发展和开放型经济新体制的理论和实践赋予了全新的内涵，注入了新的动力。①

在此背景下，对区域经济的报道，专业性经济媒体被寄予厚望，无论是地方发展的操盘者还是掌握产业和资本的巨头，都需要看到真实的经济地理分布，以及这种分布变迁的逻辑和趋势。专业化的经济媒体最有可能完成对这种逻辑和趋势的深度诠释和解释，并给出“可信赖的预期”。

3. 区域经济新闻报道的特点

(1)以推动区域经济发展为核心，关注国家政策规划

区域经济的发展，离不开国家的大环境，离不开国家的宏观经济政策。如何配合国家经济政策，在全国经济大棋盘乃至世界大棋盘中找准自己的位置，选择恰当的发展路径是每一个经济区域最大的问题。任何一个经济区域的发展，都有其发展目标和发展任务，各地方政府均对自己区域的经济发展规划了蓝图。

2008 年，国际金融危机在全世界迅速蔓延，党和政府当机立断，迅速出台 4 万亿元人民币的经济刺激计划，地处中原腹地的河南也迅速行动，积极配

① 厉以宁：《把区域经济发展经验上升为中观经济理论》，《南方日报》2016 年 4 月 14 日，第 A18 版。

合国家的行动，为此，《河南商报》连续推出了《解放思想“危”中寻“机”确保增长》《巨额投资呵护百姓出行和健康》等报道。《经济日报》作为全国性大报，其区域版新闻报道一方面立足本土，揭示区域内发生的经济现象，并给予评点和总结；另一方面兼顾区域外，对处于同一发展阶段或未达到该发展阶段的区域提供借鉴、比较和决策判断的资讯，满足其经济信息需求。比较成功的报道如 2008 年 4 月 3 日至 10 月 7 日推出的《成长中的产业集群》系列报道、2014 年 4 月 1 日至6 月 5 日推出的《京津冀协同发展》系列报道等。其中，《成长中的产业集群》系列报道荣获第 19 届中国新闻奖报纸系列二等奖。

(2)区域经济新闻报道定位于注重理论指导和信息服务

区域经济发展的一个重要问题是定位问题。根据区域经济学理论，区域经济定位应考虑三个基础条件：自然地理条件、经济人口密集度、运输和通信成本。同时，还应考虑三个相关因素：国家产业布局或全球经济的需求、自身比较优势、可持续发展。① 以上区域经济理论对于指导区域经济报道具有重要作用。

2004 年以后，我国南方以“9+2”模式为特点的区域经济合作模式一时成为亮点。在市场的推动下，广东“小珠三角”扩大到粤港澳“大珠三角”，再扩展到涵盖了粤、桂、湘、闽、赣、琼、川、滇、黔九省区和港、澳特别行政区在内的巨型经济圈(常称“9+2”模式)。“9+2”泛珠三角区域合作是适应经济全球化、区域经济一体化趋势的战略选择。这种区域合作方式的出现为新闻报道的与时俱进提出了新课题。泛珠三角提出并启动以来，“9+2”地区的新闻媒体从聚焦一省一地，到追踪泛珠三角区域，报道视野更为开阔，报道领域更为宽广，报道形式更为多样，成为当时经济报道的一个亮点。这些地方媒体通过“比较”“对话”“连线”“点击”“联动”等形式创新报道形式，升华报道内容。《人民日报》在泛珠三角经济合作的报道中，也发表了一批高质量的新闻报道。如《谁炒热了“珠三角—长三角”》通过大量的事实和分析，阐明了两个三角洲的发展和繁荣，认为这是区域经济大潮推动的结果，市场经济规律使然。许多新闻媒体在对泛珠三角经济合作进行报道时，多采用比较的方法。它们把这些区域的不同发展模式放在一起进行比较，把各地领导关于泛珠三角合作的观点放在一起进行比较。这样的报道从关联性入手组织策划，可以跳出一省一地的局限，从不同角度相互对比，用更宽广的视野观察和分析，从而给人启发，引人思考。同时，在诸多的报道中，不论是以泛珠三角为报道主体，还是对比分

① 陶良虎：《区域经济学》，国家行政学院出版社 2012 年版，第 185~209 页。

析报道，更多地侧重于对泛珠三角区域的定位和区位解读，为受众阐释了发展泛珠三角“9+2”模式的区位因素和未来前景，既有政策上的理论指导，也有经济生活方面的指导服务。

(3)区域经济新闻报道选题具有多角度、多层面的特点

区域经济新闻报道选题的多角度、多层面特点，首先表现在持续关注政府层面，在区域经济的新闻报道中，媒体在基础设施大项目共建上要与政府形成协商机制；在政策保障上形成衔接机制。① 其次是市场层面，在市场经济中，各类生产要素会按区域经济发展的客观规律自由流动，实现优化配置。这就要求媒体在确定区域经济新闻报道选题时，应注重跟踪这些信息流走向，研究其中规律。最后在思考社会层面，区域经济新闻报道在确定选题时，不仅要关注经济层面，更应注重社会层面上的认同感。同时，媒体需要利用区域对于当地居民的接近性等优势，从心理、经济、生活、政策普及等各方面拉近与受众的距离，发挥区位优势。

让千年大运河只留下遗产不留下遗憾

沧州市区运河两岸 2.8 万亩土地不做商业开发

本报讯　千年古运河流经沧州市区，形成了一个美丽的湾流，1200亩土地三面环水，寸土寸金。不光是房地产企业，好多企业都看上了这块宝地。但日前沧州市委、市政府作出决定，包括这里在内的大运河流经市区两岸的2.8万亩土地都不搞商业开发。

10月20日，沧州市大运河城市提升改造工程建设指挥部办公室主任张建亭，站在大运河流经市区的黄金地段上告诉记者，两个月前，这里还到处是违建、菜地和鸡场，还有2600多座坟头。今年，市里投资1970万元，建设了大运河生态修复与环境卫生整治工程展示区，不仅铺了草坪、建设了小景观带，还配套了健身休闲等便民设施，成了沧州市民“老人散步、青年运动、孩子撒欢”的好去处。

……

在追求经济高质量发展的同时，沧州更加注重生态优先、绿色发展。今年以来，该市围绕建设“生态宜居美丽沧州”目标，实施生态宜居攻坚

① 刘建华、李炜：《一本书学会经济新闻写作》，人民日报出版社2014年版，第95~96页。

行动，开展城乡人居环境综合治理，涉及园林绿化、道路畅通等总投资576亿元共133个城建项目。(《河北日报》2018年10月28日，王晓东、戴绍志、王雅楠采写。)

大运河穿沧州市区而过，是沧州市的母亲河。全力做好大运河“保护好、传承好、利用好”三篇文章，一直是中央领导关注的话题。2018年以来，沧州市大力推进大运河保护、传承和利用工作，记者在采访沧州市大运河城市提升改造工程建设指挥部办公室负责人时了解到沧州市委、市政府刚刚做出运河两岸土地不做商业开发的决定。沧州大运河两岸寸土寸金，2.8万亩土地相当于市区建成区面积的1/4，记者从这一决策的背后看到了市委、市政府在经济社会发展中更多的考量。记者立即深入大运河两岸，先后采访政府官员、市民等20多人，详细了解沧州市做出这一决定的背景、决策过程和主要做法，消息以沧州如何保护好、传承好、利用好大运河为主题，深刻揭示了新时代的沧州该追求什么样的高质量发展，以及如何注重区域生态优先、绿色发展等问题。报道获得第29届中国新闻奖二等奖。

(二)产业经济新闻报道

1. 产业经济新闻报道的内涵

产业经济学是研究具有某些相同特征的经济组织集团的发展规律及其相互作用规律的学科。它把产业经济作为一个有机整体，来探讨经济发展中产业间的关系结构、产业内企业组织结构变化的规律以及研究这些规律的方法。产业经济学的研究对象是产业内部各企业之间相互作用关系的规律、产业本身的发展规律、产业与产业之间互动联系的规律以及产业在空间区域中的分布规律等。产业经济学是应用经济学的重要分支，是分析现实经济问题的有力武器。产业经济新闻报道就是以产业经济学理论为指导，围绕产业结构、产业组织、产业发展、产业布局和产业政策等问题而作的经济新闻报道。报道主要包括以下两大类：

产业经济动态。产业经济动态是产业经济新闻报道的重要内容，这一类产业经济新闻在报道方法上与一般的动态消息没有太大的区别，只不过其报道的产业经济动态，多属于该产业领域业内人士十分关注的动态，而一般普通市民不太关注这一类消息。产业经济动态主要是关于各产业领域内部各个重点企业的动态消息、产业政策消息或其他相关资讯。这一类资讯消息，对产业领域内部具有十分重要的意义，也具有较强的专业性和指导性。

产业经济结构、布局、发展、政策中的理论和实践问题是产业经济报道的重要内容，同时也是最能体现产业经济报道所具有的中观经济新闻报道特点的内容。这一部分内容，内容深，专业性强，学术性和理论性体现得最鲜明，集中体现了中观经济新闻的特点。撰写这一类新闻，同样离不开产业经济学理论的指导。

在我国新闻媒体中，《南方周末》《21 世纪经济报道》《第一财经日报》《经济参考报》《经济观察报》等专业财经报刊，是报道产业经济新闻的主流媒体。这一类报刊，较多地关注产业经济结构、产业布局、产业发展、产业政策制定与调整等比较重大的理论和实践问题，无论从专业理论深度还是从采访深度来看，这一类报道都体现出其很强的学术专业性及较高的采访难度，非专业人士通常难以关注这一类问题。从这一类报道的内容来源来看，主要有两类：一类是由该领域权威学术专家提供。这类报道，多是依据该领域权威学术专家近期的研究成果或新近提出的学术观点，内容多带有学术探讨性，并不是该专业领域已经成为科学定论的思想。记者报道这一类新闻主要是为了吸引更多的人关注。另一类是由记者进行深度采访获得大量鲜活的材料而完成的报道。这一类报道，更多地揭示产业发展中的实践问题，材料来自记者的亲自采访调查，揭示的问题也多带有普遍性，指向产业发展中的现实矛盾。

2. 产业经济新闻报道的特点

产业经济的重要特征就是聚焦某些具有相同特征的经济组织或行业发展的共同规律，如产业内部各企业之间相互作用关系的规律、产业本身的发展规律、产业与产业之间互相联系以及产业在空间区域中的分布规律等。产业经济新闻报道就是通过以小见大、抽丝剥茧的方式，通过分析某一特定经济组织或行业的问题，探究、传播影响企业的决策环境和个人发展的经济环境变化。

产业经济动态是产业经济新闻报道的重要内容。产业经济动态主要关注某个产业领域内部产业政策信息、行业企业新闻以及其他消息。产业经济结构、布局、发展、政策中的理论和实践问题也是产业经济报道的重要内容，同时也是最能体现产业经济报道所具有的中观经济新闻特点的内容。

《21 世纪经济报道》2014—2015 年对新能源汽车的报道从中观层面向读者解读了这一新兴产业，引起了读者的重视。该报把新能源汽车作为受众关注的出发点，不仅关注政府与新能源汽车的相关政策，也关注各大车企对新能源汽车的发展要求以及一些典型案例，进而扩大范围，将新能源与“一带一路”倡议相结合，逐渐传播到全世界。

(三)城市经济新闻报道

1. 城市经济新闻报道内涵

城市是一定区域的政治、经济、科技、文化、教育、信息中心，是区域社会经济发展的基础，城市的发展主导着经济的增长和社会的文明。城市经济是指由工业、商业等各种非农业经济部门聚集而成的地区经济。城市化是一个国家走上现代化的必经之路，工业化、信息化都离不开城市化。城市不仅能吸纳大量的农村剩余劳动力，把农民从土地上解放出来，而且由于它的信息集中、人才集中、生产集中等优势，它对周边地区便有很强的经济辐射和带动效应。城市是个生产生活的大系统，对城市经济的报道主要着眼于城市的特色定位、城市的发展战略、城市建设尤其是城市的基础设施建设和城市的公共产品如教育、医疗等方面。①

在现实经济新闻报道中，城市经济一向是媒体关注的重心之一，在经济报道中分析城市化与经济和社会发展的关系，在某种意义上就是为中国现代化描绘一幅蓝图。城市作为人类改造自然征服自然最深刻的地方，其建设与规划集中体现了人类社会的现代化水平。城市经济报道也是中观经济报道的重要组成部分，城市经济报道的内容包括：城市化战略、市政规划和城市建设、经济发展战略、经济发展与社会文化的协调等。

现代传媒对城市形象的塑造和传播作用不可替代，它连接起城市的各个环节和领域，带动城市经济的发展，培育现代城市文明。传媒是城市的产物，却又反哺着城市，城市是传媒上的城市。因此，大众所获得的城市品牌信息很大程度上来自媒体，在城市这样一个多元化的信息环境中，对城市品牌的塑造和传播，传媒扮演着重要的角色。媒体对城市形象的塑造主要来源于对城市基础设施的报道以及形成公众集体记忆的内核树立。

2. 城市经济新闻报道的特点

(1)全球视角

城市经济的背景是日益活跃的国际舞台，以经济贸易国际化、生产流通国际化、资本运营国际化和劳动力流动国际化为特征的全球经济一体化进程明显加快，因此城市经济新闻报道不能离开全球视角。城市经济新闻报道的新闻事实要素要有国际背景比较，以凸显城市经济在全球的水平和位次，找到城市报道的新坐标，即从经济水平的“纵向比较”转向“横向比较”，在国际城市同类

① 李道荣：《经济新闻的分类问题》，转引自《新闻与文化传播论丛》2008 年第 5 辑，中国财政经济出版社 2008 年版，第 121 页。

经济对比中寻找到发生新闻的客观理由；从竞争能力的经济规模比较，转向“经济成本参数比较”，在国际城市经济总量分析中寻找到新闻事实存在的准确程度；从可持续发展的“产业产品优势比较”转向“科技人才优势比较”，在国际城市的发展后劲上寻找到新闻事实的最大影响力等。

(2)改革视角

正是由于党中央对于城市发展的不断改革，我国城市化进程才能稳步推进。城市化进程是面向市场、面向社会、面向全球的一场改革，城市经济的特点是面向市场的产业结构整合，城市经济新闻报道不能离开改革视角。城市经济新闻报道要考虑市场化进程对区域经济的影响，以反映城市经济运行质量；要从生活服务视角转向“围绕中心，服务大局”的本体要求上来，以揭示城市经济的发展主线；要在国家总体改革背景和地区改革的背景之下进行报道分析，以揭示城市经济发展的必然性和内在规律。

(3)文化视角

城市经济的发展与城市文化是相辅相成的，因此城市经济新闻报道离不开文化视角，应该有文化沉淀和哲学思考。报道中要注意报道城市经济战略形成过程，展示城市人民的创新精神，既要注重分析城市经济战略在人民群众中的认知程度，以形成新闻传播的热能效应，又要反映城市经济发展灵魂的经济战略，还要突出城市发展中的文化历史积淀，以城市文化来塑造城市经济品牌。

重庆推动城市更新　工业遗存将注入新活力

中新社重庆7月8日电（钟旖 赵霄宇）重庆市政府新闻办公室8日举行新闻发布会，就该市近日出台的《重庆市城市更新管理办法》(以下简称《办法》)进行解读。记者获悉，作为中国六大老工业基地之一，重庆的低效工业遗存将注入新活力。

据了解，《办法》共8章、42条，适用于重庆主城都市区范围，其他区县参照执行，主要内容包括建立城市更新工作机制、规范城市更新工作流程、制定城市更新保障措施等。

……

老旧工业是重庆城市发展不可磨灭的历史印记，见证了重庆的发展，更是很多重庆人忘不了的乡愁。重庆市住房城乡建委副主任杨治洪介绍，在城市更新中，重庆市一贯注重对老旧工业历史文化价值的传承和活化利用价值的挖掘，以尊重历史的态度加强保护修缮，以导入新产业新业态的发展思路为低效工业遗存注入新活力。

比如位于渝中区的鹅岭二厂文创公园，它的前身是民国时期的中央银行印钞厂，在渝中区政府的引导支持下，如今已经成为具有全国知名度的文化创意产业园区；又如位于大渡口的重庆工业博物馆，就是依托重钢厂工业遗存建设而成的，现已成为重庆极具文化影响力的博览场馆。

杨治洪透露，重庆市江北区的望江厂片区和洋炮局工业遗址、南岸区的重船厂片区、巴南区的水轮机厂工业遗址、合川区的重棉四厂等项目都正在或即将实施更新，不久的将来，它们将蜕变成为产业创新、时尚消费、文化展演的城市活力空间。(中国新闻网2021年7月9日)

这篇报道通过解读出台的《重庆市城市更新管理办法》，从改革视角与文化视角透视了重庆这座城市的发展规划。城市的发展首先离不开政策的指引，在国家宏观政策背景下，重庆市出台了《重庆市城市更新管理办法》。该报道围绕《办法》出台的必要性、主要内容、重点、影响等进行解读，诠释了一个“受惠于百姓、放权于区县、让利于市场”的城市更新模式。“老旧工业是重庆城市发展不可磨灭的历史印记，见证了重庆的发展，更是很多重庆人忘不了的乡愁。”报道紧紧抓住老旧工业历史印记这一报道重点，让重庆城市经济的改革与文化的传承勾连起来，重点解读如何将工业遗存注入城市发展的新活力。这是一篇较好地将改革视角、文化视角融入其中的城市经济新闻报道。

三、中观经济新闻报道要求

(一)在宏观背景下具备中观思维，从中观层面综合关注经济发展

任何一个经济区域，都有其自身的发展目标和发展任务，各地方政府均对其经济发展规划了蓝图。经济发展离不开国家的大环境，离不开国家的经济政策，在全国经济大棋盘中或全世界经济大棋盘中找准自己的位置，选择恰当的发展路径是每一个地区发展最大的问题。因此，中观经济新闻报道应该采取“中观”的思维方法，即时时刻刻以宏观和微观相结合的态度去追寻新闻、采写新闻，从而使报道能够既简洁生动，又内涵深刻，既迅速而全面客观地报道经济生活中时刻发生的可能带有某种方向性的新闻事件，又能对事件的发生和发展有所影响。

要善于运用综合的手法进行新闻写作。综合，是记者对其所报道事件的归纳和概括，是记者站在相当的宏观高度对具体事件的一种把握。在这种原则指导下的报道确实是报道具体事件，但却又不是一事一报、就事论事，而是对所

报道的事件在对该类事件乃至跳出该类事件的全局的审视之后的一种选择和概括。可以说，综合是新闻记者采写中观经济新闻报道万万不可缺少的基本能力。在具有这种能力的记者手里，看似不相干的诸多事件，经过报道会使读者感到它们之间存在着无法割舍的内在的必然的联系。①

《7.5元如何撬动30亿元 柳州螺蛳粉产业发展观察》(广西卫视《广西新闻》2018年8月11日至8月13日)系列报道选择小切口呼应大主题，报道从宏观上阐述了当前国家供给侧改革、精准扶贫等经济政策，以宏观经济的意识统领产业经济的事实，聚焦产业融合创新以及供给侧改革，将受众对小小一碗螺蛳粉的喜爱深化、补充、拓展和延伸到对时代大主题的关注，展示了螺蛳粉从街头巷尾的寻常小吃转变为标准化工业生产，带动新农村经济发展，实现乡村振兴的时代意义。广西柳州螺蛳粉产业发展经验虽然是地方题材，但展现了老工业基地寻求新增长、新作为、新篇章的生动范例，为全国供给侧结构性改革提供了典型经验和时代价值。该系列报道以中观思维和综合手法使报道丰满完整，荣获第29届中国新闻奖电视系列(连续、组合)报道三等奖。

(二)以专业视角关注中观经济中的改革发展和文化传承

以专业性的视角去报道，能全面解读一个事件或政策对于不同产业的影响，其中既包括正面的、整体的内容，又包括批评性的、局部的信息，分析比较透彻和深入。② 从专业性视角出发，一方面要求记者用丰富的专业知识对产业经济从经济角度予以报道，如汽车行业、电商行业、房地产业等，每一个行业均有自己发展的自身规律，因此需要具备产业专业知识。另一方面记者也需要懂得借力，让企业家说话，让经济学家说话，让经济管理官员说话。

广西卫视关于柳州螺蛳粉产业的报道成功之处在于以专业的视角探寻螺蛳粉产业的转变。记者深入追溯螺蛳粉上下游产业链各个环节，第一集《路边摊的华丽转身》讲述售价仅为7.5元一碗的螺蛳粉如何从路边摊扬名全国乃至全世界这一现象及其背后的原因；第二集《一根米粉串起一条产业链》讲述螺蛳粉俏销直接带动上游螺蛳养殖、竹笋豆角种植，下游网络电商发展的庞大产业链条；第三集《瞄准双百亿的螺蛳粉》讲述螺蛳粉将带动系列文创产品开发、螺蛳粉小镇建设、螺蛳粉产业2.0版规划出台等未来发展前景。报道通过记者

① 王宁、白志宏：《试论中观经济报道》，《采·写·编》1999年第1期，第45~47页。

② 杨子璇：《主流财经新闻类纸媒(2014—2017)区域经济报道研究》，湖南师范大学硕士学位2018年论文，第61~67页。

对一碗小小的螺蛳粉发展成为大产业这一角度的深度观察，全面准确反映了广西用工业理念发展壮大传统产业的供给侧结构性改革之路、高质量发展之路取得的成效。报道从思辨的高度探秘螺蛳粉如何实现从地域性特色小吃到大产业链的跨越，成为供给侧结构性改革的典型范例。记者大量走访了龙头企业和种植、养殖农户，还紧密联系产业各环节扶持政策的出台，有力论证了下层产业发展与上层政策补齐之间的联动是实施乡村振兴战略的关键之一。

(三)以市场意识组织报道，塑造城市品牌

城市经济一向是媒体关注的中心之一，城市经济报道应该适应市场经济要求，用市场意识去关注城市化与经济和社会发展的关系。因为市场是国民经济的神经中枢和折射镜，连接着生产者、经营者、消费者、管理者。所以，搞好城市经济报道，必须有市场意识，从市场经济的角度研究解决问题。一定要把经济报道放在无形的市场中去把握，从市场苗头和市场现象中捕捉经济报道。市场苗头和市场现象是市场发展过程中出现的，往往能揭示未来经济发展的趋势，透过市场苗头和市场现象，看清经济现象本质，就能抓住有一定深度的城市经济报道。加入 WTO 之后，中国经济经过外向经济拉动、内源经济崛起等各个阶段，已经进入以区域经济带动发展的新时期。打破行政区划界限，实现区域合作、产业链条的对接和融合，大力发展城市群建设，推进城市品牌塑造，成为当今城市经济发展的主流。

第四节　案例分析：《新能源汽车补贴摸底系列调查》

新能源汽车补贴摸底系列调查

“垫补”乱象，谁之过？

“4 月销量迅速拉升至 2110 辆，同比增长近 340%！”这组数据让上汽荣威 e550 创下历史月度销量新高，甚至让竞争对手比亚迪的市场份额由 3 月份的 84%滑至 4 月份的 63%。市场如此大幅度的变化让业界诧异。事实上，荣威 e550 不单是在 4 月“异军突起”，进入 2016 年以来的 4 个月，累计销量达 4177 辆，同比增长 117%。这是上汽新能源汽车“出道”以来鲜有的好成绩，不过，好成绩的取得在很大程度上另有原因。

虽然没有得到确切数据，但上汽所在地上海消化了荣威 e550 绝大部分的销量。原因在于《上海市鼓励购买和使用新能源汽车暂行办法(2016

年修订)》(以下简称《暂行办法》)4月份才正式出台。政策出台之前的几个月，由于地方补贴政策不明确，消费者购车暂时无法拿到地方补贴。在上海市销售新能源汽车的其他车企都不敢贸然垫补，唯独上汽主动提出由企业垫付地方补贴，荣威e550的补贴金额达到4.5万元，所以销量迎来大涨。“垫补”竟然可以引起一座城市新能源汽车市场的巨变！更值得注意的是，“垫补”现象并非个案，也并非只有车企在垫补，更非大多数企业所愿。

新能源汽车补贴摸底系列调查

2017年06月16日 10:27:59　来源：行业报协会

【字号 大 中 小】【打印】【关闭】【Email推荐：　提交】

代表作一

“垫补”乱象，谁之过？

“4月销量迅速拉升至2110辆，同比增长近340%！”这组数据让上汽荣威e550创下历史月度销量新高，甚至让竞争对手比亚迪的市场份额由3月份的84%滑至4月份的63%。市场如此大幅度的变化让业界诧异。事实上，荣威e550不单是在4月“异军突起”，进入2016年以来的4个月，累计销量达4177辆，同比增长117%。这是上汽新能源汽车“出道”以来鲜有的好成绩，不过，好成绩的取得在很大程度上另有原因。

虽然没有得到确切数据，但上汽所在地上海消化了荣威e550绝大部分的销量。原因在于《上海市鼓励购买和使用新能源汽车暂行办法(2016年修订)》(以下简称《暂行办法》)4月份才正式出台。政策出台之前的几个月，由于地方补贴政策不明确，消费者购车暂时无法拿到地方补贴。在上海市销售新能源汽车的其他车企都不敢贸然垫补，唯独上汽主动提出由企业垫付地方补贴，荣威e550的补贴金额达到4.5万元，所以销量迎来大涨。“垫补”竟然可以引起一座城市新能源汽车市场的巨变！更值得注意的是，“垫补”现象并非个案，也并非只有车企在垫补，更非大多数企业所愿。

政策不同 垫补方式不同

“为什么只有上汽敢垫补，除了上汽‘财大气粗’以外，更重要的原因是上汽确信自己可以在政策明确后拿回垫付出去的补贴。”广东一家新能源汽车企业知情人士江新（化名）表示，“但其他外地车企吃不准政策，万一政策有变，产品达不到标准，垫出去的地方补贴就收不回去了。”

事实上，在北京、上海等地，都是由车企先垫付国家补贴和地方补贴，等汽车销售出去后，再按规定由车企、车企在当地注册登记的具有独立法人资格的汽车销售公司或车企委托的汽车销售机构向政府申请补助资金。上海

政策不同　垫补方式不同

“为什么只有上汽敢垫补，除了上汽‘财大气粗’以外，更重要的原因

是上汽确信自己可以在政策明确后拿回垫付出去的补贴。”广东一家新能源汽车企业知情人士江新(化名)表示，“但其他外地车企吃不准政策，万一政策有变，产品达不到标准，垫出去的地方补贴就收不回去了。”

……

记者了解到，财政部将会同有关部门加快修订完善产业扶持政策，及时提高准入门槛，引领技术进步，适时采取补贴退坡办法，促使新能源汽车产业尽快步入自我发展的健康轨道。一位专家表示：“骗补事件是产业发展过程中的一个波折，也是一个分水岭，要看到新能源汽车产业发展的前途一片光明。企业是产业创新发展的主体，要不断完善政策做好引导，一切都要向前看。”(报道详情参见《中国汽车报》2016 年 5 月 30 日至 11 月 7 日专题报道，朱志宇、张忠、岳封华等采写。)

一、案例概述

在气候变暖和能源危机的背景下，发展新能源汽车产业已成为世界各国的共识。新能源汽车不仅会产生巨大的经济效益和环境效益，可以有效缓解全球气候变暖和能源危机的压力，而且也是世界汽车产业升级转型的主要方向。《新能源汽车补贴摸底系列调查》这组系列报道于 2016 年 5 月 30 日至 2016 年 11 月 7 日刊登在《中国汽车报》上，后经官网及官方微信的二次传播，引起多家车企、读者共鸣，起到了良好的舆论监督作用，荣获第 27 届中国新闻奖报纸系列(连续、组合)报道三等奖。此专题共有 10 篇报道，在此仅分析获得中国新闻奖的 3 篇代表作品《“垫补”乱象，谁之过?》《五花八门的“地方保护主义”》《一纸名单震动汽车业——骗补，新能源汽车产业之伤》。

二、报道背景分析

中国新能源汽车产业始于 21 世纪初。2001 年，新能源汽车研究项目被列入国家“十五”期间的“863”重大科技课题，并规划了以汽油车为起点，向氢动力车目标挺进的战略。2006 年 2 月，科技部召开“十五”电动汽车重大科技专项验收会，为我国新能源汽车的研发、制造、生产储备了技术和人才。2007 年，《新能源汽车生产准入管理规则》出台，多款新能源汽车被批准量产，并很快获得了一次世界级的展示机会。2008 年奥运会期间，北京推出了 500 辆新能源汽车，往返于鸟巢、水立方、奥运村之间，随后新能源汽车得到大规模试点、铺开。① 2009 年被称为“中国新能源汽车市场元年”。国家财政部颁布了《节能与新能源汽车示范推广财政补助资金管理暂行办法》，将通过财政补贴刺激新能源汽车的生产和消费，并计划在三年内不断增加城市试点和新能源汽车的使用量。在密集的扶持政策出台背景下，我国新能源汽车驶入快速发展轨道。② 为实现国家节能减排目标，倡导绿色经济发展，由国家科技部牵头，科技部、发改委、工信部共同启动了“十城千辆”节能与新能源汽车示范推广应用工程，在国家政策的大力推动下，我国新能源汽车产业迎来了研发、量产和销售的热潮。2010 年，国务院出台了《关于加快培育和发展战略性新兴产业的决定》，把新能源汽车列为现阶段重点发展的七大产业之一，并且加大对新能源汽车的扶持力度，新能源汽车进入全面政策扶持阶段。2011—2015 年新能源汽车开始进入产业化阶段，在国家政策推动下，整个社会和汽车行业都在推广新能源城市客车、混合动力轿车、小型电动车的使用。2015 年财政部等四部委印发了《关于 2016—2020 年新能源汽车推广应用财政支持政策的通知》，规定在 2016—2020 年，对消费者购买的进入国家新能源车目录的纯电动汽车、插电式混合动力汽车和燃料电池汽车继续给予购车补贴。从 2015 年开始，在补贴政策的刺激下，新能源汽车进入高速发展期。2015 年新能源汽车生产 340471 辆，销售 331092 辆，同比分别增长 3. 3 倍和 3. 4 倍。③

除了国家推出的一系列新能源汽车研发政策、准入政策以及购车补贴政策之外，各地方响应国家号召也纷纷推出地方补贴政策，公开信息显示，2013 年前每卖出一台汽车，车企将享受到 3000～60000 元不等的补贴，包括“国三”标准的普通燃油乘用车。④ 在国家、地方系列政策的推动下，我国新能源汽车发展势不可挡，但急剧的发展速度也带来一系列问题。

为进一步落实《国务院办公厅关于加快新能源汽车推广应用的指导意见》(国办发〔2014〕35 号)的有关精神，培育良好的新能源汽车推广应用环境，充分发挥财政资金使用效益，促进新能源汽车产业健康、可持续发展。2016 年 1

---

① 凤凰网财经：《中国新能源汽车发展简史：无人问津、骗补到弯道超车》，https://finance.ifeng.com/c/7de43YKSMaG。

② 芦林堃：《“后补贴时代”中国新能源汽车产业发展策略研究》，《山西能源学院学报》2019 年第 5 期，第 41～44 页。

③ 中国汽车工业协会：《2015 年汽车工业经济运行情况》，http://www.auto-stats.org.cn/ReadArticle.asp? NewsID=9179。

④ 凤凰网财经：《中国新能源汽车发展简史：无人问津、骗补到弯道超车》，https://finance.ifeng.com/c/7de43YKSMaG。

月21日，工信部、财政部、科技部、发改委四部委联合发布《关于开展新能源汽车推广应用核查工作的通知》，在全国范围内全面展开清查。① 当时划定的重点调查区域是长三角地区，调查组选定了两个重点省份：浙江省和江苏省。因部分调查结果的严重性（新能源汽车骗补现象）超出相关部门预期，该清查升级为一场由国务院牵头的国家级新能源汽车补贴专项调查行动。②

这次由四部委组织的专项清查工作也成为本次系列报道的直接写作背景，针对此次清查活动，《中国汽车报》新能源汽车专刊主编朱志宇牵头成立专门报道小组，梳理了新能源汽车补贴相关的诸多问题和现象，围绕企业发放补贴、政府管理补贴、消费者购买新能源汽车的补贴困惑等问题，陆续推出"新能源汽车补贴摸底调查"系列报道，从多角度报道、分析了企业骗补行为产生的原因。

三、报道采访分析

（一）报道选题：精准契合报纸自身定位

中观经济新闻报道中关于产业经济报道的主要内容应包括几个方面：配合国家政策，推动产业经济发展；为产业经济定位提供理论指导和信息服务；探索产业经济发展新思路。《中国汽车报》以"汽车社会的舆论领袖"为己任，以专业、权威、深刻的报道风格为特长，赢取了中国汽车业界和汽车用户广泛的影响力和渗透力。同时，中国汽车报网依托中国最大的报业集团——人民日报社强大的媒体优势，凭借国内权威性的汽车专业媒介——《中国汽车报》独一无二的行业资源，已发展成为专注于汽车产业的、权威的行业网络传媒。中国汽车报网的新闻资讯涉猎广泛，包括宏观经济、政策法规、行业动态、企业管理、汽车产品技术等各个领域。

作为经济类汽车产业报，其所担负的责任不仅包括为企业生产优质的新闻报道，吸引受众，推动企业发展，还必须作为社会舆论监督机构反映行业经济问题，推动经济发展。新能源汽车是汽车行业的风口产业，其所代表的问题不仅反映汽车产业本身的走向，还涉及国家产业结构的调整、新能源的开发利用以及环境保护问题等。从2009年开始，国家不断发布政策扶持新能源汽车产

① 《关于开展新能源汽车推广应用核查工作的通知》，http://www.caam.org.cn/policySearch/con_5184277.html。

② 经济观察网：《权威人士：国务院已牵头调查新能源汽车骗补》，http://finance.sina.com.cn/chanjing/cyxw/2016-04-08/doc-ifxrcizu3809580.shtml。

业发展，政策的倾斜吸引大量汽车生产厂商、经销商试水。在相关政策不断改进、完善与落地的同时，也出现了国家政策与地方企业的剧烈摩擦。技术有待进一步发展的新能源汽车产业其发展依托国家政策支撑，相应的政策制定、落实情况以及政策与经济市场的摩擦成为制约新能源汽车发展的核心要素。新能源汽车补贴系列调查以政策落地过程中具体的经济现象为切入口，反映了政策制定与实施中的具体问题，紧扣汽车行业发展风向，在新能源汽车行业以舆论监督机构的角色监控行业发展，期望为新能源汽车发展提供切实指导。

(二)采访中注重多重信源，从不同立场解读行业问题

视角不同，观测到的问题也截然不同，经济市场中业界和学界的观点往往有所冲突，新能源汽车补贴摸底系列调查在报道视角的选取上聚焦汽车业界人士，反映了新能源汽车产销两端的真实情况，传递了行业心声，反映了行业问题。笔者对新能源汽车补贴摸底系列调查中涉及采访对象数量进行了统计，按企业内与企业外区分，将匿名且未注明对象来源的归入其他类，结果如下(表3-3)：

表 3-3 调查对象分类

	企业内	企业外	其他
人数	39	22	2
比例	62%	34%	4%

由表 3-3 可以发现，新能源汽车补贴摸底系列调查在采访对象的挑选方面明显更倾向于选择汽车企业内人士，尤其倾向于车企现任或前任的负责人，在这十篇报道中，这一级别的采访对象出现了 12 次，例如在《是什么让客车行业笼罩愁云?》中，记者采访了南京金龙客车制造有限公司董事长黄宏生，并引用其观点 2 次。可见记者在采访对象的选择中，非常重视企业高层的观点和看法。不过，可能出于身份的敏感，许多受访高层并没有透露真实姓名。为此，记者选择采访一部分身份不再敏感的前高层人物了解该企业状况。如在《苏州：示范城市的光荣与尴尬》中，记者为调查苏州吉姆西等车企的恶意骗贴行为，采访了吉姆西一位已经离职的负责人李明。此外，记者也十分关注车企的基层工作者，多篇报道从相关车企的基层工作者视角出发进行采访。例如，在《五花八门的“地方保护主义”》一文中，记者采访了安徽一家车企内部人士江东，并在全文中提及江东 8 次，直接引用江东的观点 6 次；在《“垫补”

乱象，谁之过?》中，提及广东一家新能源汽车企业知情人士江新7次，引用原话7次。基层工作者更“接地气”，更了解新能源汽车市场现状，也更能观察到补贴政策落实的情况。同时，记者也能够关注到经销商这一中间群体，在十篇报道中，记者采访了多名经销商，除提出具体姓名的三位外，还有一部分匿名人士。

在第二篇代表性报道《五花八门的“地方保护主义”》中，记者在关于“地方保护主义”问题上采访了安徽和深圳的两家新能源车企人士，两位被采访者皆认为“推迟政策出台不合理”“让企业以投资换市场不合理”。此外，记者也采访了北方工业大学汽车产业创新研究中心主任纪雪洪，该采访对象表示让企业在当地注册公司或建立工厂不符合规模经济要求，也不符合生产规律。不管是一线省市的企业，还是二线省市的企业，乃至业内专家，这三位采访对象似乎口径一致，都认为“以投资换市场不合理”。两家车企对于“地方保护主义”的看法自然是从自身利益出发，从企业的立场质疑政策的合理性。北方工业大学汽车产业创新研究中心主任纪雪洪作为汽车产业的研究人士，则是从市场经济的角度出发，站在整个汽车产业的立场上反驳政策的合理性。

在第三篇代表性报道《一纸名单震动汽车业——骗补，新能源汽车产业之伤》中，记者在关于“企业骗补的追责”问题上同样采访了不同立场的人。例如，采访某企业销售老总，该老总就认为“车电分离”的换电模式不应该被定为“骗补”。采访某车企负责人时，该负责人就表示有牌无车现象更应该查车牌是谁发的，难道不知道没有车吗?言外之意就是所有责任不能只推卸在企业身上。这两位车企人员皆是站在自身的立场，从“自身利益”这一角度认为“不应该只把板子打在企业身上”。例如，采访某客车企业新能源技术研究院院长，他认为对于恶意“骗补”的，应该严惩，但是大部分企业还是真心实意发展新能源汽车的，应该区别对待。采访专家，专家表示追责不能只追企业的责，政策制定者和政策监管者都有责任。这两位行业专家的态度和观点从行业视角出发，站在客观的立场上对企业骗补追责做出了分析。

在采访业外人士中，除消费者外，作者主要选择了公交集团相关负责人、相关高校研究者、中国工程院院士、行业专家、汽车工业等相关协会顾问及以上级别的成员、交通局工作人员，可见记者在挑选采访对象时，既注重了采访对象的全面性，又保证了采访对象的权威性。比如，在《承诺的补贴究竟为何“爽约”?》一文中，记者陪同河北的新能源汽车车主孙先生领取新能源汽车补贴，全程观察了整个领取补贴的过程，通过消费者视角更为清晰地明白补贴领取的不易。为慎重起见，记者还尝试就垫补的问题采访沧州市负责新能源汽车推广事宜的工信局重工业科的工作人员，不过遭到了拒绝。在《一纸名单震动汽车业——骗补，新能源汽车产业之伤》中，记者采访了中国工程院院士杨裕生，选择工程院院士，也是记者基于业外人士的权威性方面的考量。为说明换电模式难以成为一种技术发展路线，记者在《被专家否定又躺枪骗补 换电模式风雨飘摇》中调查了公交电动车的换电模式，并采访了北京公交集团副总工程师王家良、青岛公交集团某负责人等。虽然公交集团有别于汽车企业，但在新能源汽车企业的发展模式探索中具有重要的意义。记者为体现这一重要性，选择了公交集团的相关权威人士为采访对象。

从企业内人士入手，采访高层和基层工作者，他们更容易发现政策落地过程中出现的问题，指引行业发展方向。中国现阶段的经济体制是市场经济为主导，政府对市场经济进行宏观把控，行业的相应政策作为政府宏观调控市场经济的手段，在落实过程中必然会与现实经济市场发生摩擦，而针对这些摩擦对政策的不断调整促进了行业的健康发展，针对企业内人士的采访能够更加准确地反映政策落地过程中出现的问题，展示市场的真实状况。

采访消费者和业外其他相关人士，不仅能够拓宽采访视角，多角度呈现新能源汽车现在面临的问题，还能帮助记者写出更真实、更“接地气”的报道，尤其是在与消费者打交道的过程中，更能了解这一群体的呼声。在选择业外的其他相关人士时，记者非常注重选择权威人士，毕竟权威人士的观点相对来说更为犀利和深刻，也更能得到读者的信任。

（三）专业领域深挖，全方位展现产业经济问题

产业经济报道中，新闻媒体所需要展现的不单是单个的经济现象，还需要展现整个问题的全貌，让受众看清楚和看明白整个产业的相关经济发展状况，就像围棋博弈，既要有局部厮杀，也要有整体谋划。

产业经济报道区别于宏观经济报道，其所报道的范围从世界、国家层面聚焦到地方的个别经济现象，但同时又不能停留在个别经济现象本身，需要通过这些经济现象来表现整体经济发展状况，而如何处理好报道框架上的大和小，是产业经济报道的一大难题。新能源汽车行业作为完整的经济产业，所涉及的领域也是非常复杂的，如何梳理问题，系统清晰地展现行业全貌是报道的难点所在。

产业经济发展的本质主要有两点，内部性指的是区内产业链的对接和融合；外部性指的是产业之间的竞争。从产业经济内部性的角度上来说，《“垫补”乱象，谁之过?》《承诺的补贴究竟为何“爽约”》展现的是新能源汽车制造

业在补贴政策影响下的行业现状，而《传说中的补贴难觅踪影——是什么让充电桩企业骑虎难下》《五花八门的"地方保护主义"》展现的是充电站产业在政策影响下的现状，汽车制造产业与充电站产业正是新能源汽车产业的两大头，对这两端的系列报道清晰地展现了政策影响下，整个产业的发展现状。从产业经济的外部性来说，由于中国新能源汽车发展尚处于起步阶段，行业扶持政策仅在个别城市试点，所以政策在不同产业上也必然有所差异，在反映补贴政策所带来的社会效益时，记者通过《五花八门的"地方保护主义"》一文，在展现北京、上海补贴政策的同时，关联到河北等地补贴政策进行横向对比，直观地展现了差异化的政策在经济市场中造成的不平等竞争的现象，突出了业内心声，反映了现实问题，为政策今后的修正完善提供了参考依据。

产业经济不是单体企业的发展，其发展过程往往是缓慢的，有时很难从短期内发现其中的变化。就像对某个人的观察，短时间的接触可能不觉得有变化，但是如果过一段时间再见面，就会发觉他胖了或瘦了。观察这种变化，需要一个时间跨度。新能源汽车补贴摸底系列调查在《苏州：示范城市的光荣与尴尬》一文中，将苏州作为"骗补"企业数量最多的城市的现状与作为新能源推广示范城市的过去展开对比，展现了在新能源汽车产业推广过程中，政府绩效评优与行业严格监管之间的冲突，深刻地反映了政府在行业发展过程中出现的问题。

四、报道写作分析

(一)科学组合背景材料，突出报道主题

与一般新闻报道不同的是，中观经济新闻尤其是产业新闻对新闻背景的重视和依赖更为突出。中观经济新闻，尤其是分析性报道要通过对背景材料的分析，将主题清晰地表达出来。穿插背景材料时应注意逻辑性，在充分研究、透彻理解材料的基础上，可以按照材料的时间先后或重要程度，安排新闻结构，揭示各部分材料与新闻事件之间的内在联系。① 一篇好的经济新闻应该整合宏观、中观和微观等层面的背景，以使读者对记者所要报道的问题有一个全面客观的了解，也能为后文的深度分析打好基础。在《五花八门的"地方保护主义"》中，作者在把握国家鼓励新能源产业推广应用的大背景下，以"比亚迪在悄悄改油箱"的传闻为引子，结合地方政府在政策制定与执行中的具体细则，

① 王保平：《分析性报道的选题技巧与写作创新》，《新闻爱好者》2008 年第 3 期，第 28~29 页。

引出了现有地方补贴政策与新能源汽车推广之间的矛盾，为后文深入揭示矛盾的原因和解决的方式作了铺垫。

(二)全方位透视事件原因，提出建设性观点

当今社会，资讯传播日益发达，信息的对称性显得越来越重要，大胆分析和揭露经济事件背后的原因，在连环追问中逼近事件真相，让读者从中获取更深层次的信息，并提供读者思考和想象的空间，无疑能赢得读者的青睐。在《一纸名单震动汽车业——骗补，新能源汽车产业之伤》这篇报道中，作者并没有止步于对“骗补”车企的曝光，而是在汇总分析骗补名单和采访行业专家的基础上引出了多个问题：为什么客车企业成为“骗补”重灾区？针对“有牌无车”现象更应该查车牌是谁发的，相关管理部门难道不知道某些车企没有新能源车吗？在这一系列追问和辩证思考之下，记者提出“板子不能只打在企业身上”，继而指出“新能源汽车补贴政策”在制定和监管方面亟待改进的几个问题，拓展了报道的深度。

(三)多角度阐述观点，拓宽报道的思辨空间

在市场经济中，各经济主体、各产业之间的关联度越来越紧密。在市场经济链条上，一个环节出现波动将产生系列连锁反应。① 在中观经济新闻报道中，记者要善于在分析经济事件所带来的各个层面的影响上下功夫，其中包括对消费者的利益、企业生存、行业发展、城市区域建设和宏观经济政策推行等各方面的影响，从而让读者对经济事件带来的变化拥有更充分的认识。例如《“垫补”乱象，谁之过？》一文，针对补贴发放不及时问题，作者展示了企业内部人士的观点——补贴发放的不及时导致经销商巨大的经营压力，甚至由于资金问题，经销商万般无奈之下选择自杀。紧接着作者引用了上海交通大学汽车节能技术研究所所长殷承良的观点——各地区财政状况差距较大，一些地方政府拿出财政资金补助新能源汽车确实存在困难，这是客观事实，很难改变。企业应该自强，而不是躺在政策的温室里成长。这种写作方式从正、反两面阐述了对补贴款项发放不及时的看法，帮助企业对政策形势形成更准确的评估，为企业日后发展路线的调整提供了更全面的参考依据。

(四)专业预测趋势，体现报道的预警性和前瞻性

人们对经济信息的诉求已上升到更高层次。人们不仅要知其然，还要知其所以然，对经济活动背后的原因、背景、影响有了更多的关心，对经济报道的

---

① 沙莎：《试论产业经济类新闻报道的特色与规律》，《今传媒》2013 年第 11 期，第 130~131 页。

分析性、预测性的要求不断加大。[1] 而中观经济新闻报道尤其是行业报道的记者在熟悉行业专业知识和运作规律方面可谓有得天独厚的优势，更能做出具有预警性和前瞻性报道。《一纸名单震动汽车业——骗补，新能源汽车产业之伤》这篇报道并没有仅抓住车企"骗补"的行为批判，而是把报道面临的问题和难点摆出来，将讨论重点引向未来新能源汽车补贴政策的调整方向上。如何设置标准引导车企以真实的市场需求为导向生产新能源汽车？补贴如何发挥杠杆作用，以小博大？新能源汽车中后端管理应该怎么加强？这些都是记者通过深度分析和访问专家所提供的方向指引和解决思路，充分体现了报道的预警性和前瞻性。

五、对中观经济新闻报道的启示

(一)立意要高：坚持舆论监督的建设性落点

无论是正面宣传还是负面新闻，中观经济新闻报道的新闻主题都应该回归"围绕中心，服务大局"的本体要求，要坚持舆论监督的建设性落点。媒体应正视行业、部门或区域内存在的现实问题，对其进行正确、深刻、全面的剖析，不能简单地为歌颂政策或总结成果而一味正面宣传，要在主旋律背景下，做出思辨性的剖析，讲清楚来龙去脉和发展变化，得出规律性的认识，从而为经济发展总结出理性的建议。

(二)开掘要深：辩证思考、横纵剖析

中观经济具有综合性、交叉性等特点，这决定了其经济问题和现象的复杂性。因此，做好中观经济新闻报道需要抓住所报道的问题的要害，由表及里、由此及彼、由正及反、由现象到本质地深入开掘，辩证思考，谨慎归因，增强报道的思辨色彩。新能源汽车"骗补"现象应由追问上升到新能源汽车补贴的制度问题，同时在系列调查中，记者也提及并非所有的政策门槛都是"保护主义"，对恶意"骗补"的车企和"手续超前"但真心实意发展新能源汽车者应该区别对待。这些理性思考既警示了问题所在，也为保护新能源行业健康发展留下了空间。

---

① 常素莉：《也谈经济新闻的前瞻性报道》，《采·写·编》2008年第4期，第23~24页。

第四章　金融知识与金融新闻报道

金融，即资金融通。早在古时候便已出现钱庄、票号、典当等类似现代金融的机构和交易现象。随着全球化和商品经济的快速发展，金融在社会经济中的地位越来越重要，成为现代经济的核心。

第一节　金融知识概述

一、金融的内涵

金融一词最早出现于西方国家。西方学术界对“金融”一词的解释主要有三种：第一种是将金融解释为支付，是一切货币收支关系的总称，包括货币事务、货币管理以及与金钱有关的资源等，具体包括：政府的货币资产及其管理，即“国家财政”；工商企业的货币资产及其管理，即“公司理财”；个人的货币资产及其管理，即“个人收支”。这个口径所涵盖的范围大于“金融”在中国涵盖的范围。第二种把金融界定为“人们在不确定条件下如何进行稀缺资源的跨时期配置的学科”。第三种将其定义为：金融作为经济学的一个分支，它的主要任务是运营资本市场，提供资本和资产并进行定价，而这些活动都是通过使用相近的替代物给金融契约和工具定价来实现的。金融的基本内容有五个方面，即有效率的市场、风险与收益、替代与套利、期权定价和公司金融。

美国经济学家萨缪尔森在其著作《经济学》中指出：金融是指经济代理人以消费或投资为目的从其他代理人那里借入或者贷出资金的过程。兹维·博迪和罗伯特·C. 莫顿认为，金融是在不确定环境中对资源的时间配置，或者说金融是在不确定的条件下对稀缺资源的跨时期分配。

我国学术界普遍认为“金融”是一个舶来品，但具体来自哪里已无从考证。中国最早关于“金融”的解释出现在1915年出版的《辞源》中，释文为：“今谓金钱之融通状态曰金融。旧称银根。各种银行、票号、钱庄，曰金融机构。《通鉴长篇》：‘公家之费，敷于民间者，谓之圆融’，义于金融为近。”新中国成立之后，由于计划经济体制，虽然在经济活动中仍存在少量的金融活动，但对于金融概念的学术讨论甚少。我国现代金融的概念出现在改革开放之后，形成于社会主义市场经济建立的过程之中。学者们普遍认为金融就是与货币流通和信用交易有关的一系列活动的总称。

综上所述，金融就是货币资金在市场中的融合、流通，是货币流通和信用活动以及与之相联系的经济活动的总称，一般包含三个基本的要素：资金所有者(投资者)、市场场所(平台)和资金需求者(融资者)。

金融有狭义和广义之分。狭义的金融主要指的是资本市场，即有价证券及金融衍生品市场；而广义的金融是指与物价有紧密联系的货币供给、银行与非银行金融机构体系、短期资金拆借市场、证券市场、保险系统等。

二、金融的特性

金融在社会经济运行中占有十分重要的地位。民间通常把金融市场比做国家经济的“晴雨表”，它不仅关联着投资者的相关利益，也对国家经济发展产生深远影响，它具有以下特点：

(1)自愿性。出资方和筹资方为了将资源最优利用以便实现自身利益的最大化，双方必须在自愿的基础上进行金融活动，交易行为及具体内容均由双方共同协商。例如，股民可自行选购股票类别、数量、交易时间等。

(2)流动性。即迅速变成货币，俗称“变现”。衡量金融资产流动性的指标主要是看交易的买卖差价，即投资人愿意买入和卖出这种资产的价格之差。差价越大，流动性越低，相应的风险也就更大。

(3)偿还期限性。不同金融资产的交易期限和时效性都不同，有些金融资产在最终支付前还存在一段时间，这段时间被称为到期日。例如，将资金存入银行设为定期存款，那么在设定时长达到后，银行才需要支付相应的本金和利息。不同类别的金融资产到期日有所差别，但其中有两个比较极端的例子：一个是零到期日，如活期存款；一个是无限长的到期日，如股票或永久性债券。金融资产一旦到期，凭金融资产获取收益的要求权就终止了。但是，一些金融资产由于发行人的问题，如破产重组等，也可能被提前终止。

(4)收益性。投资人对某项金融活动或者金融产品进行投资是为了将资金保值甚至获取更大的经济利益，而金融活动也在一定程度上能够实现这种愿望。如大宗商品的期权期货交易，就是为了规避市场风险，获得最大收益。

(5)风险性。风险性是指进行金融资产投资会造成本金受损的可能性。本金受损可能性越高，说明风险性越高；反之则说明风险性越低。风险主要分为两种，即信用风险和市场风险。信用风险也就是违约风险，即债务人有可能不会按时按量偿还本金和相应报酬，这类风险是由于“人”造成的；而市场风险则不是“人”可以控制的，它与整个国家经济发展状况以及市场运行状况有很大关系，如期货市场、股票市场动荡可能带来的损失。

金融活动的直接目的是获得经济利益，具有较高的自主性，但投资并不是盲目的，因此，进行金融活动必须有一定的专业指导。随着经济和教育的不断发展，金融类专业人才也开始不断凸显，金融市场越发活跃。

三、金融体系的构成

金融体系也可称作金融系统，是指包括与金融行业有关的制度、法规、机构、交易行为等在内的所有内容的集合，其基本功能是通过向社会提供多种多样的金融工具和金融服务，通过动员和组织货币资金的正常流动，来促进货币这种稀缺资源的有效配置，进而促进整个经济体系的高效运转。传统理论对金融体系的研究分为两个基本方面：一是分析金融市场上各经济行为主体之间的关系，另一个是分析金融中介如银行、保险公司等机构的活动。

现代金融体系通常包含以下要素：金融机构、金融市场、金融工具、金融制度和调控机制以及金融监管。不同的国家、不同的经济制度下金融体系的表现形式不尽相同，但世界各国现代金融体系的构成要素是基本一致的，主要包括以下五项内容。

(一)金融机构

1. 金融机构的内涵与职能

金融机构是指银行和其他从事金融业务的金融中介机构，是金融市场的主要参与者。狭义的金融机构是指金融活动的中介机构，即在间接融资领域中作为资金余缺双方交易的媒介，专门从事货币、信贷活动的机构，主要指银行和其他从事存、贷款业务的金融机构。广义的金融机构则是指所有从事金融活动的机构，包括直接融资领域中的金融机构、间接融资领域中的金融机构和各种提供金融服务的机构。

我国的金融机构主要有四大职能，即信用中介、支付中介、创造信用工具以及金融服务。

2. 金融机构的分类

金融机构根据划分标准的不同可以进行不同的分类：

(1)按照是否能够接受公众存款分类

其可分为两种，即存款性金融机构，主要是通过存款形式向公众举债而获得其资金来源的金融机构；非存款性金融机构，即不吸收公众储蓄存款的金融机构。

(2)按照金融机构的地位和职能分类

按照金融机构的地位可分为非商业性金融机构和商业性金融机构。前者为监管性金融机构，是代表国家行使金融监督和管理权力的机构；后者为非监督性金融机构，是必须接受金融监督和管理的金融机构。

商业性金融机构按照其职能又可分为银行类金融机构和非银行类金融机构。银行类金融机构一般以存款、放款、汇兑结算等业务为其主要业务，主要有中央银行、商业银行、政策性银行、专业银行等。

表 4-1　我国的金融机构

<table>
<tr><td rowspan="10">金融机构</td><td>中央银行</td><td colspan="3">中国人民银行</td></tr>
<tr><td>金融监管机构</td><td colspan="3">国务院金融稳定发展委员会、中国证券监督管理委员会、中国银行保险监督委员会</td></tr>
<tr><td colspan="4">国家外汇管理局</td></tr>
<tr><td colspan="4">国有重点金融机构监事会</td></tr>
<tr><td>政策性金融机构</td><td colspan="3">国家开发银行、中国进出口银行和中国农业发展银行</td></tr>
<tr><td rowspan="5">商业性金融机构</td><td>银行类金融机构</td><td>商业银行</td><td>国有控股商业银行、股份制商业银行、城市商业银行、农村商业银行、住房储蓄银行、外资银行、中外合资银行、民营银行</td></tr>
<tr><td rowspan="4">非银行类金融机构</td><td>信用合作机构</td><td>城市信用社、农村信用社</td></tr>
<tr><td>资管机构</td><td>金融资产管理公司、信托投资公司、财务公司、租赁公司等</td></tr>
<tr><td>证券机构</td><td>证券公司、证券交易所、证券登记结算公司、证券投资咨询公司、基金管理公司等</td></tr>
<tr><td>保险机构</td><td>国有保险公司、股份制保险公司及中外合资保险公司等</td></tr>
</table>

资料来源：根据公开资料整理

非银行类金融机构主要有证券公司、保险公司、信托公司、信用合作社、养老或退休基金组织、投资基金公司、财务公司、租赁公司等。非银行类金融机构不是以吸收存款为主要业务，而是以某种特殊方式吸收资金并运用资金，能够提供特色金融服务。此类机构多以自行发行证券或来自某些社会组织及公众的契约性交款为资金来源，资金的周转率较低，其资产业务主要以长期投资为主。

(二)金融市场

金融市场是指以金融资产为交易对象的市场机制的总和，它包括三层含义：第一，它是一个交易场所，以金融资产为交易对象，可以是有形的场所，例如证券交易所，也可以是无形的场所，如国家的宏观金融调控；第二，它反映了金融资产的供求和买卖关系；第三，金额资产在交易过程中会有特定的运行机制和交易规则，这也是金融市场所涵盖的范围之一，其中最主要的是价格(包括利率、汇率及各种证券的价格)机制。金融市场的主体主要有五大类：投资者(投机者)、筹资者、套期保值者、套利者、调控和监管者，主要包括政府部门、工商企业、居民个人、存款性金融机构、非存款性金融机构。

金融市场的交易是在市场参与者之间进行的。根据职能和权责的不同，市场参与者可分为投资者、融资者和中介机构。投资者是指拿出资金去购买金融资产的一方，他们是金融资产的需方；融资者是指借用金融资产达到筹集资金目的的一方，他们是金融资产的供方；而中介机构就是连接需方和供方的“桥梁”组织。一般来说，投资者和融资者可以是个人、企业、政府或国外部门，而中介机构则是专门从事金融活动的金融机构，如银行、证券公司等。

(三)金融工具

金融工具也称信用工具，它是一种以书面形式发行和流通的凭证，是载明资金供求双方权利、义务关系的合约。金融工具又被称为金融资产或金融产品，作为资金或资本的载体而成为金融市场上的重要交易对象。金融工具具有双重性质，对于出售人和发行人而言，它是一种债务，即负债；对于购买者和持有人而言，它是一种债权，即资产。每一种金融工具都有其价格，也会随供求等因素的影响而不断变化。在金融市场中，市场参与者在进行金融产品交易时，往往会关注产品的价格信息，这种价格信息又称价格信号，主要由利率、汇率及指数构成，它的作用是揭示价格变动特点、趋势，以及它对商品生产、流通、消费等经济活动的指示作用。

(四)金融监管

金融监管，顾名思义，是指对金融领域的监督和管理。根据监管主体范围的不同，金融监管可以有狭义和广义之分。狭义的金融监管是指金融主管当局依据国家法律法规的授权，对金融业实行监督和管理的行为总称；而广义的金融监管指除主管当局的监管之外，还包括金融机构的内部控制与稽核、行业自律性组织的监督以及社会中介组织的监督等。

四、金融的三大支柱

金融包罗万象，一般认为，银行、保险与证券是金融的三大支柱，在金融市场中扮演着不同的角色，形成各自相对独立的体系。

（一）银行

银行是一个与货币有着直接紧密联系的企业，其经营业务主要包括存款、贷款、汇兑等。同时，它也承担着信用中介这一重要职能。银行主要发挥以下作用：充当信用的中介，即充当贷款人和借款人的中介，或债权人和债务人的中介；充当支付中介，根据委托办理货币的收付与结算；发行银行券等信用流通工具。

银行是主要的金融机构之一，按照不同的职责，银行可分为：中央银行、政策性银行、商业银行、投资银行以及世界银行。

（二）保险

保险是指投保人根据自己的意愿，与保险人签订的风险发生赔付合同。投保人根据自身的实际情况和需求，选择合适的保险类别，并按照所选类别的合同要求按时按量支付保险金给保险人。当合同中约定的可能发生的事故发生，并且造成一定的财产损失，或者被保险人死亡、伤残、疾病或者达到合同约定的年龄、期限等条件时，投保人有权获得保险人相应的经济赔偿。

目前，我国的保险主要分为两大主要类别，即社会保险和商业保险。社会保险，也称社保，具有一定的强制力，主要为丧失劳动能力、暂时失去劳动岗位或因健康等原因造成损失的人口提供收入或补偿的一种社会经济制度。目前，我国的社会保险主要项目包括养老保险、医疗保险、失业保险、工伤保险和生育保险。

与社会保险追求社会效益截然相反的是商业保险，它是指通过订立保险合同，以营利为目的的保险形式，由专门的保险企业经营。商业保险关系是由当事人自愿缔结的合同关系，投保人根据合同约定向保险公司支付保险费，而保险人则有义务在合同约定事项发生时对投保人进行合同约定金额和期限、方式的赔偿。按照保险保障范围或者保险标的物的不同，商业保险可大致分为财产保险、人身保险、分红保险等。

(三)证券

《简明不列颠百科全书》对证券下的定义是：“证券是表示所有权的书面凭证。它给持有人以要求并取得非他所有的财产的权利。”有国内学者认为证券是有价证券的简称，它是指具有一定票面金额的、代表财产所有权或债券的一种书面或者凭证。学者吴晓求指出，证券就是持有人或第三方当事人有权通过所持债权获得相应权益的凭证，例如股票、基金、保险单、存款单等。广义的证券指的是财务证券(货运单、提单等)、货币证券(支票、汇票、本票等)和资本证券(股票、公司债券等)；狭义的证券仅仅指资本证券。我国证券法规定的资本证券有股票、公司债券和国务院依法认定的其他债权。

常见的证券分类有以下几种：

根据能否使持券人或者第三者获得一定收入，可分为无价证券和有价证券。

根据不同的发行主体，可以分为政府证券、金融证券和公司证券。

根据发行范围和发行方式，可以分为公募证券和私募证券。

近年来，我国证券和银行业发展较为迅猛，并逐渐向普通百姓拓展，相关制度和监管也得到进一步完善。但是保险业由于进入我国的时间较晚，加上推广方式的局限性，大众对保险的认识不足，意识比较欠缺，因此在国内的发展比较缓慢。

第二节　金融知识关键概念

要想能无障碍地阅读、理解甚至写作专业性较高的金融新闻，除了具有基本的金融学常识外，还必须了解和熟悉相关行业术语。为此，本节将从银行、保险、证券三大模块选取部分核心概念和专业术语进行解释。

一、存款准备金

存储准备金制度是中央银行根据法律规定，为了维持金融机构资产流动性和进行宏观经济管理的需要，规定从事存款业务的金融机构交存中央银行存款准备金的比率和结构，并根据货币政策的要求对既定比率和结构进行调整，实现对社会货币供应量调节控制目的的制度。其中，存款准备金是指金融机构为保证客户提取存款和资金清算需要而准备在中央银行的存款，中央银行要求的存款准备金占其存款总额的比例就是存款准备金率。

中央银行集中的存款准备金由法定存款准备金和超额准备金两部分构成。

二者区别在于：第一，法定存储准备金是中央银行调控信用规模和货币供给量的政策工具；超额准备金是商业银行资产调整和信用创造的条件。第二，法定存款准备金的规模主要取决于中央银行法定存款准备金比率的高低；超额准备金主要取决于商业银行资产结构的选择以及持有超额准备金的机会成本。第三，法定存款准备金的动用主动权由中央银行掌握，超额准备金则由商业银行自由使用。

由此可见，法定存款准备金是中央银行资金来源的重要组成部分。在大多数国家，中央银行对这种负债是不付息的，这就为中央银行不以营利为目的运作资产业务提供了客观基础。

二、利息与利率

利息是信用活动的基本前提之一，也是信用活动的必然结果。在现代金融活动中，利息作为资金的时间价值以及利率作为基本的经济杠杆，成为现代金融的核心内容。学者朱新蓉将利息定义为：利息是对资金使用权让渡而引起即期消费和机会收益损失的报酬。

利率是衡量利息水平高低的指标，其基本的计量方法是利息除以本金。

三、同业拆借市场

同业拆借市场也称同业拆放市场，是金融机构为解决临时性或短期资金的余缺而进行资金融通的场所。“拆放”一词通常为贷方所称，站在借方的角度称为拆借。

同业拆借的资金主要用于弥补短期资金不足、票据清算的差额以及解决临时性资金短缺需要。同业拆借市场交易活跃，融资规模巨大，信息流通迅速，交易成本低廉，利率敏感性强，能及时反映资金供需关系和货币政策意图，因此，同业拆借市场也成为各国金融管理部门监管的重点。从狭义上讲，同业拆借市场是金融机构间进行临时性头寸调剂的市场。从广义上讲，同业拆借市场是金融机构之间进行短期资金融通的市场。

四、保险费与保险金

保险费是指被投保人参加保险时，根据其投保时所订的保险费率，向保险人交付的费用。当保险财产遭受灾害和意外事故造成全部或部分损失，或人身保险中人身发生意外时，保险人均要付给保险金。保险费由保险金额、保险费率和保险期限构成。保险费的数额同保险金额的大小、保险费率的高低和保险期限的长短成正比，即保险金额越大，保险费率越高，保险期限越长，则保险费也就越多。交纳保险费是投保人的义务。如被保险人不按期交纳保险费，在自愿保险中，则保险合同失效；在强制保险中，就要附加一定数额的滞纳金。

据此，可以得出保险金是保险人根据保险合同的约定，对被保险人或者受益人进行给付的金额；或者当保险事故发生时，对物质损失进行赔偿的金额。

五、股票

股票是指股份有限公司发行的用来证明股东所持股份并据此享受一定权益的一种可转让凭证。股票既是有价证券，也是权利证券。股东的权利由法律确定，受法律保护，但股东权利的行使离不开股票本身。一般来说，股东具有参与经营管理权、表决权、获利权、查询权和剩余财产分配权等，同一类别的每一股票所代表的股东权利是相等的。每一股东所拥有的公司所有权份额的大小，取决于其持有的股票数量占公司总股本的比重。股东权利的转让应与股票占有的转移同时进行，股票的转让就是股东权利的转让。

股票相关术语见表 4-2。

表 4-2　股票相关术语

股份	股份代表对公司的部分拥有权，分为普通股、优先股、未完全兑付的股权
国有股	有权代表国家投资的部门或机构以国有资产向公司投资形成的股份，包括以公司现有国有资产折算成的股份。国有股不能在股市交易
红股	公司向现有股东发行的免费的额外股票，通常按照事先约定的比例按股东持有股份数发行
A 股	股份有限公司经过特定程序发行的以人民币标明面值，由境内投资者买卖的记名普通股股票
B 股	在中国境内的股份有限公司经过与特定程序发行的，以人民币标明面值，以外币认购、买卖，在境内证券交易所上市交易，并由境外居民与法人及境内居民买卖的股票
股权	在股票市场的范畴内，股权与股票是同义词，它们有别于公债和债券等债务性证券，都表示对一家公司的部分所有权
股息率	以占股票最后销售价格的百分数表示的年度股息，该指标是投资收益率的简化形式

续表

价差	某证券当前的买入与卖出价之间的价格差异
零股交易	在证券交易中，交易数量低于交易单位者(如100股)
流动负债	按要求或一年内应清偿的债务。在公司的年度报告中，这一指标表明公司在12个月内应偿付的债务数额。对公司而言，通常是指一年期的欠款和应付账款
买入报价和卖出报价	买入报价指的是一个买家愿意支付的最高价，卖出报价指的是一个卖家愿意接受的最低价格
卖空	投资者由于认为某证券会跌价而出售其并不拥有的证券，这种交易称为卖空
牛市与熊市	当股价普遍上涨时，称为牛市。当股价普遍下降时，称为熊市

六、信用

(一)信用的内涵

金融学中所说的信用是一种借贷行为，是以偿还本金和支付利息为条件的价值运动的特殊形式。其构成要素包括：

(1)信用主体。信用主体是指经济活动中的债券债务人。不仅包括企业、机构、政府、个人，还包括在信用活动中起媒介作用的金融机构，即银行和非银行机构。

(2)信用客体。信用客体即信用工具，是指借以载明债权债务关系的合法凭证。现代信用以具有法律效力的书面文件来确定信用关系，可流通转让、风险小、适应性强，是信用的必备要素。

(3)信用标的。信用标的主要是指信用关系的对象是实物形式还是货币形式，前者主要表现为商业信用，后者主要表现为银行信用。

(4)信用条件。信用条件主要指借贷行为中偿还期限和利息。偿还期限即偿还期，是信用关系从开始到终止的时间间隔。利息是债权人在让渡实物和货币使用权时所得到的报酬。

(二)信用的特征

(1)信用以偿还本金和支付利息为条件。

(2)信用是一种特殊的价值运动关系。价值运动的一般形式是通过商品的买卖关系来实现。

(3)信用关系是借者和贷者构成的债权和债务关系。

(4)以收益最大化为目标。

(三)信用形式

信用形式包括商业信用、银行信用、国家信用、消费信用、国际信用等。

第三节　金融新闻报道

随着经济的迅速发展，金融活动愈发普遍，不仅广泛渗入社会经济生活的各个层面，日益改变着万千百姓的工作、学习和生活方式，而且金融在市场资源配置中的核心作用、调控宏观经济的杠杆作用日益显现，金融安全成为国家安全的重要组成部分，因此在财经新闻报道中，金融新闻的重要性不言而喻。

一、金融新闻报道概述

关于何为金融新闻报道，如何定义金融新闻报道，在新闻界一直是“仁者见仁，智者见智”的问题。由于存在内容交叉重叠和报道视角相似的情形，金融新闻常常会与政经新闻、财经新闻以及产经新闻等新闻体裁交织在一起难以分辨，但如若要判别一篇报道是否属于金融新闻，却有一个最为简明的标准，即：报道的对象是否从属于金融业，凡是涉及金融信息内容的报道，便是金融新闻。

金融新闻报道的对象是泛金融领域，包括银行、证券、保险、信托投资以及外资、侨资、中外合资金融机构领域的方针政策、法律法规、市场态势等信息。金融市场是指实现货币资金借贷、办理各种票据和有价证券买卖的市场，它包括同业拆借市场、国债市场、企业债券市场、股票市场、期货市场以及黄金市场等，因此，金融新闻报道的对象应包括上述机构和市场以及市场参与者等，即金融新闻是报道上述机构和市场的最新动态以及新法规、新政策、新变化、新人物、新思维等的一类经济新闻。

综上所述，金融新闻报道作为财经新闻报道的一个分支，是关于金融体系各要素及其运行机制的事实的报道。

二、金融新闻的特点

由于金融新闻是属于特定领域的新闻，因此除了一般新闻所具有的时新性等共同特性外，它还具有一些其他特点。

(一)专业性

专业性主要是指媒体进行金融新闻报道必须基于一定的金融学知识和新闻

学知识，必须符合学科理论，从专业知识的角度对现实中的经济现象进行客观的报道，它主要包括报道内容的准确性和全面性。作为金融新闻的对象的金融市场是一个专业性极强的领域，在图形分析和数据分析中，存在大量的技术术语，在具体的语境中，还存在若干规范统一的行业术语，如果新闻撰写者没有一定的金融知识背景，就很可能不知从何下笔。

要做好金融新闻报道，记者必须事先掌握大量的金融知识。正如有的学者指出的："按一般规律，科技新闻的专业性是较强的，因为它常常离不开一些科学的理论、行业的术语。然而许多科学道理却是可以深入浅出的，或拟人，或比喻，将它加以'翻译'，化深奥为通俗，化艰涩为有趣，能让人喜闻乐见。而金融新闻则不然，有不少术语是不能'翻译'的，或是一经'翻译'就会变形走样，或是索然无味。"由此可见，金融新闻报道无法避免专业化，甚至还要强化它的专业性。

以证券新闻报道为例，一方面，要正确反映上市公司的股票和公司的整体情况，尤其在披露上市公司的财务数据和经营指标时，一定要准确全面，否则新入市的股民以此作为投资参考依据，很有可能会被误导，给投资者造成经济损失；另一方面，证券市场的利益获得者不能参加新闻报道活动，也不能主导新闻媒体进行相关报道，这主要是为了防止信息的失真或者不客观。同时，新闻记者也不能炒股，这些都是保证证券新闻专业性的体现。

最为典型的案例是 2000 年 10 月发表在《财经》上的《基金黑幕——关于基金行为的研究报告解析》报道。记者对国内 10 家基金管理公司旗下的 22 家证券投资基金于 1999 年 8 月 9 日至 2000 年 4 月 28 日期间在上海证券市场上的大宗股票交易记录进行跟踪报道，详尽揭露了隐藏在交易背后的"黑幕"。报道中涉及基金交易操作、国家基金交易管理制度和政策等多方面内容，术语较多，专业性非常高。该报道一出，迅速引起社会各界的强烈反响，也从此确立了《财经》杂志在高端、精英财经类媒体中的权威地位。

这篇报道围绕"外币回购"这一专业术语展开报道，如果不能理解外币回购，这篇报道的价值也就无法解读。

（二）实用性

金融新闻的实用性主要表现为金融市场的信息披露常常与金融行情的波动挂钩，进而对投资者的投资决策产生影响，直接关乎投资者的切身利益。受众阅读金融新闻并非为了获得茶余饭后的一点谈资或者娱乐身心的需要，而是为了能够及早知晓、收集和应用金融信息。对于金融领域的投资者而言，信息是影响投资活动成败的关键，因此相比于其他领域的忠实新闻受众，金融新闻的受众往往在金融信息披露的第一时间便予以关注。另外，金融新闻涉及的相关信息数据复杂难懂、涉及面广、专业性也强，这就需要媒体人员用通俗易懂的语言为读者解读。因此，实用性也是金融新闻区别于其他一般新闻的显著特征。

《上海证券报》是我国第一份证券专业类报刊，初创期由于发行渠道单一、发行范围仅在上海，使得一些人将该报运输到其他城市以高价售卖，获得不菲利益，一时间出现“上海纸贵”的情形，这种热烈追捧说明专业性的金融报刊涉及众多投资者的切身利益，具备极强的实用性。

在西方新闻界，实用性报道也称作服务性报道，即满足受众需求，具备直接使用价值的一种报道方式。刘明华教授在分析国外一般新闻和服务性报道的区别时说：“一般新闻通过反映社会的新动态、新动向，向读者提供某种信息，对人们认识社会、选择自己的行为方向，起着潜移默化的作用，而服务性报道则是具体的行动指南，读者可以根据它所提供的具体可用的信息、方法，决定是否做某种事情，或者如何做某种事情。”从这个意义上来说，金融新闻就是一种实用性报道。

《透视民营银行股权变动：从35元到不足1元 价格为何天壤之别?》(《21世纪经济报道》2021年4月20日，李愿采写)一文描述近日不断出现中小银行股权被拍卖或主动转让的现状，同时记者通过梳理股权变更背后的原因，揭示了价格“天壤之别”的背后与当前银行的战略调整、银行拍卖时间和经济形势不容乐观有关。

(三)时效性

由于金融市场瞬息万变，时效性在金融新闻报道中的重要性更为凸显，这也是评判金融新闻报道是否成功的第一要素。作为投资者投资活动的中心枢纽，金融市场直接关系着众多投资者的切身利益，并且金融市场具备极高的交易效率，能够实现资本在不同地区不同时间的转移。在金融市场中，“时间就是金钱”早已成为投资者深信不疑的金科玉律，一些重大的金融信息，哪怕仅仅是比其他投资者早一分钟获得，便有可能成为巨大收益和巨大亏损的分水岭。金融市场可谓瞬息万变，晚一点获知变动的信息，就可能给投资者造成重大损失。如证券监督部门批准首发的重大证券新闻，若不及时传播，就会给数量庞大的股民带来不应有的损失。

(四)敏感性

一般新闻对市场、投资者、生产者、消费者的行为不会产生立即的、直接的影响，但金融新闻对金融市场和投资者个人的影响则直接得多、敏感得多，例如过去关于税收政策的报道、股市所谓“三大政策”的报道、利率调整的报道等都会对股市产生重要影响，正因为金融在市场经济中的重要地位以及金融市场的复杂多变使得金融新闻报道具有很强的敏感性，采访报道的时机和内容稍有不慎，就容易对受众心理造成负面冲击，对投资者信心产生消极影响，可谓牵一发而动全身。

三、金融新闻的分类

现代金融通常包括银行业、保险业和证券业，为了使分类更加明晰，通常可按照报道对象将金融新闻划分为银行新闻、保险新闻、证券新闻以及其他金融新闻。

（一）银行新闻

银行作为依法经营货币信贷业务的金融机构，其职能是制定和执行货币政策，防范和化解金融风险，维护金融稳定，提供金融服务，加强外汇管理，支持地方经济发展，同时发挥在宏观调控和防范与化解金融风险中的作用。银行新闻顾名思义就是关于制定和执行货币政策的相关报道，包括中央银行的宏观金融新闻报道和商业银行的具体金融新闻报道。在我国金融新闻报道中，有许多经济报道开通了银行专栏，对银行政策、银行理财、存贷款利率、上市银行等方面进行分类解读，以专业性视角从市场主体和普通老百姓的利益出发，做好政策解读。

《银行准备就绪 数字人民币“红包雨”来袭》(《国际金融报》2021年4月26日，曹韵仪采写)报道中，通过对数字人民币的试点工作进行介绍，在数字人民币试行的同时指导消费者如何使用数字人民币，通过专家解读，深入分析了数字人民币未来的发展以及对经济的影响，非常贴近民生。

近年来，市场机制在人民币利率形成中的作用不断增强，存款利率浮动区间以及贷款利率管制得到全面放开，外汇市场参与主体不断扩大。注册制的全面深化以及退市政策的完善推动证券市场的有序发展，在期货市场，期货、期权品种不断增加，期权交易的范围不断扩张，市场运营质量稳中有升。在经济发展日益全球化的当下，中国金融市场与国际金融市场的联系越发紧密，相应的金融监管政策不断出台，金融市场法治体系不断完善，风险防控手段不断改进创新。银行新闻不仅报道了人民币的利率变化，同时也构建了中国金融市场规模不断壮大、体系日益完善的形象。

（二）证券新闻

证券，是多种经济权益凭证的统称，也指专门的种类产品，是用来证明券票持有人享有的某种特定权益的法律凭证。证券新闻，顾名思义，是给受众提供证券信息的报道。

证券市场是现代金融体系的重要组成部分。在交易时间内，证券市场中不仅有实时变动的交易指数变动，还包含上市公司的送股、转增、增发等股本变动以及人事变动、财务报表等多种信息。目前，全国共有4000多家上市公司，证券交易所每天都会在公告栏更新上市公司的相应信息。另外，国家的宏观调控政策如监管规则、利率调整、证监会公告等信息同样对证券市场产生深远影响。多层级、多主体的参与使得证券市场的“信息量爆炸”。证券新闻主要报道证券市场上的重大事件，如股权变更、股份冻结、企业破产、股票交易异常波动等，通过采访与调查活动发掘事件的起因、经过、背景，并对投资者未来的投资决策产生指导作用。

《整合优质矿产资源 国城矿业实施资产重组》(《每日经济新闻》2020年12月13日，子龙采写)一文介绍了国城矿业控股股东清理不良资产、注入优质资产的系列动作，标志着国城矿业寻找到新的经济增长点，迈出了清理历史包袱轻装上阵的重要一步，报道以敏锐的新闻捕捉力，充分挖掘经济社会中的新观念、新事实，用新手法、新视角审视证券市场活动，抓住了事件的本质。

(三)保险新闻

保险新闻的报道对象主要是保险公司的运营以及监管部门的运作，同时也包括保险公司的客户——投保人及其动态，为保险公司改善并提高服务做出重要参考。目前保险新闻主要分为三大类，第一类是保险市场宏观动态，如融资、公司新设、公司变动等；第二类是保险公司产品与服务的宣传；第三类是保险知识的普及，介绍具体的条款、理赔事宜等。其中第一类保险新闻所占比重最大。

保险新闻是一类特殊的金融新闻，有其专业的知识蓝图。所谓专业化，是指“新闻信息的选择、发布与提供的专业性，新闻信息分析的专业性，保险新闻报道要突现专业化优势”。如刊发的《保险业抗“疫”专属赔付近4亿元 多举措助力复工复产复学》(《证券日报》2020年4月27日，冷翠华采写)具体详实地呈现了复工复产险的具体内容，以更切实可感的方式展现保险新闻的专业性与服务性。

四、金融新闻报道要求

金融新闻的专业性较高，其受众是有一定文化层次并对经济知识有所掌握的人群，他们的目的是获得金融信息并对投资决策进行指导，这对金融新闻的写作提出了更高的要求。

(一)以政治意识与大局意识实现舆论引导

随着金融市场的日益全球化，金融风险的隐患不断增强，金融问题已经不单单是经济问题，更发展成为社会问题、政治问题。金融服务于政治，政治则在金融业的发展中发挥指导作用。金融安全关乎国家安全，影响社会发展和广大投资者的根本利益，由此而言，金融新闻报道必须要从经济大局、社会大局和政治大局出发，为国家安全、社会有序发展营造良好的舆论氛围。一言以蔽之，金融新闻报道要讲政治。

金融新闻报道讲政治，首先要倡导“政治家办报”。当前，经济建设是我们的中心工作，是最大的政治。经济工作必须坚持马克思主义、毛泽东思想、邓小平理论、“三个代表”重要思想、科学发展观和习近平新时代中国特色社会主义思想。必须坚持“一个中心、两个基本点”的基本路线不动摇，正确处理改革、发展、稳定的关系。新闻工作者必须有坚定的政治信念，必须有正确的政治方向和坚强的政治定力，必须有鲜明的政治观点，遵守严格的政治纪律，具备牢固的政治意识，善于从政治角度看待问题，坚持团结、稳定、鼓劲，才能做好我们的新闻工作，才能为经济发展加力。反之，则会给经济发展添乱。

金融新闻报道讲政治，还要树立大局观念。在微观层面，金融早已融入千千万万百姓的日常生活；在宏观层面，作为现代经济体系的核心，金融的信用创造功能直接影响到社会的货币供应量、币值稳定，金融与国民生产总值、国民收入、利率、就业等社会再生产过程紧密关联。可以说，金融在人们的经济活动中发挥着引领和指导作用，没有了金融，经济活动便难以为继。金融新闻报道要牢牢把握住金融“核心论”的精神实质，把握住金融与经济的辩证统一关系，树立大局观念。

《稳外资硕果累累 投资中国成必选项》(《证券日报》2021 年 4 月 22 日，朱宝琛采写)报道，以生产端、需求端齐发力为切口，关注各行业、各领域涌现出的诸多新亮点，以整体全局观念，为我国外商投资定调。在受疫情影响，在全球经济不稳定的当下，该报道基于全局意识，把握世界经济全球化基本面不变的大背景，呈现变动世界经济中稳定的一面，通过对我国系列政策与举措的分析，印证了李克强总理说的“中国会长期成为全球投资重要的目的地之一”。

(二)以专业意识选择信息分析信息

金融新闻报道所披露的信息关乎众多投资者的利益，拥有广泛的受众群体，金融新闻报道因其敏感性而与经济形势、社会经济发展密切挂钩，稍有偏差便会对整个行业乃至社会产生巨大影响。因此，金融新闻的首要作用便是传递专业信息、提供专业分析、进行专业解读。其中，传递专业信息是金融新闻报道最为基本的原则。随着互联网时代的发展，信息浩如烟海，以何种方式提供金融信息，以何种视角分析和解读它们不仅代表了新闻媒体的立场，也成为其生存发展的核心竞争力。

在《M2 连续 4 月保持两位数增长！上半年信贷增加超 12 万亿元》(《经济日报》2020 年 7 月 10 日，陈果静采写)一文中，记者系统梳理了 M2 连续上涨的系统性原因，以专业的归纳与判断，对我国经济运行情况进行系统性定调，给出了专业化的解释与说明，针对银行系统信贷问题进行简要的阐述与分析，分析经济现象背后的政策因素，让读者一目了然。

《金融时报调研》是《金融时报》的特色栏目，每年出版约两百期，由《金融时报》旗下位于世界各地的专业记者供稿，文稿经过专业性的采访和调查活动，内容主要涉及商务、金融、货币等多个领域的评论、探讨分析和解读，是全球领先的财经类报刊。《地方政府融资平台转型与发展研究》(《金融时报》2020 年 6 月 30 日，郑文杰、贾康、赵全厚、汪文祥、廖邦政、高雪峰、吕彦采写)一文是以向学界专家约稿的形式，推出的专业性很强的金融新闻报道。该报道从整体上把握地方融资平台作为贯彻各地发展战略、拓宽地方政府投融资渠道、缓解地方政府财政压力的一种有效手段，在地方辖区基础设施建设和产业新区发展等方面的投融资过程中发挥了巨大作用，明晰了随着地方融资平台债务规模的快速上升，地方政府隐性债务风险和财政运行的系统性风险。

由于金融新闻的专业性，存在一定的知识门槛，这也要求金融新闻记者在报道金融新闻时具备一定专业度，与其让非专业出身的新闻记者完成专业新闻稿件，不如直接向智库专家约稿，以更深入浅出的视角对客观金融现象进行系统性评述。在提供专业性分析方面，最重要的就是要通过金融新闻报道形成整合和分析金融信息的独特方式和视角。在金融领域，一些西方国家新闻媒体机构如路透社、彭博社、《华尔街日报》等的金融新闻报道凭借其鲜明的专业性特征，为众多投资者所关注和追随。

英国的路透社与美国的彭博社从一开始以提供金融信息为主，逐步发展至提供金融评论、解读金融政策等，满足了当下受众对专业性金融信息的需求，成为全球名列前茅的通讯机构。《华尔街日报》则立足为纽约证券市场投资者提供专业性的证券信息和评论，将报道范围逐步拓展至货币、医疗、教育、汽车、商业投资等多个领域，成为最负盛名的以财经报道为特色的综合性报纸。

在我国，《财经》《财新周刊》同样依托专业性的金融信息服务和强大的原创内容生产，成为中国最具影响力的媒体机构。综上所述，在受众数量庞大的金融领域，专业性成为媒体机构的制胜法宝。

(三)坚持在平衡中求公正

金融市场上处处充满博弈，而信息博弈是金融博弈的实质，掌握的信息越多，则投资获利的可能性就越大。由于在金融领域存在着金融信息不对称现象，处于信息掌控优势地位的一方为了保证自身的利益最大化，会有意向市场传递虚假信息，释放错误信号以维持金融信息不对称的局面。多种原因交叠导致金融市场中的信息不对称现象难以消除，因此在从事金融新闻报道活动时，新闻工作者应注重信源的平衡与充分，通过报道的客观公正弥补金融信息弱势方的劣势，改善金融信息不对称的状况。从这个角度来看，金融新闻工作者应将“在平衡中求公正”作为基本的新闻报道准则。其中，“平衡”是指观点的多元性，即报道应至少呈现出两种以上的观点，单一的观点将导致片面的理解，多种观点有助于受众全面理解金融现象和金融问题；“求公正”则是指金融新闻工作者不应含有主观偏见，有意偏袒甚至只呈现一方观点，而是应将多方观点同时展现给受众，由受众自行思考分析决定投资行为。只有遵循这样的基本准则，新闻媒体长期以来所追求的公正形象才能得以建立。

央行作为“银行中的银行”，在我国政府对市场经济进行宏观调控的过程中具有举足轻重的地位，央行降准降息等举措也是调节市场经济的重要手段，往往具有强大的“蝴蝶效应”。央行对于利率、汇率的管制会直接影响到其他金融机构甚至企业的经营决策。在当今社会，金融新闻应该服务于更多的受众，因此也必须关注到社会各个层面。坚持新闻本身的客观性和真实性这是毋庸置疑的，金融报道必须准确无误，客观公正，不应带有主观倾向性。与此同时，金融新闻报道还应该汲取多方面的信息和反馈，切实做到平衡和公正。

第四节　案例分析：《“疯狂”的股权质押》

《“疯狂”的股权质押》原文链接：http://www.ceweekly.cn/2018/1029/238664.shtml。

一、案例概述

《“疯狂”的股权质押》一文作为封面报道于2018年10月29日在《中国经

济周刊》第 42 期刊发。封面以《股权质押之谜》为标题，主文部分有一万三千多字，该报道被新华网、新浪财经、一点资讯等网站转载发布，报道获得 2019 年第 31 届中国经济新闻大赛深度报道类作品二等奖。

2018 年第 42 期《中国经济周刊》封面

《中国经济周刊》于 2004 年创刊，是由人民日报社主管主办的以政经类为主的综合经济类杂志，报刊定位于“领导决策的经济参考”，以政府、企业的领导者和决策层作为核心读者，致力于为中央、地方、企业的领导决策层提供专业和权威的信息、观点、资讯。《中国经济周刊》旗下拥有“中国经济百人榜”“中国品牌百强榜”“中国经济论坛”等诸多知名品牌和活动，横跨中国政界、经济界、金融界等多个领域，对国内政、商、学界人士产生广泛影响。《中国经济周刊》的订阅量在同类媒体中名列前茅，用户遍布国内外 37 个国家和地区。目前，报刊每期对 80 万精英阶层产生影响，且网络转载率处于中国财经类报刊前三位。

二、报道背景分析

股权质押又称股权质权，是公司股东即出质人以其所持有的股票作为质押物，向质押方融入资金，并定期支付利息的一种行为。股权质押是上市公司股东的重要融资工具，且融资规模一般情况下相对较大。但将股权作为标的物以换取资金的行为并非毫无风险，一般而言，股权质押中会存在质押率，即融资折扣，融资金额不会与股票实际价值相当。另外，金融机构为保证自身利益不因股价下跌而受损，会设置预警线与平仓线，当股价下跌至预警线时，金融机构将要求公司股东补仓；而当股价下跌至平仓线且公司股东无充足资金补仓时，金融机构有权将股票抛售至二级市场，该行为称为强制平仓，公司股东则失去其持有的股票，公司实际控股人可能会发生变更。

股权质押最早可以追溯到 1995 年实施的《担保法》，该法首次将股份、股票等权利作为可质押权利。2004 年央行、银监会、证监会等部委联合颁布《证券公司股票质押贷款管理办法》，明确规定股票质押贷款期限、质押率等内容，2007 年实施的《物权法》进一步明确基金份额、股权可以出质，国家主导的政策文件逐步对股权质押进行完善。2013 年 5 月 24 日，上海证券交易所、中国证券登记结算有限责任公司联合发布《股票质押式回购交易及登记结算业务办法》(试行)，标志着股权质押业务步入新元年。2018 年 1 月 12 日，《股票质押式回购交易及登记结算业务办法》(2018 年修订)正式发布，标志着我国股权质押业务运作的进一步规范完善。随着经济的发展，越来越多的上市公司寻求发展壮大，为获取充足的发展资金，股权质押成为公司大股东常用的方式。目前，A 股市场几乎到了“无股不押”的地步，“以权质资”的方式看似为公司发展注入强劲动力，但其背后其实隐藏着极大的隐患。

(一)股权质押涉及范围广

近年来，股权质押的融资方式在我国资本市场上屡见不鲜，且 A 股质押总比例逐年上涨。中国证券登记结算公司数据显示，截至 2018 年 8 月 24 日，沪深两市共有 3465 只个股涉及股权质押，A 股质押总比例高达 10.36%，中国资本市场上“无股不押”的局面愈发严峻。

股票质押的激增背后存在着两大因素：

一是从股东的角度看，民营企业融资难、融资贵问题一直是社会各界关注的焦点。过去几年中，由于民营企业与国有企业的性质差异，二者向银行贷款融资的金额、利率等也存在相应差别，民营企业融资难的问题显现，股权质押成为其寻求发展的唯一途径；上市公司大量并购需要资金实现多元化，其他渠道无法融资就会使用股权质押；上市公司大股东利用质押权可变相收回投资、增加控制权杠杆。

二是从银行、券商的角度看，2016 年资产荒催生了债市泡沫，资产荒的意思并非是缺乏资产，而是特指当时银行、委托机构缺乏与其资金风险偏好相匹配的高收益、低风险资产。而 2014 年至 2015 年的上半年，股市表现较好，全市场的股权质押规模不断上升。股市市场成交量大、股票流动性好，吸引了银行的注意，银行推动场内质押的爆发式增长。

既有民营企业、上市公司，也有银行、券商，足以体现股权质押的重要性，牵一发而动全身，因此需要专业机构对行业与政策进行实时解读才能满足大众的需求，维护群体的利益。

(二)风险逐步暴露急需敲警钟

从 2018 年第二季度开始，A 股市场持续下跌，被质押股票的市值相应大幅缩水，股权质押平仓爆仓的风险愈发严峻。对于企业而言，强制平仓将会导致控股人变动，影响企业的稳定发展；而对于整个资本市场而言，集中性的股权质押平仓爆仓意味着大规模的股票抛售，加剧市场波动，引发资本市场动荡，对金融安全造成损害。另外，资本市场的持续混乱将降低投资者预期，引发资本市场形成“下跌—平仓—爆仓—下跌”的恶性循环。股权质押平仓爆仓风险的背后不仅是当下 A 股市场“无股不押”的现状，也映射出资本市场亟须一场金融监管政策的出台。

(三)监管政策出台

管理层意识到潜在风险的存在，2018 年 1 月 12 日，上海证券交易所与中国证券登记结算公司对原有股票质押业务办法进行修订，发布《股票质押式回购交易及登记结算业务办法》，该业务办法于 2018 年 3 月 12 日起正式实施。新规的出台需要媒体部门的宣传与解读，以促使更多受众获取到其需要的信息。

2018 年 10 月 19 日，中共中央政治局委员、国务院副总理刘鹤携“一行两会”(央行、银保监会和证监会)一把手集体喊话股市，为促进股市健康发展、化解股权质押风险、维护金融安全，“一行两会”领导提出九大举措，全力保障中国资本市场和经济的稳定。在接受新华社记者采访时，刘鹤明确表示力挺股市，并对当前的金融热点问题如稳定市场、股权质押等进行回应，向市场释放出了积极的信号。

三、报道特色分析

在进行新闻文本的写作分析之前，首先我们先来了解一下本案例的文本结构：

一、什么是股权质押(概念)
二、银行进入助推场内质押市场爆发式增长(现状)
　(一)场内质押与场外质押的概念与区别
　(二)银行积极参与股权质押业务的原因
三、监管层对“爆仓”风险背后的忧虑(风险)
　(一)爆仓的概念：预警线与平仓线
　(二)监管层的忧虑：目前市场环境下企业补充现金或股票的困难
　(三)目前 A 股上市公司大股东股权质押的基本情况
四、上市公司青睐股权质押的原因(原因)
　(一)“最严减持新规”增加减持套现难度
　(二)定增融资之路也不好走
　(三)其他融资环境同样不佳
　(四)银行贷款利率水涨船高
　(五)股权质押融资异军突起
　(六)股权质押融资的优点
五、防风险：“最严股权质押新规”颁布(政策)
六、因股权质押而失控的三个公司案例(实例)
　(一)英科科技易主：股权质押+高溢价收购
　(二)三胞集团：加杠杆扩张陷入危机
　(三)东主园林：被高质押率逼至悬崖边缘
七、如何应对股权质押风险(措施)
　(一)银行、保险、基金、政府多方驰援
　(二)防止以粗暴的“平仓”应对“爆仓”
　(三)银行开闸 22 万亿理财产品
　(四)整改保险资金投资，鼓励保险资金投资再入市
　(五)为基金“援军”开通“绿色通道”
　(六)地方政府率先驰援民企
　(七)国资出手缓解企业困境

从本报道的章节划分与庞大体量中可以看出作者在报道的写作和结构安排方面进行了很有张力的宏观思考，这一点在采访选题中就有所体现，记者的眼界不是停留在某一经济现象、某一经济主体上，而是将经济现象放在市场、社会的大背景下进行透析；关注经济现象中的不同个体、不同行业，使整篇新闻

报道不再局限于科普、介绍，而具有更深入的思考，能对整个经济现象背后的原因进行深入的剖析，并能基于现实提出科学的应对举措。

（一）以行业的敏锐和社会责任确定选题

2018 年 10 月 19 日，最后一个交易日，央行、银保监会和证监会罕见地同时向市场喊话，而就在 4 小时之后，中共中央政治局委员、国务院副总理刘鹤也回应了当前经济金融热点问题，涉及当前经济形势、股市、民企、就业、国进民退等争议问题，信息量巨大，这是金融监管最高层首次就股市等当前热点问题给出的回应，也是从国务院副总理层面对股市集体维稳进行的喊话，实属史上罕见。股权质押本就属于经济金融热点问题，金融界又出现如此罕见的行为，《中国经济周刊》的记者敏锐地发现了其报道价值，迅速做出反应，确立这一选题，并做出系列报道，显示了记者对行业知识、政策和动态的高度新闻敏感性。

股权质押能让股东在保留公司控制权的前提下快捷融资，但会引发代理问题，控股股东可能在股权质押后掏空上市公司，或通过股权质押变相套现。这不但损害公司和投资者利益，同时也扰乱资本市场的正常运行，成为我国资本市场健康发展路上的“绊脚石”，媒体作为公司治理的重要外部监督者，在促进资本市场信息流通，规范上市公司健康发展方面具有不可推卸的责任，《中国经济周刊》这一系列报道着眼于股权质押，展现“无股不押”的 A 股市场的真实状况，让受众更明确地了解现状，承担媒体应有的社会责任。

（二）以多个信源平衡各方话语权

报道能将“股权质押”这一复杂的金融现象剖析透彻，与其多角度、多样化的新闻采访密不可分。

1. 采访对象身份的多样化

一是企业股东。本报道的主题，也就是股权质押，即公司股东向金融机构质押股权以获得融资的行为，因此关注股权质押，首先要关注的主体就是“大股东”，这是股权质押的主要参与者。

二是金融从业者。记者在写作本文时采访了大量的金融从业者，包括金融业专家、券商人士、在银行长期从事股权质押业务的工作人员、上市公司高层管理人士等。记者在写作过程中穿插了大量对以上相关人士的采访。例如文中引用的崔东对记者提问的回答：“大股东通过股权质押的融资，一般用于中长期投资，如果在这个过程中股价出现波动，大股东手中没有现金或多余股票可以补仓，那不是等着被平仓吗？”一句简单的反问，就很清楚地解释了大股东股权质押被平仓的原因：其通过股权质押所获的资金多用于长期投资，流动性差，在股价下跌时没有现金救急。

三是经济新闻记者。经济新闻记者以更客观的旁观者视角提供了相关的行业数据，为作品提供了说服力。

四是银行及银行从业者。金融市场不是单一的，而是与各种子行业密切相关，牵一发而动全身。股权质押之所以面临如今的困局，与金融业其他子行业是脱不开关系的，其中首先要提到的就是银行。

五是监管层及地方政府。监管层在文中主要包括中国人民银行、中国证券监督管理委员会、中国银行保险监督管理委员会(一行两会)等制定金融政策、进行金融行业监管与帮扶的国家机构。

六是国资(国有企业)。国家资本作为社会主义市场经济的重要组成部分，在金融市场出现动荡或巨大风险时，是防控风险、稳定市场的中坚力量之一。

2. 关注问题的多角度

不同身份、不同职业的采访对象回答问题的角度有所差异，不同采访对象对股权质押相关问题的回复丰富了记者观察“股权质押”这一金融现象的角度。

通过对企业股东的采访，作者解释了为什么股东要进行股权质押，股权质押能给大股东带来什么，以及大股东进行股权质押获取资金以后，如何利用流动资金等多方面的问题。记者还举了三家上市公司大股东疯狂进行股权质押导致“爆仓”的实例来说明股权质押的风险。企业股东角度的分析能让读者快速理解股权质押这一金融活动的基本情况。

而采访金融从业者时，作为从事金融行业的专业人员的职业身份，他们的解释和说明一方面能帮助读者更好地理解文中出现的包括股权质押在内的各种金融现象，另一方面则从更为专业和客观的角度为读者提供了认识股权质押、认识金融市场的场外视角。

本报道的记者在采访时也参考了其他经济新闻记者已经取得的采访结果，如在介绍保险资金投资风险时，作者就引用“《中国经济周刊》2016年底发表的封面文章《险资凶猛》一文统计显示，2015年险资共举牌59次，占资本市场举牌总数的36%；2016年险资举牌10次，占举牌总数的9.1%”来进行数据上的佐证。报道将已有的采访调查数据一同放置于整体的经济新闻环境之中，契合了整个金融市场不同子行业间相互影响、相互关联的客观情况。

另外，多角度化还体现在从不同的单位，比如银行、监管机构、国企等对待股权质押的态度入手，来分析股权质押市场目前的大环境。

从银行的角度，记者通过采访银行专员，咨询了关于股权质押在银行的操作流程的问题，以及银行积极助推股权质押背后的原因。为积极寻找业内人士的专业解释，文中用了大量篇幅来说明银行在股权质押市场爆炸式增长中起到的助推作用，在后文中也提到如“银行利率水涨船高对股权质押的影响”“银行开闸理财产品对股权质押风险的防范作用”等内容。

从监管层及地方政府的角度，记者通过对国家机构制定的政策、采取的措施、颁布的条例、表达的态度等方面的采访调查，从宏观角度总体分析了股权质押面临的政策环境。如文中提到的“新规明确，融入资金应当用于实体经济生产经营，不得用于淘汰类产业、新股申购或买入股票”，就体现了监管层对股权质押所获资金的态度，地方政府则更多是执行政策，帮扶中小企业，发挥“看不见的手”的调控作用。

对于国资、国有企业，记者主要关注的是国资和国有企业对股权质押困境的助力作用，文章末尾部分通过发言人刘鹤对“国进民退”谬论的反驳，分析了国资入市对缓解中小企业股权质押风险的帮扶作用。

3. 政府、监管机构、专业人士和企业从不同立场解读行业问题

针对股权质押这一主题，记者选取了政府、专家、监管机构和企业四个不同群体的代表人物作为采访对象，他们从不同立场解读行业问题，使受众能够更加全面地了解股权质押的相关信息。

一方面将中共中央政治局委员、国务院副总理刘鹤及中国银保监会主席郭树清和中国证监会主席刘士余作为采访对象，具有权威性，体现了当前高层对股权质押问题的态度和政策实施方向，作者将其采访内容置于文章开头部分也向受众展现了政府和监管机构对股市健康发展做出的努力和股权质押问题的可疏解性。

另一方面将在银行从事股权质押的业务人士、金融业资深人士、创投公司人士及环保企业人士等专业人士作为采访对象，可从不同角度了解股权质押，这样多信源支撑的专业视角，容易引起不同行业对股权质押问题的共鸣。

(三) 化繁为简做好经济“翻译师”

有学者认为：“当前经济新闻写作中有三大矛盾亟待解决：一是大量数字的罗列，让读者感觉乏味；二是见物不见人，缺少人文关怀，内行不愿看，外行看不懂；三是不少经济新闻偏重于未来预测，读者感觉遥远。”也就是说，从事经济新闻报道的记者，应该承担起“经济翻译师”的责任。

经济新闻报道有专业性较强的经济知识门槛，金融新闻报道尤其如此，如果记者只是一味地陈述事实，罗列数据，那么金融新闻报道将筑起较高的阅读门槛，将一大部分没有相关专业知识的读者隔绝在外。另外，金融新闻报道关注的虽然是金融现象，但是不能只关注作为市场主体的企业的兴衰，报道价值

所在应该落在“人”的身上，人在市场中如何浮沉，如何决断。此外，报道应该基于现实提出解决方案，让新闻报道更具现实意义，而不是局限于枯燥的科普。

从以上几点出发，本报道记者很好地履行了“经济翻译师”的责任，主要体现在以下几点：

1.“翻译”经济现象

(1)科普概念

作为一篇以“股权质押”为主题的专业金融报道，本作品涉及大量的金融术语和金融相关知识、概念，这些术语和概念是筛选读者的最大门槛，而作者在文中对概念都进行了较好的解释和说明。这种概念的科普一般都由“概念”+“举例”组成，并辅以专家采访的引语。

如开篇解释“股权质押”时，作者以“股权质押是公司股东以其所持有的股票作为质押物，向质押方融入资金，并定期支付利息”，简明扼要地说明了股权质押的概念，紧接着还给出例子：“例如，一家上市公司当前股价为10元，股东拿出100股，即市值为1000元的股票质押，质押方会给出一个质押率(编者注：质押率=融资金额/质押股票市值)，假设质押率为40%，该股东就可以拿市值为1000元的股票融资400元。”作者紧接着又引用了金融人士接受《中国经济周刊》采访时的说明：“股权质押本质上是抵押融资的一种形式，在其他国家或地区的资本市场，股权质押只是一种融资的辅助性手段，上市公司大面积进行股权质押的情况比较少见。”概念、举例、专家引语相辅相成，帮助读者快速理解概念。

(2)聚焦因果

“翻译”经济现象，不仅要将概念和现象本身解释清楚，更重要的是说明现象产生的前因后果。聚焦“股权质押”风暴产生的原因，是该报道所下功夫颇深的一部分内容。在原因方面，记者通过关注银行基于利益助推场内股权质押的现状以及股权质押融资方式的优点，清晰地解释了上市公司青睐股权质押融资的原因。在结果方面，记者关注了股权质押“爆仓”风险给企业和市场带来的冲击、监管层对股权质押市场产生的忧虑与采取的应对措施等，整个金融现象有因有果，不管是业内人员，还是普通读者，都能通过本报道认识股权质押，了解相关信息。

(3)实例佐证

记者在对股权质押进行了概念梳理、因果分析以后，举出了上市公司因为股权质押而失控的真实案例，包括“英科科技易主”“三胞集团盲目加杠杆陷入危机”“东方园林高质押率带来企业危机”三个实例，这三个案例是宏观金融现象下的微观事件，可以佐证前文科普的股权质押概念、起因、风险等内容，而且从微观的具体角度去写，可以使枯燥的宏观经济新闻变得生动，还有助于提高读者的阅读兴趣。

2. “翻译”政策与措施

(1)介绍政策与政策的影响

国家政策和金融业颁布的措施条例，和金融知识本身都具有比较强的专业性，更偏向于宏观层面，不易被读者理解。本报道在介绍国家政策时，都辅以说明或案例。如介绍正式实施的《股票质押式回购交易及登记结算业务办法》时，便举出了“明家联合企业的案例”：3月7日，其控股股东佳速网络质押了所持的全部股份。深交所随后发出问询函要求说明佳速网络质押融资总金额，并逐步说明其股票质押金额、数量、警戒线、平仓线、违约处置条件、违约处置方式、资金去向及具体用途，同时提供质押协议书。用案例说明政策的影响，这也是“翻译经济”的重要一环。

(2)“夹叙夹议”明确解决措施

有学者认为：“把最前沿的东西写出来，把最有趣的东西传达给读者，让他们对经济政策、经济活动有所感应，有所知有所悟，比空泛地讲道理实用多了。”报道的最后一部分列举出了社会各界应对股权质押所采取的多种措施，这些措施是不同行业、不同主体已经采取实施的切实可行的办法，不仅有可靠的事实依据，并且包含了记者的采访、调查、分析。

例如“鼓励保险投资再入市”这一部分内容中，不仅说明了“保险投资”的概念、特点，还讲明了国家对保险投资的态度、政策等内容。“鼓励险资再入市”在文中不是一句空洞的口号，而是夹叙夹议，将记者的分析和社会各界的讨论穿插其中，读者在了解相关措施时也能对其可行性、合理性有自己的想法。在“不存在‘国进民退’”(国资出手缓解企业困境)这部分内容中，记者则通过深圳与北京国资部分出手扶助上市民营企业的实例，结合现有数据、国务院副总理刘鹤的发言、判断等，来对“国进民退”这样的谬论进行反驳。

(四)以分析解释和预测趋势，提升报道的专业性前瞻性

金融报道不应该成为专业知识和行业数据的机械堆砌，应该有分析、有解释说明、有预测、有现实的指导意义和实践价值。这篇报道的专业性体现在记者对金融现象的分析与理解上，显示了记者透过现象把握经济市场运作规律的分析能力。记者并没有机械地堆砌知识与数据，而是有逻辑、有侧重地进行了分析。记者从股权质押的概念入手，分析了股权质押目前所面临的市场环境，

通过采访和调查分析了股权质押爆发式增长的市场现状，并进一步引申到监管层的忧虑上，分析了股权质押市场繁荣背后的风险。在后续的报道中，记者就“疯狂的股权质押”现象出现的原因进行了分析，这种分析不是只局限于股权质押市场内部的内因，而是通过横向对比其他融资渠道的窘况，也兼顾到了股权质押繁荣的外因，对整个市场的融资环境有了全面宏观的把握。随后，记者通过列举股权质押导致公司破产的实例，来印证上述分析，寻找现实依据。最后，记者从方法论的层面解析了各方应对股权质押风险的实际措施，赋予了报道实践意义和经济指导意义，提升了报道的专业性和新闻价值。

随着金融规制的解除，金融工具的进步，金融风险的性质及其累计速度发生了很大变化，金融风险正呈现“组合爆炸”的趋势。在写作中体现金融新闻报道的预警性对金融市场的稳定和发展，对指导公众规避风险起着越来越重要的作用。同时金融新闻的前瞻性也是成就新闻“效用价值”的最佳途径，是金融新闻最大的特色之一，能够为受众做出合理的决策提供指导。

报道通过观察股权质押相关政策的出台，在对最严股权质押新规做出解读后，从银行、券商、政府等多角度梳理如何应对风险，并对“险资是否会再次凶猛来袭”、救援计划中的“国进民退”争议等做出解读，充分体现了报道的前瞻性。

四、对金融新闻报道的启示

（一）以树立经济理性思维作为报道的出发点

新闻媒体的首要功能是提供包括科学、文化、政治等方面的信息，通过信息传递观点，并将一定时间内的观点集中呈现，形成有针对性的社会舆论。对于经济媒体而言，则是提供经济信息，对人们的经济决策起指导作用，通过舆论引导为行业与国家的经济发展营造良好的舆论环境。随着改革开放的不断深入，40 多年来，我国的经济水平实现飞跃，人均可支配收入大幅提升，人们参与经济活动的热情愈发高涨。越来越多民众的入场造成经济舆论场的“众声喧哗”，特别是在被称为经济核心的金融领域中，新近爆发的行业热点事件、民众对于市场预期的积极与悲观态度不仅会引起相关股票、基金等的价格波动，也会对整个行业的发展产生影响。倘若经济媒体对事件与政策的解读与引导阙如，则市场便会陷入一种无序状态。因此，经济媒体的首要职责便是在信息传达的基础之上，通过权威性话语的建构引导民众做出适宜的行情判断，为经济发展营造稳定的舆论环境。

与改革开放初期专业性话语引导的缺位不同，新时代下民众根据专家指示做出金融决策的行为已成常态，众多基金经理成为网红便是对此最有力的诠释。民众对于金融的兴趣，为金融报道提供了良好的受众基础。当投资获得回报时，投资者往往会对整个领域产生积极心态，对于经济环境持乐观态度；而当投资亏损时，投资者则会忽视可能存在的自身经济信息落后、短期经济波动等原因，根据亲身经历而非专业媒体的宏观思考对整体经济环境持悲观态度。此时，经济媒体须迅速解读行情，引导投资者对市场保有良好预期，树立经济理性思维，维持市场环境的稳定。

该组报道中，记者立足地方政府帮扶前景较好但暂时陷入经营困难的上市公司纾解股票质押困境的基金政策，针对社会上甚嚣尘上的国资入驻民企的"国进民退"争议，援引国务院国资委新闻发言人和中共中央政治局委员、国务院副总理刘鹤等权威人士的话语，将自身观点暗含于他人话语之中，对该错误研读做出驳斥，得出国资的进场是股市长期健康发展的理性结论。

报道结尾处留下理性的回响，也促使读者对于金融市场发生的现象予以沉思。

(二)以维护金融安全作为报道的价值取向

一则新闻报道的价值与新闻传播主体的思维紧密相关，而思维则体现了传播主体的价值取向，即在新闻传播中报道什么、不报道什么、重点报道什么。金融是现代经济的核心，金融体系是市场经济的命脉，是市场配置资源的主要渠道。金融报道作为金融领域中与公众利益联系最为密切的新闻体裁，同时具有其他新闻报道所不具有的敏感性特征，报道的内容不仅是向公众传播信息，也是在向市场阐述经济倾向，因此一旦稍有不慎，便会传递出市场利空的不实信号，影响公众对市场的整体预期和投资信心，继而对国家的整体经济造成冲击，使得金融安全、国家稳定与市场健康发展陷入桎梏。因此，在国家整体安全观的指引下，金融领域的新闻报道首先应以维护国家金融安全为导向，而后通过报道金融业新近发生的事实传递金融信息，为人们的金融决策提供参考依据。

在《"疯狂"的股权质押》报道中，记者从"股权质押"的基本概念着手，由A股市场"无股不押"的现状逐步延伸至现状背后的隐忧、现状产生的原因、新规解读、政府应对措施，由浅入深，循序渐进，抽丝剥茧般地为读者呈现我国证券市场所经历的动荡及未来走向。在现状—原因—措施的逻辑链条中，记者充分扮演金融"翻译师"的角色，以专业素养向读者一一科普"股权质押""场内质押""场外质押"的基本概念，引领读者融入其中，与记者一道重走报道之路，在层层递进逐步深入的过程之中展现事件本源——企业家过度膨胀的扩张倾向使得经营理念偏离轨道，导致被迫质押股权变更企业所有权。报道在道明事件原委的过程中灵活穿插国家出台的相关政策，充分显示出国家对金融领域乱象的管控力度，释放出在中央监管下，未来的金融市场仍将保持稳定发展态势的积极信号，为维护金融安全创造良好的舆论氛围。

(三)以切中社会热点作为报道的策划方向

邓小平同志曾指出：“金融很重要，是现代经济的核心。金融搞好了，一着棋活，全盘皆活。”行业的蓬勃发展与充满活力的经济实力相匹配，特别是经济全球化的今天，市场的微小波动即可导致蝴蝶效应，造成社会动荡，对国民经济产生直接影响。经济稳定是一切发展的源泉，这一点早已成为国际共识，因此有学者认为，国家安全是安邦定国的重要基石，金融安全是国家安全的时代要义，国家利益则是金融安全的核心目标。

金融无小事，金融报道直接关系着社会稳定。中国经济以领先世界的速度蓬勃发展，金融业也以其强劲的原动力不断吸引普通民众的广泛参与。因此，以切合受众关注的社会热点策划报道的选题，不仅是媒体服务性的彰显，也将在一定程度上发挥前瞻性的作用。金融新闻报道者应牢记所肩负的社会责任，金融报道策划侧重于受众热切关心的选题，以公共利益、社会稳定、国家安全为上开展报道活动，以达到金融信息的及时传播，促进问题的及时处理和解决，减少社会损失和震荡的目的。

《“疯狂”的股权质押》的选题便可称得上标新立异，以近些年来屡屡引发“爆仓”事件的股权质押为切入口，先后展示进行股权质押的上市公司数量及占比情况、近 3 年的 A 股股权质押规模、上市公司股东股权质押比例分布等详实权威数据，切中读者关心的社会热点，勾勒出目前证券行业的股权质押图景，由此挖掘现象背后的深层原因，阐释监管层所推出的政策在预防系统性风险方面的必要性。该组报道的目的是向投资者传达证券行业股权质押的最新政策，显示社会主义市场经济体制下“国民共进”的正义精神，不仅表明“风景这边独好”，更是记者寄希望于维持经济稳定的社会责任感的有力体现。

(四)以多信源采访建立报道的系统性思维

新闻报道讲求时新性与真实性，时新性由记者的采编能力和媒介技术决定，而真实性则离不开多信源的信息采集以及后续的核实工作。不同信源所提供的信息在重要程度和接近事实的程度上常常不相等，因此信源等级可划分为“权威”与“普通”。一般而言，新闻事件中的核心人物、关联事件的职能部门负责人和管理者、所处领域的专家学者被认为是权威信源，其传播的信息容易引发受众的信赖感。

对权威信源的采访是一篇优质的深度报道必不可少的元素。当然，“权威”并不意味着绝对正确，只是相对于普通信源而言具备更高的可靠程度，因此，新闻报道应注重多信源信息的交叉引用，一方面可以极大增强报道的可靠程度，另一方面帮助受众从多角度解读事件，避免偏听偏信现象的发生，保证观点的平衡性，有利于塑造“全知”视角下的系统性思维。对于金融新闻报道而言，应针对金融领域新近发生的事实，倾听事实波及的当事者的感受，积极寻求业内专家和管理人员的权威解答，从不同层面构筑事件的真实性。

在《“疯狂”的股权质押》中，记者通过因股权质押而失控的三家上市公司案例以及业内人士、权威专家、券商管理者多层次多视角的解读，为读者全面知晓股权质押，理解事件于金融业的整体影响打下坚实基础，有力地证明了社会主义市场经济体制的强大调控能力。

第五章　财政知识与财政新闻报道

财政是国家政治经济活动的综合反映。政府的各个部门以及作为政治经济运行主体的广大工商企业、国家机关、部队团体等，都与国家的财政收支活动密切相关。各企业和个人按税法规定向政府纳税，各级政府对失去劳动能力的人支付救济金，对学校、医院、研究机构、行政机关、团体、部队等行政事业单位拨付财政资金，对贫困地区、遭受自然灾害的地区、革命老区等拨付专项扶持资金和救灾补助等，对低收入家庭提供基本生活保障基金，对下岗人员实施再就业工程时发放各种价格补贴等，都形成了国民经济各部门、各系统、各企业同国家的交、领、拨款关系，都是财政现象的反映。财政收支问题牵涉到社会各个领域、行业，联系着千家万户。

第一节　财政知识概述①

一、财政的来源及涵义

（一）“财政”的来源

西方“财政”一词，起源于公元13—15世纪的拉丁文Finis，本义指结算支付款项。16世纪时形成的法语“Finance”，指公共收入和公共理财活动。18世纪时其主要指国家收入，19世纪后泛指一切公共团体理财活动。“Finance”有“财政、财务、资金、金融”等多种含义，使用过程中，中文的“财政”一般与Public Finance相对应。

中国古代将指代国家费用开支的财政称为“度支”“国用”“国计”等。“财政”一词在19世纪末由日本传入我国。日本在1868年明治维新后，就从西欧

① 第一、二节内容主要参考陈共《财政学》（第七版），高培勇《财政学》，刘京焕、陈志勇、李景友《财政学原理》，洪银兴、尚长风《公共财政学》（第4版），项怀诚《中国财政管理》等书籍。

引入 Public Finance，并借用汉语的“财”“政”二字，译作“财政”。光绪二十九年(1903)清政府设立财政处，为中国官方采用“财政”一词之始。

(二)“财政”的涵义

关于“财政”的涵义，不同的学者有不同的表述。

上海辞书出版社出版的《辞海》认为：“财政是国家为实现其职能，在参与一部分社会产品的分配和再分配过程中，与有关各方面所发生的经济关系。”①

“从实际工作来看，财政是指政府的一个经济部门，即财政部门。从经济学的意义来理解，财政是一个经济范畴，是一种以国家为主体的经济行为。”②这里对财政的理解有多个维度。

“财政是政府集中部分社会资源用于生产或提供公共物品及服务，以满足社会公共需要的活动，可简称为政府的收支活动。”③

从以上概念可知，财政是国家为了实现职能需要，参与部分社会产品或国民收入分配和再分配所进行的一系列经济活动。由于财政更多表现为一种分配活动，所以财政又叫财政分配。

二、财政产生的条件

财政的产生，需要同时满足三个条件。

(一)剩余价值

剩余产品是财政产生的经济基础，没有剩余产品就不会有财政。这是因为：第一，剩余产品是财政分配的主要对象。第二，剩余产品的分配活动进一步催生了独立于直接生产过程的财政机构和财政专职人员。

(二)公共权力组织

财政产生和存在的社会条件和政治前提是公共权力以及行使公共权力的组织的产生和存在，公共权力组织构成财政分配的主体。但在人类社会的不同发展阶段，公共权力组织的具体表现形式不同，从出现国家之后到国家消亡之前的这一发展阶段，国家就成为拥有和行使公共权力的基本组织形式。

(三)公共需求

公共需求是财政产生的根源。人类社会有私人需求和公共需求两大主要需求。私人需求由私人商品予以满足，公共需求由公共商品予以满足。财政产生

① 陈至立编：《辞海》(第七版)，上海辞书出版社 2020 年版，第 231 页。
② 陈共：《财政学》(第七版)，中国人民大学出版社 2012 年版，第 9 页。
③ 高培勇：《财政学》，中国财政经济出版社 2004 年版，第 15 页。

的根源在于私人组织不能提供公共商品以满足公共需求。

三、财政的特征和职能

(一)财政的特征

陈共在《财政学》(第七版)①中对财政的特点从以下三个方面进行了表述:

1. 阶级性和公共性

国家是政府统治阶级行使意志的权力机构，国家或政府的经济行为表现为财政，因此财政具有鲜明的阶级性。国家或政府本身就具有公共性，加之财政是为国家或政府执行其职能提供财力的，属于"公办""公事"，所以财政也具有公共性。

2. 强制性与非直接偿还性

财政的强制性和非直接偿还性是一致的。强制的重要原因就是其是无偿或不直接偿还的，强制性和非直接偿还性是财政区别于一般经济分配形式最重要的特征之一。

3. 收入与支出的对称性

财政的运行过程伴随"收入——支出"和"支出——收入"这两个过程，收入与支出构成了财政运行的重要特征——对称性，收支是否平衡或对称构成财政运行的主要矛盾。

(二)财政的职能

1959年美国著名财政学家马斯格雷夫提出了财政三职能，即配置职能、分配职能和稳定职能。② 这一提法被认为是市场经济条件下对财政职能的经典概括。我国财政理论界对财政职能的研究有不同的思路，因而有不同的表达。

1. 资源配置职能

"资源配置就是运用有限的资源形成一定的资产结构、产业结构及产业结构和地区结构，以优化资源配置。"③

市场失灵导致市场自发形成的配置不可能实现帕累托最优效应，即：以一个小的诱因、投入和努力，通常可以产生大的结果、产出或酬劳。此时，政府的介入和干预就显得尤为重要。由政府介入或干预所产生的财政的配置职能，

① 陈共:《财政学》(第七版)，中国人民大学出版社2012年版，第19页。

② 李俊生:《盎格鲁-撒克逊学派财政理论的破产与科学财政理论的重建——反思当代"主流"财政理论》，《经济学动态》2014年第4期，第117~130页。

③ 陈共:《财政学》(第七版)，中国人民大学出版社2012年版，第23页。

通过本身的收支活动为政府提供公共物品、经费和资金，引导资源流向，弥补市场失灵和缺陷等，最终达到实现全社会资源配置最优效率状态的目的。

财政配置的机制和手段主要有以下五种：(1)根据政府经济职能确定财政收入占 GDP 的合理比；(2)优化财政支出结构，保证重点支出，压缩一般支出；(3)合理安排政府投资的规模和结构，保证重点建设；(4)通过政府投资、税收政策等手段，带动民间投资、吸引外资；(5)提高财政资源配置效率。

2. 收入分配职能

市场经济时代，社会经济主体提供的生产要素有所差异，因此各经济主体收入存在较大差距，有碍社会公平，为此需要借助国家财政的调控功能，确定一个公平的收入分配标准及调控方式。

财政调节收入分配主要手段包括四个层次：其一，划清市场分配与财政分配的界限：市场分配的内容包括企业职工工资、企业利润等；其他公共性政策支出则由财政集中分配，如医疗、环境、社会福利等；其二，规范工资制度，主要指规范由国家预算拨款的政府机关公务员和视同政府机关的事业单位职工的工资制度；其三，加强税收调节；其四，保障社会转移性支出，如社会保障支出、救济金等。

3. 经济稳定与发展职能

一个国家的经济稳定主要体现在国内就业率稳定在一定水平、物价基本稳定、国际收支基本平衡等方面。对发展中国家来说，实现国家发展的目标就是构建和谐社会，消除贫困、收入分配不均等现象。

对国家而言，借助财政政策实现国家整体经济稳定，推动社会发展的主要手段有以下几种：第一，通过财政政策维系社会总供给和总需求的大体平衡；第二，在财政实践中通过制度性安排，发挥“自动”稳定作用；第三，政府通过投资补贴、税收等多方面部署，加快公共设施发展，消除经济增长瓶颈，加快转换产业结构；第四，切实保证非生产性的、社会的公共需要，保障经济增长与社会发展之间相互促进。①

四、关于财政的代表性观点

我国关于财政基础理论的探讨主要有五种代表性观点，即国家分配论、价值分配论、共同需要论、再生产前提论、剩余产品分配论。

---

① 唐祥来、康锋莉：《财政学》，人民邮电出版社 2017 年版，第 87 页。

1. 国家分配论

该观点强调财政在本质上属于国家分配行为，财政是国家为满足行使职能需要，根据生产资料所有和生产资料主权所有，参与社会产品和国民收入分配与再分配的活动。

2. 价值分配论

该观点认为财政的本质就是价值的分配，即“各个社会形态的各种财政(和信用)现象之间有价值的分配”，“财政专门从抽象的量上在人们之间分配劳动生产物，也就是人们对价值的分配”。①

3. 共同需要论

该观点认为财政的本质是为了满足社会共同需要而进行的分配。“财政并不是由国家产生的，财政分配现象产生的时间要比国家的出现早得多，早在人类社会出现了剩余产品，发生了社会共同需要时就发生了。”②

4. 再生产前提论

该观点认为“财政是货币资金运动的一种形式”，“第一，财政是社会总资金运动的一个环节；财政资金是社会总资金的组成部分。第二，社会主义财政是国民经济财政，直接参与社会再生产。第三，财政支出用于消费的部分，在分配使用之前仍属于财政资金”。③

5. 剩余产品分配论

该观点认为“财政是由剩余产品形成各种社会基金的经济过程，始终体现国家、集体与个人之间的剩余产品分配关系”。④“财政是财政关系与可分配剩余产品的统一，是现实的分配剩余产品的经济过程，通过这种分配使剩余产品形成归国家、集体与个人支配的各种基金。”⑤

第二节　财政知识关键概念

一个财经记者要写好财政新闻，需要了解国家财政管理相关知识以及关键

① 中国人民大学马克思主义学院：《21世纪马克思主义理论研究的探索与创新》，中国人民大学出版社2016年版，第705页。

② 何振一：《财政起源刍议》，《财贸经济》1982年第3期，第26页。

③ 安体富：《试论社会主义条件下的资金范畴及财政的实质》，《财政研究》1982年第2期，第37页。

④ 王绍飞：《财政学新论》，中国财政经济出版社1984年版，第10页。

⑤ 王绍飞：《财政学新论》，中国财政经济出版社1984年版，第10页。

概念。

一、财政体制

“财政体制指国家通过规定各级政府管理财政收支的权限和各企事业单位在财务管理上的权限，处理国家与各级政府机构之间，国家与企事业之间的财政分配关系的管理制度。”①在此意义上，财政体制是一个国家开展财政管理工作的主要依据和基本制度。

如果用系统论的观点认识财政，则“财政体制是国家内部公共财政活动责任与权力的配置规则体系，包括基础环节和横向、纵向两大系列的复杂系统”。②

财政体制有广义和狭义两种含义，广义的财政体制包括预算管理体制、税收管理体制和财务管理体制等；狭义的财政体制仅指预算管理体制。“财政预算体制牵涉政治体制的稳定与经济利益的调整，需要有坚强的领导核心和高效的领导体制。”③

财税体制与财政体制二者相互关联，又有所不同。财税体制是国家治理体系的重要组成部分，财政体制是国家治理的基础和重要支柱。“财税体制是围绕政府收支进行的一系列制度安排。”“财政就是政府收和支，围绕着政府收支进行一系列的制度安排就是财税体制。”④从根本上来说，财政体制即我国传统意义上的财政管理体制，属于财税体制的纵向维度。

1994 年后，我国一直实行分税制财政管理体制，按照事权与财权相结合的原则，将税种分为中央税、地方税和中央与地方共享税。将用于捍卫国家利益、国家安全，调控国家经济、践行国家职能所需的税种划为中央税；将用于地方经济发展的税种划为地方税；将与经济发展直接相关的税种划为中央与地方共享税，同时设立国家税务机构和地方税务机构，对不同级别的税种分别进行征收。

---

① 代云连：《优化阿克苏市市乡财政体制的设想》，《现代经济信息》2015 年第 10 期，第 485~486 页。

② 齐守印：《关于系统深化财政体制改革的思考》，《财贸经济》2013 年第 12 期，第 30~37 页。

③ 文炳勋：《新中国成立以来财政预算体制的历史演进》，《中国党史研究》2009 年第 8 期，第 21~28 页。

④ 罗红：《我国财税体制的问题及深化改革思路》，《安徽行政学院学报》2016 年第 1 期，第 71~77 页。

二、财政支出

财政支出作为财政分配活动的重要组成部分，不仅是国家调控经济运行的重要手段，也对经济发展、社会进步具有非常重要的作用。

“财政支出通常指国家为实现其各种职能，由财政部门按照预算计划，将国家集中的财政资金向有关部门和方面进行支付的活动，因此也称预算支出。”①“财政支出与财政收入一起构成财政分配的全部环节，它具体体现了政府对财政资金的安排、供应、使用和管理的全过程，反映了财政资金的规模、结构、流向和用途。”②财政支出与财政收入构成财政分配的完整体系，在某种程度上，财政支出是财政收入的归宿，透过财政支出的方向、力度等内容可以直观反映政府活动重点，财政支出成为国家财政分配的重要内容。

财政支出作用主要表现为：第一，为政府运行提供所需的资金支持；第二，向全社会提供公共物品和公共服务，弥补市场调控的不足；第三，调控经济运行的规模与结构，助力社会公平尤其是社会公众收入的公平。

目前，我国财政支出主要有无偿拨款、有偿贷款和财政补贴三种方式。

“财政资金的性质决定了财政支出应该采用无偿的方式，因此无偿拨款是财政支出的基本方式。”③

有偿贷款又称为财政贷款。为了解决对建设性支出完全采用无偿拨款的方式导致国家有限财政资金使用效益不高、浪费严重这个问题，对于有还款能力的经济建设项目，从 1979 年开始，我国进行“拨改贷”（改无偿拨款为有偿贷款）的试点工作，并于 1985 年开始对有还款能力的经济建设支出项目全面推广“拨改贷”。财政贷款与银行贷款有本质区别，它并非以追求利润为目的，但对使用贷款的单位形成一定压力，有利于提高财政资金的使用效率。

财政补贴支出是财政支出的一种特殊支出方式，主要方式有价格补贴、企业亏损补贴、财政贴息等，具有涉及领域广、补贴数量多、占财政支出比重高的特点。“随着市场化改革的深入，在价格改革的同时对财政补贴也进行了改革，财政补贴的范围和数量逐年缩小，将补贴资金主要用于市场失灵、经济发

---

① 田洁：《税收降低对地方政府财政支出的影响与应对》，《工程经济》2015 年第 12 期，第 92~95 页。

② 白文杰：《财政支出绩效评价内涵解析》，《地方财政研究》2011 年第 1 期，第 42~46 页。

③ 洪银兴、尚长风：《公共财政学》（第 4 版），南京大学出版社 2017 年版，第 75 页。

展和社会稳定所必需的一些项目上。”①

三、财政收入

财政收入是政府为实施公共政策和提供公共物品与服务需要而筹集的一切资金的总和,② 即国家通过财政各个环节集中起来的各种财政资金的总称。财政收入表现为政府部门在一定时期内所取得的货币收入，它是衡量一国政府财力的重要指标。财政收入与社会发展水平之间相互制约，相互促进。财政收入在很大程度上决定了社会公共产品的数量和质量、公共服务水平，对社会发展有一定的影响作用。另外，社会经济水平、经济制度、价格水平和管理水平决定了财政收入的规模。

国际上对财政收入的分类，通常按政府取得财政收入的形式进行分类，可分为税收收入、国有资产收益、国债收入、公共收费收入以及其他收入等。

四、财政预算

(一)财政预算的涵义

从字面涵义理解，预算即“预期估算”，是国家财政部门对未来财政收入、财政支出的估算和计划安排。财政预算作为国家财政部门的管理工具，在国家管理活动中占据重要地位。财政预算是政府为实现其职能和一定的经济社会发展目标而编制，经立法机关审批，反映政府一个财政年度内基本财政收支计划的法律性文件。

从形式上看，财政预算是国家财政部门根据政府收支计划并将其按照一定标准加以分类组织的收支预算表；从内容上看，它是对政府年度财政收支的具体安排，表明政府在财政年度内计划从事的主要工作及其成本，政府又如何为这些成本筹集资金。

(二)财政预算的体系和基本程序

财政预算体系是指预算的组成。财政预算体系是指由各级政府的预算以及各级政府的公共部门预算组成的一个体系。从形式上看，一国的预算是由中央预算和地方各级政府预算组成的，各级政府的预算是由该级政府所辖的公共部

① 洪银兴、尚长风:《公共财政学》(第 4 版)，南京大学出版社 2017 年版，第 76 页。

② 陈少英:《可持续的地方税体系之构建——以税权配置为视角》,《清华法学》2014 年第 5 期，第 51~53 页。

门预算组成的。

我国的《预算法》明确规定，一级政府设一级预算。我国政府分五个级次：一是中央政府；二是省级政府（包括自治区和直辖市）；三是市级政府（指设区的市级政府，包括自治州政府）；四是县级政府（包括自治县、不设区的市和市辖区）；五是乡级政府（包括镇级政府，民族乡、镇）。因此我国的财政预算体系也由五级预算组成，有些不具备条件的乡级政府经省级政府认定批准后可暂不设财政预算。

从内容上看，财政预算体系由财政总预算、部门预算和单位预算组成。总预算是一级政府的财政收支计划，由本级政府的各部门预算组成；部门预算是政府各职能部门的财政收支计划，由本部门管辖的各单位的单位预算组成；单位预算是行政事业法人单位的财务收支计划。

预算的基本程序主要包括：编制、审批、执行和决算。①

五、财政补贴

财政补贴是国家为了一定的政治经济目的，无偿地对经济组织和城乡居民所实施的财政补助支出。2020 年 5 月，新冠肺炎疫情发生后为进一步激活武汉经济、促进消费推出的“武汉消费券”正是国家对武汉居民实施的财政补贴。生活中还有很多例子，例如对油价的补贴以及新冠肺炎疫情期间治疗费用的补贴等。

从性质上看，财政补贴属于转移支出，是政府机构对国民收入的再分配。通过财政支出，对社会经济中的生产、消费等各个环节加以补贴，以调节外部经济，保障国民基本福利。

六、财政监督

（一）财政监督的涵义

“财政监督是财政机关在财政管理过程中依照国家有关法律规定对国家机关、企事业单位及其他组织涉及财政收支事项及其他相关性事项进行的审查、稽核与监督检查活动。”②

“广义的财政监督是一个多层次、多主体的监督体系，包括人大监督、审

① 王秀芝：《从预算管理流程看我国政府预算管理改革》，《财贸经济》2015 年第 12 期，第 22~34 页。

② 项怀诚：《中国财政管理》，中国财政经济出版社 2002 年版，第 453 页。

计监督、司法监督等。”“狭义的财政监督，即财政部门的监督，指财政部门在财政管理过程中，依法对国家机关、企事业单位、社会团体和其他组织涉及财政资金活动的监控。”①

(二)财政监督的内容

从对财政收支活动的监督和对国民经济的监督两个方面来看，财政监督的内容包括以下几点。

对财政收支活动的监督包括以下五个方面：第一，监督、检查各级总预算与单位预算的编制和执行情况，及经济建设进度和效果；第二，监督财政收入正确、及时、定额上缴；第三，监督财政投资资金的分配、使用和管理；第四，监督行政事业经费的使用和管理；第五，监督国有企业财务收支活动。

对国民经济的监督同样包括以下五个方面：第一，监督国民经济计划遵循客观规律要求；第二，监督全局性、战略性的宏观决策及落实情况；第三，监督社会产品或国民收入的生产、分配和使用；第四，监督储蓄、投资与消费的规模及最优化比例；第五，监督国民经济各部门对财政经济制度的执行情况。

七、财政政策

“从行为规范上讲，财政政策是政府为了实现特定经济目标，主动调整财政分配过程和分配关系的基本准则；从操作意义上讲，财政政策是政府为实现预定的社会经济宏观目标，调整财政分配过程的既定分配模式。”②

财政政策作用于财政分配的全过程，财政政策工具的变动和配合在一定程度上决定了国家财政调控的效果。其工具主要包括国家预算、税收、财政投资、财政消费、财政补贴、财政信用等。

根据调节社会总需求规模的不同作用，财政政策可分为扩张性财政政策、紧缩性财政政策、中性财政政策。

八、其他财政概念

财政赤字：在财政年度中政府的总支出大于总收入的差额。财政赤字是当

① 陈工、陈健：《财政监督的博弈分析及其优化》，《财贸经济》2007 年第 4 期，第 31~32 页。

② 武彦民：《财政学》，中国财政经济出版社 2011 年版，第 422 页。

今世界各国都存在的一种普遍现象。当政府将财政赤字作为一种财政政策来推行时(即实行赤字财政政策时)，财政赤字成为宏观调控的—种手段，并成为制定货币政策时需要考虑的重要内容之一。财政赤字代表着政府购买大于财政收入，而政府购买增多，可以带动 GDP 增长，也可以刺激相应的生产，增加就业。凯恩斯学派的观点正是支持政府用一定的财政赤字来刺激就业从而带动经济增长。

财政盈余：国家在一个财政年度内的财政收入大于财政支出，即为财政盈余，意味着财政收入大于财政支出，也就是说有一部分财富被储存起来了。财政盈余越多，被储存的财富就越多，长此以往，就会造成经济紧缩。因此，财政政策原则上是收支平衡，个人和企业的财富如何支配，可由市场自主调节，而政府则根据宏观经济调控需要，决定采取紧缩(制造财政盈余)或者扩张(制造财政赤字)政策。

PPP 模式：Public—Private—Partnership 的字母缩写，字面意思即政府与私人组织之间为了合作建设基础设施，或是为了提供某种公共物品和服务，以特许权协议为基础，形成一种伙伴式的合作关系，并通过签署合同来明确双方的权利和义务，以确保合作的顺利完成，最终使合作各方达到比预期单独行动更为有利的结果。这种模式推动了政府与社会主体间的有效合作，建立起“利益共享、风险共担、全程合作”的共同体关系，一方面可以减轻政府部门的财政资金负担，同时也能帮助社会主体减轻部分投资风险，实现双赢效果。

第三节　财政新闻报道

随着我国财政职能的不断拓展和丰富，财政新闻报道也不断与时俱进，紧跟时代步伐，“立足财政，面向社会”，成为经济新闻报道中的一个重要分支。

一、财政新闻的涵义及特点

(一)财政新闻的涵义

财政新闻，就是对财政活动领域所发生的新闻信息、事件进行筛选、提炼和传播的报道，主要报道对象为财政工作资讯、财政收支情况及各级财政政策，主要目的是使受众了解财政政策，认识到财政经济工作的运行现状，是经济新闻报道的一个分支。

(二)财政新闻的特点

1. 政策性

“财政政策是在财政理论与财政实践之间起桥梁作用的行为规范。”①财政政策是财政新闻报道的重中之重。财政政策对国计民生的重要影响，决定了财政新闻的关注点要始终放在当时的财政政策之上，这也就决定了财政新闻的政策性特征。“财政出台的每一项政策与百姓生活密切相关，无论是宏观调控，还是惠及部分群体的具体政策，其政策性都很强，社会也非常关注，这些政策一旦通过，需要及时快捷地传播出去。”②

财政政策是国家宏观经济政策，它的制定及执行直接关系到国家经济工作布局及建设，影响到企业和公民的经济行为。财政新闻要通过传达财政政策引导受众关注国情走向，把握经济发展趋势。

2. 专业性

财政活动经常会牵涉许多经济学专门知识、术语和数据，这些专门知识、术语和数据，一般都具有较强的专业性，如果缺乏必要的专业知识背景，就很难准确理解报道内容。另外针对相关财政数据的解读，不仅要求记者有较高的财政知识素养，而且需要有处理专业数据的能力。

宁波“放水养鱼”活了10万民营企业

本报讯(记者邓少华　朱宇)一边是财政收入大幅缩水，一边是政府为企业大力减负。昨天，来自市财政局的消息说，今年宁波减税减费60亿元，惠及全市10.8万家民营企业。

“相当于全年地方财政少收15%。”市财政局长胡谟敦给记者算了一笔细账：企业社保缴费比例临时性下浮减负18亿元、出口退税调整让利10亿元、出口商品专项补贴3亿元、停收150项行政事业性收费共计2.45亿元、高新技术企业减免所得税2.78亿元、小型微利企业所得税从25%下调至20%……

宁波民营经济外向度高，受国际金融危机影响早、程度深，市委、市

① 梁洁:《财政政策内涵与外延演化》,《合作经济与科技》2006年第3期，第52~53页。

② 苗福生:《以新闻的视角写财政——财政新闻写作》，中国财政经济出版社2012年版，第105~106页。

政府反应迅速，积极应对，于今年7月出台19条政策“组合拳”，并开展了“干部进企业、服务促发展”活动。

财政部财政科学研究所所长贾康认为，宁波实施的减税减费政策，在全国是最早的，体现了宁波市超前的执政理念和面对危机的快速反应能力，充分发挥了财政的杠杆效应。

……

“企业发展越是困难，政府越不能涸泽而渔。”市长毛光烈说，尽管第四季度财政收入出现负增长，但宁可政府“勒紧腰带过紧日子”，也要帮助企业渡过难关。

今年年初以来，宁波大幅压缩政府行政开支，公用经费等一般性支出实现了“零增长”，市级政府公务购车开支更是削减了一半，全市两大经贸活动之一的宁波国际服装节，也精打细算省下了200万元。而民生方面的支出不减反增，如社保和就业支出增长了43.6%，医疗卫生支出增长了31.8%。(《宁波日报》2008年12月29日)

以中小民营企业为主的宁波出口依存度高达81%，这一特殊的经济结构使得宁波成为国内受国际金融危机冲击时间最早、强度最大的城市。为了在被动中争取主动，宁波果断通过财政帮扶政策伸出“有形之手”，第一时间出台了压缩政府行政开支、减税减费等一系列帮助企业应对危机的“组合拳”。放水养鱼，为企业减轻负担60亿元，让10多万民企有效抵御“寒流”，体现了政府管理的科学发展观和正确的政绩观，具有很强的专业性。这篇稿件大约采用了30个数据，如政府为企业减负、公用经费开支零增长、下调所得税率、提高社保开支等专业性术语，尽可能做到用数字说话，避免了概念性的表述，既保证了新闻的专业性，又体现了可读性。

3. 引导性

好的财政新闻报道应该给受众提供可靠的、富有预见性的判断，能为受众的决策和行动提供有益的参考，因此引导性是财政新闻的一个特点。

财政事务对于未来的经济活动具有指向性，但其社会影响却存在着诸多不确定因素，因此财政新闻报道需要具备一定的引导性。当然其预见性分析需要谨慎处理主观成分，确保预测性报道的可信度。

早在2012年，时任财政部副部长的朱光耀在中国财经报社新闻宣传工作会议上就指出，宣传好财政，是财政软实力的一种体现。财政工作有其特殊性，许多政策十分敏感，但不能因为强调特殊与敏感就不宣传或者少宣传。事实上，越是特殊，越是敏感，越要宣传，必须本着负责的态度，改变观念，积极主动引导舆论，把财政政策讲清楚，争取社会公众的广泛理解和支持。他强调，要充分认识新闻宣传的重要性，财政新闻宣传是财政工作的重要组成部分，是加强财政与社会各界、各部门沟通联系的重要方式和手段，是财政发展与改革的“助推器”。

财政资金直达机制常态化助力经济稳中加固

4月21日召开的国务院常务会议部署进一步实施好常态化财政资金直达机制，更好发挥财政资金惠企利民作用。这意味着，2020年为应对疫情冲击等一系列不确定性因素，一度为基层企业发挥了雪中送炭作用的“新增财政资金直达基层机制”走向常态化。而与去年直达资金1.7万亿元全部为增量资金不同，今年主要为存量资金，资金总量达2.8万亿元。

截至目前，中央财政已下达直达资金2.6万亿元，其中超过2.2万亿元已下达到资金使用单位。在直接受益于去年乃至今年资金直达机制的基层贷款人眼里，这样的政策让其发展更无后顾之忧。在接受《中国经济时报》记者采访的专家看来，正是众多受益于资金直达机制的基层主体共同构筑了经济趋稳向好的基石。相信常态化的资金直达机制会继续发挥定向精准支持市场主体效用，助力经济稳中加固。

……

会议还重申，要严格直达资金监管。通过强化资金直达的监管与使用，有助于确保精准定向，同时，越是定向精准的资金使用，越能降低金融风险。“防范化解金融风险，确保经济稳定发展，特别是更好地服务于实体经济对促进经济持续稳定向好至关重要。”中国人民大学经济学院党委常务副书记、国家发展与战略研究院研究员王晋斌对本报记者表示，通过提升地方政府对新增财政预算资金统筹使用能力，强化有约束地高效使用资金，有助于提升经济生产再循环效率。将财政资金直达基层机制予以常态化实施，也将让精准施策成为常态，有助于防范金融风险，利好稳经济的一系列政策手段生效。(《中国经济时报》2021年4月23日，李海楠采写。)

这篇报道对自疫情发生以来的国内经济问题进行了追踪，重点强调疫情以来，为了缓冲经济下坡现象，促进经济稳中加固，政府部门开展了为基层企业发挥雪中送炭作用的“新增财政资金直达基层机制”。报道表示2021年“将财政资金直达基层机制予以常态化实施，也将让精准施策成为常态，有助于防范金融风险，利好稳经济的一系列政策手段生效”。以中央财政措施为典型，传递中央对中小微企业、实体经济的关注与帮扶，向市场输入强心针，并持续推动国内实体经济发展，报道取得了良好效果。

二、财政新闻报道的分类

根据报道内容，财政新闻可作如下分类。

（一）财政资讯报道

财政资讯报道是指对国家财政部门的财政会议、非政策性通知、财政工作成就等最新财政活动的报道。财政资讯多为动态信息，是对财政职能工作及其成就、进展的告知和呈现。如《中国财经报》的报道《全面推进新时代财政国库工作》，被财政部官方网站归类到“工作动态”之中，全文如下：

全面推进新时代财政国库工作

日前，全国国库工作会议在京召开。会议总结了自本世纪初开始实施的财政国库管理制度改革取得的成就，对新时代现代国库管理制度建设提出了新的目标，并就下一步财政国库工作进行了部署。财政部副部长刘伟出席会议并讲话。

会议指出，我国财政国库管理制度改革取得历史性成效，成为财税体制改革的一大亮点，发挥的作用应予充分肯定，主要体现在以下几个方面：以国库集中收付制度为主体的现代国库框架基本建立，成为我国财政收支运行的核心基础；国债地方债发行管理制度改革不断深化，规范透明的政府举债筹资机制日益健全；预算执行和库款管理机制更加科学规范，有效保障了积极财政政策的贯彻落实；决算管理制度改革稳步推进，现代财政财务报告体系日趋完善；国库管理基础性工作进一步夯实，财政资金运行安全得到有力保障。

……

会议要求，今后一个时期财政国库工作需要着力抓好以下几项重点工作：一是进一步深化国库集中支付制度改革，在提升资金支付管理科学化、规范化水平上狠下功夫；二是进一步深化国库集中收缴制度改革，全力配合做好国税地税征管体制改革工作；三是加快推进政府综合财务报告制度改革，清晰完整反映政府财务状况；四是加强预算执行管理，确保财政收支运行平稳；五是进一步完善国债地方债管理，坚定不移推进政府债券市场化改革；六是健全库款和财政专户资金科学化管理机制，充分发挥财政资金综合效益；七是加快推进国库信息化，以信息化推动国库管理的现代化；八是打造忠诚干净担当的高素质国库干部队伍。(《中国财经报》2018年9月20日，戴正宗采写。)

报道通篇是对会议重点的记录，类似于“会议纪要”，是典型的工作动态资讯。该类报道虽然表面枯燥，实际上却是国家财政部门针对某一具体工作在未来一段时间内的工作规划和行动指南，将中央财政部署及时准确地传递给广大受众，进而推动财政政策的下达与普及。

(二)财政收支报道

财政部门管理财政资金，财政资金来源于税收、国有企事业单位营收(按比例)上缴，又用于国防、科教、医疗、社会保障、文化艺术、农业等国家事业的方方面面。因此，作为财政常规活动的财政收支在财政新闻报道中占有相当比例。

财政收支报道往往伴随明确的财政数据，《财政部公布2020年财政收支情况 一起读懂国家账本》①(央广网2021年1月28日)一文中，记者详细介绍了2020年全年全国财政收入的总额及各部分组成，这些钱又都花在了什么地方。该报道让受众一目了然地看到了2020年全国财政资金的收入和使用情况，既是政府信息公开的需要，也便于民众了解情况。

财政部、应急管理部下拨1.5亿元支持帮助云南墨江地震灾区

本报讯 记者19日从应急管理部了解到，财政部、应急管理部18日向云南省下拨中央财政自然灾害生活补助资金1.5亿元。

据应急管理部有关负责人介绍，这笔资金主要用于近期云南墨江5.9级地震灾区受灾群众紧急转移安置、过渡期生活救助、倒损民房恢复重建等受灾群众生活救助需要。

此前，国家减灾委、应急管理部针对云南墨江5.9级地震灾情紧急启动国家Ⅳ级救灾应急响应，派出工作组赶赴灾区，同时组织调拨大量帐

① 央广网：《财政部公布2020年财政收支情况 一起读懂国家账本》，http://china.cnr.cn/xwwgf/20210128/t20210128_525402232.shtml。

篷、衣被、折叠床等中央救灾物资，指导和支持灾区政府做好抢险救援和受灾群众生活保障等各项工作。(《中国财经报》2018年9月20日，叶昊鸣采写。)

除了用于应急救灾，财政资金也常用于科教文卫、国防建设、专项政策(扶贫)、企业补贴等国家运行发展的全过程之中，相应的支出报道也非常多。部分财政收支报道具备较高的问题意识，如财政信息公开之后媒体对于"三公经费"的报道，对财政资金划拨及使用不合理、不平衡问题的关注也是媒体进行财政新闻报道的重点所在。

(三)财政政策报道

财政政策报道是对新近出台的税收、补贴等财政政策的报道，主要目的是告知受众新近的财政政策，报道素材大多来自财政部门出台的政策原文、通知原文以及财政会议。

苏州城乡低保提标并轨

从7月1日起，我市城乡低保将提标并轨，城乡最低生活保障标准由原来的450元/月、400元/月统一提高到500元/月；城乡五保、低保边缘、重度残疾人、特殊残疾人的救助标准按原政策规定同步提高；上世纪60年代初精减退职老职工的生活补助标准由原来的690元/月提高到750元/月。此次调整惠及6.93万城乡低保对象，标志着我市城乡最低生活保障二元差别成为历史。据悉，我市是目前省内唯一实行城乡低保一体化全市统一标准的城市，且补助标准全省最高。

近年来，市委、市政府高度重视民生工作，把社会救助体系建设作为民生体系建设的重点。从1996年至今，城镇低保标准调整了11次，由起步时的180元/月，提高到目前的500元/月，增长了177.8%；农村低保标准调整了10次，由起步时的100元/月，提高到目前的500元/月，增长了400%。15年来，全市共支出低保资金10.75亿元。至今年5月底，全市低保对象占户籍人口的1.1%。

……

市民政局负责人介绍说，我市推行城乡一体化低保标准的尝试由来已久。2005年，苏州工业园区在全省率先实现低保标准城乡并轨，2008年昆山市，2010年吴江市、吴中区、相城区、高新区先后实现低保标准城乡并轨。今年年初，市委提出了“2011 年最低生活保障并轨、2012 年养老保险并轨、2013 年医疗保险并轨”的目标要求。为实现这一战略目标，我市加快了推进步伐，由原来各市、区视情况分别推进最低生活保障一体化调整为全市统一推进。(《苏州日报》2011 年 6 月 9 日，周建明、吴军采写。)

2011 年初，江苏省苏州市委、市政府提出“三年实现三大并轨”行动计划，即“2011 年最低生活保障并轨、2012 年养老保险并轨、2013 年医疗保险并轨”。当年 6 月初，城乡低保并轨获得实质性启动，且提标、并轨同步进行，此举意味着城乡低保方面的二元差别在苏州将成为历史。这是一篇第一时间反映“城乡统筹、消除二元结构”在江苏苏州最新实践成果的重要消息，体现了记者准确鉴别新闻事实的价值所在及其价值的大小，也说明新闻敏感来自高度的职业责任感。苏州在统筹城乡、推进城乡一体化发展中，率先在全国大中城市中实现低保标准城乡一体，实现城乡低保并轨，这在全国具有领先意义，新闻事实具有重要性。消息清晰、准确地叙述了新闻事实及其意义，有苏州城乡低保并轨的由来、历程，也有历次低保标准调整的详实数据，语言洗练，信息量足，既有新闻性，又有说服力，该消息获得第 22 届中国新闻奖三等奖。

科企孵化器、大学科技园和众创空间将享三项税收优惠

本报讯　财政部、税务总局、科技部、教育部日前下发通知，明确自 2019 年 1 月 1 日至 2021 年 12 月 31 日，对国家级、省级科技企业孵化器，大学科技园和国家备案众创空间自用以及无偿或通过出租等方式提供给在孵对象使用的房产、土地，免征房产税和城镇土地使用税；对其向在孵对象提供孵化服务取得的收入，免征增值税。

通知所称的孵化服务是指为在孵对象提供的经纪代理、经营租赁、研发和技术、信息技术、鉴证咨询服务。

2018 年 12 月 31 日以前认定的国家级科技企业孵化器、大学科技园，自 2019 年 1 月 1 日起享受本通知规定的税收优惠政策。2019 年 1 月 1 日以后认定的国家级、省级科技企业孵化器、大学科技园和国家备案众创空间，自认定之日次月起享受本通知规定的税收优惠政策。2019 年 1 月 1 日以后被取消资格的，自取消资格之日次月起停止享受本通知规定的税收优惠政策。

通知要求科技、教育和税务部门建立信息共享机制，加强协调配合，保障优惠政策落实到位。(《中国财经报》2018年11月6日，佚名采写。)

这是典型的财政政策报道。该则报道短小精悍，细致地概括与梳理了国家对科企孵化器、大学科技园和众创空间的三项税收优惠。这类报道主要是对国家财政部门等相关机构联合下发通知的提炼、摘要、引用，重点突出政策受益者和政策适用场景、适用范围，具有针对性。这些特点也是一般告知性财政新闻报道的特点：告知对象明确、具体政策明确、行文短小精悍。

(四)财政监督报道

财政监督是指财政部门在财政管理过程中，依法对国家机关、企事业单位、社会团体和其他组织涉及与财政资金运动有关的活动过程及其效果所进行的专门监控，以及时发现和纠正预算执行中的偏差，确保财政分配的科学、正确和有效。① 由此可见，财政监督报道就是通过新闻报道来追踪财政资金的拨付、使用情况，对有关企业、机构等各类组织和人员行为中与财政有关的活动过程及结果进行监督，对其合理性、合法性和可能存在的问题进行监督、揭露，以保障国家财政功能的正常实施。

这28项治疗我都没做过

天津市南开区咸阳路52号大院是天津市民政局老年病医院所在地。86岁的离休老人李天祥已经在医院住了4年。“运动疗法”“心电监护”“醒脑开窍针刺”“微波治疗”，这些总额高达几千元的治疗项目，每月都会出现在李天祥的住院费用清单上，但这些治疗项目他几乎都没有做过。

近日，《中国消费者报》记者赴天津进行采访调查，发现李天祥的遭遇在天津市民政局老年病医院并非个例。

无中生有的“治疗”

11月20日，《中国消费者报》记者在天津医科大学总医院第二住院楼见到正在接受住院治疗的李天祥。说起天津市民政局老年病医院，他用了一句话“心情非常复杂”。

让李天祥觉得心情复杂的原因是2013年11月以来的遭遇。这位入住

---

① 陈工、陈健：《财政监督的博弈分析及其优化》，《财贸经济》2007年第4期，第31~32页。

天津市民政局老年病医院的离休老人，在医院提供的“天津市医疗机构住院费用清单”上，偶然发现一些治疗项目是自己根本没有做过的。

“比如心电监护，病房里没有仪器，怎么会有2000多元的收费?”细心的李天祥开始搜集每月的住院费用清单，有时候还会找医院的收费处多打印一份原件出来。

李天祥向记者提供的近50份住院费用清单，记载了从2013年11月至2017年10月他在该医院住院的治疗项目名称和详细费用。

……

就这样，虚假的治疗费票据被医院开出来后，通过层层申报，最终由财政资金买单。“医院以离休老人治疗费为幌子，套取财政资金，这种行为不能容忍。”李天祥对记者说，“许多住院老人及家属对此都有意见，但出于自身利益或者各种顾虑，不敢也不愿站出来抵制。”

11月29日，记者就离休人员财政资金使用情况以及医院报销单据审核问题向天津市财政局进行求证，几个业务部门均以需要走流程拒绝表态。《中国消费者报》将继续关注此事进展。(《中国消费者报》2017年12月1日，田珍祥采写。)

这是一篇揭露二级公立医院对老年患者虚开治疗费，套取财政资金的调查性财政新闻报道。2017年11月，记者接到天津市一位86岁的老人反映其在天津市民政局老年病医院住院4年期间，医院每个月都会虚开“运动疗法”“心电监护”“微波治疗”等高达几千元的治疗项目。记者多次深入医院，多方求证，获取该医院虚开治疗项目，以虚假的住院费用清单套取财政资金的事实依据，最终确认此事涉及10多名住院老人，金额巨大。报道以坚定的民本视角，揭露了基层医疗机构存在的普遍性问题，不仅带出了对现有医疗机构管理制度的思考，同时揭示了问题本质在于对财政资金的套取，具有很强的现实意义。稿件见报后，引起了社会广泛关注。中央电视台、中央人民广播电台对此事进行了专题报道，中国经济网、中国网、澎湃新闻等100多家媒体进行了转载。报道引起天津市委市政府的重视，天津市组成由市场监管委、纪委、卫计委、老干部局、民政局等多部门40余人的联合调查组进驻医院进行调查。随后，医院书记、院长等主要负责人、涉案医生等停职接受调查。天津市民政局下发通知，在全市38家单位开展为期一个月的整顿检查活动。天津市卫计委下发通报，责令医院进行整改，并要求全市范围内的医疗机构开展1个月的专项普查。报道很好地对套取财政资金事件进行了揭露和舆论监管，影响深远，具有重要现实意义，更促进了问题的解决。

三、财政新闻报道采写要求

财政新闻的专业性特征明显，因此其很容易落于“数据化”“理论化”和“学术化”的矛盾局面，最终导致内行认为其不够专业而不屑去看，外行觉得其过于专业而有所忌惮。因此，如何写、写得好财政新闻就显得至关重要。

(一)善于将“国计”与“民生”相结合

财政新闻是对国家财政政策、财政资金使用等的报道，这些报道对象多为既定政策、既定工作，不像民生新闻有很多新鲜事可以报道。财政新闻报道对象主要有几个方面：一是新政策的推出；二是对上级政策的落实情况的调查；三是财政业务方面的改革、管理制度的创新；四是先进人物的感人事迹。因此，记者应密切关注财政政策，可通过与往年财政政策进行比较、相关企业对财政政策的实践等角度入手，寻找一切财政政策中潜在的新闻点。

财政新闻中对财政政策等内容的报道都涉及宏观经济调控、社会经济动态等内容，尤其是对新政策、新动态的报道都是关系国计民生的大事。如基础设施建设、农村税费改革等一系列政策，均是涉及国家部门对市场的再调整。但如果过于强调宏观政策，受众便会觉得乏味，因为普通受众更关心财政政策对自己日常工作和生活带来的实际影响，而非政策如何制定、如何颁布、如何执行等。以出口退税分担机制为例，作为一个普通的百姓，他可能只需要有个大概的了解，甚至可以是漠不关心。但对于外贸企业而言，就不仅仅是关心了，而是要作详细的分析，分析新政策带来的影响。

省财政在全国率先为科研经费“松绑”，但一年下来无人问津

4亿元科研“替代经费”无奈沉睡

“政策出台一年多了，4亿元财政替代经费一分钱都没用出去。”昨日，在省财政厅科教文处，工作人员翻开一份2015年104号红头文件，无奈地摇摇头。《湖北省省属高校院所自然科学应用研发及成果转化财务管理暂行办法》印发于去年5月，旨在鼓励省属高校院所及其研发团队积极申报中央部委科研项目(纵向科研项目)，支持科技成果转化。该《办法》在全国领先。

这名工作人员介绍，中央部委对纵向科研经费实行专款专用，课题开始前半年至一年，要先做预算，如果某项费用超出预算或不在预算内，需由科研人员自己承担。

而科研过程有一定的随机性，如临时购买某种实验用材、临时受邀参加学术会议等，若按国家科研经费管理细则报账就报不了。

……

省社科院经济研究所研究员匡绪辉分析，下面“松绑”了，上面没“松绑”，创新陷入尴尬境地。“替代经费”落地执行，需要国家相关部门联动支持，尽快在经费管理“松绑”与“收紧”间找到平衡点，免去科研人员的后顾之忧。(《湖北日报》2017年6月14日，刘天纵、张茜、彭一苇采写。)

为化解科研经费使用难的问题，湖北省财政厅在全国率先出台科研“替代经费”政策，为科研经费“松绑”，但一年下来4亿元经费无人问津。得知线索后，《湖北日报》派出记者先后到全省十多所高校、财政厅、审计厅等相关部门进行采访，以科研“替代经费”无人问津为切口，关注高校科研人员科研经费使用难问题，从科研人员立场探寻他们对有关政策的担忧，进一步探讨如何破解体制机制束缚，下放权限，激发科研人员创新的积极性，激发科技创新的活力。报道以小切口承载大主题，以问题为导向，将“国计”与“民生”相结合，推动社会讨论和问题的破题，报道见报后产生了极大的影响。

财政新闻要善于将国计和民生结合起来，从普通百姓的视角挖掘国家财政政策中与居民生活、公众利益直接挂钩的新闻点，把握好宏观财政政策与受众利益的连接点，彰显报道的人文关怀。“在财政政策的制定和落实、资金的分配和监管过程中，财政部门都需要通过新闻报道公开相关信息并向社会表明自己的意图和观点；同时，对于财政政策和资金在执行中的落实或使用情况，财政部门也需要借助新闻报道进行广泛收集和了解。财政新闻积极深入地挖掘财政支持各项民生及社会事业的过程、举措及取得的效果，反映财政所支持的社会领域的相关情况，在财政系统和社会公众之间起到双向沟通的桥梁纽带作用。”①

(二)善于解读数据，实现服务性

财政新闻报道要注重新闻内容对于人民的服务性，以人民为中心，传递他们所需的各项财政信息。财政工作的一个重点是保障民生兜底线，因此财政新闻报道体现以人民为中心的发展思想应成为各方的共识。②

---

① 刘国旺：《拓展深化新时期财政新闻报道》，《中国新闻出版广电报》2016年4月21日，第4版。

② 廖雪梅：《财政新闻写作的“加减乘除”法》，《新闻研究导刊》2019年第19期，第157~158页。

财政每天都在和数据打交道，数据是财政新闻绕不开的一个话题。财政数据数额大，用途广泛，对数据处理不好，不仅不能清晰表达，还会扰乱读者神经，让读者失去继续阅读的耐心。因此在报道财政新闻时，必须运用敏锐的新闻眼光和清醒的报道思路去对待数据。如何处理专业词汇、概念和财政数据，是财政新闻报道一定要思考的问题。

在财政新闻报道中，正确运用数据可以更直观地展现政策变动、财政手段成效等，但数据的简单罗列只会适得其反。财政新闻报道的记者不仅要做到“心中有数”，更要学会“心中算数”，将冗杂的数据进行梳理，善于在数据中寻找线索和关联，才能让数据“开口说话”。

随着新闻生产方式的变革，数据呈现的方式也愈加多元，单纯的叙述、图表已不能满足受众需求，动态化、可视化技术的加入为数据呈现赋予了新的生命，也为财政新闻的数据化呈现提供了多样化的选择。

6月大宗商品价格高位回调　稳增长政策发力缓解中小微企业压力

6月份全国CPI(居民消费价格指数)和PPI(工业生产者出厂价格指数)双双回调，6月CPI同比上涨1.3%，PPI同比上涨8.8%，相较上月涨幅均有所回落。

猪肉价格连降5个月，部分地区猪肉价格跌至10元/斤以下，使得6月CPI涨幅处于1.3%的低位。近期，为了稳定猪肉价格，国家相关部门开启2021年度首批猪肉收储，不过未来CPI涨幅预料将处于温和区间。

今年节节攀升的PPI，终于在6月份有所回调。6月PPI同比涨幅仍处于8.8%的高位，但较上月小幅回落了0.2个百分点。前期涨势凶猛的钢材、有色金属材料等，6月价格均有所回落。在中国反复强调大宗商品“保供稳价”，以及美联储政策朝收紧的方向发展时，部分机构认为PPI高点已过。

有意思的是，在6月经济数据公布前夕，7月7日国务院常务会议释放“适时降准”的信号，重点加强金融对中小微企业的支持力度。7月9日，央行宣布7月15日下调金融机构存款准备金率0.5个百分点，释放长期资金约1万亿元，加大对小微企业的支持力度。

上半年我国经济稳定恢复，同比增速处于高位，稳增长压力较小。不过，疫后经济恢复存在分化，大宗商品高位运行更加加剧了分化态势。目前政策信号显示，未来“稳增长”政策将向薄弱环节倾斜，中小微企业有望获得更多政策支持。(节选自《21世纪经济报道》2021年7月9日，周潇枭采写。)

2021年7月9日，国家统计局发布6月物价指数，本篇报道中记者采用大量数据对该指数进行剖析，以猪肉这一普通受众日常关心的产品价格入手反映食品价格变动趋势，进而反映国内“保供稳价”政策效果逐步显现。同时也通过食品、钢材等商品价格变动反映中央保持货币政策稳定性、增强有效性的决心与政策成效。报道通过受众身边数据的变动反映国家政策指数，通俗易懂，且能吸收受众注意。

(三)善于平衡专业化与通俗化的关系

生硬、晦涩难懂是财政新闻“高门槛”的重要因素之一。除了文章中出现的专业术语较多以外，数字多、语言公文味道浓、行文严谨有余活泼不足是财政新闻不易被接受的另一个重要因素。“外行看不懂，内行不屑看”勾勒出了财政新闻目前的尴尬处境。因此，平衡好“专业化”和“通俗化”的关系就显得尤为重要。

其一，硬主题软表达。记者应善用财政学的理论和思维反映财政活动，并将其发展规律和趋势用通俗化的方式进行呈现。每一个财政行为都是一个故事，不同主体的财政行为就是各自的故事。例如针对新能源汽车进行财政补助这一财政政策，4S店有自己的营销计划和安排；购买者会调整自己的喜好和需求；石油公司也会调整油价。这些行为背后都是财政故事，以故事的方式反映财政政策，不仅可以使财政新闻变得生动，也能凸显财政新闻的影响和价值，从而为经济社会的稳定有序发展提供指导或警示作用。

有故事就有人文关怀。财政资金是政府职能实现的基本保障，也是社会公众公共利益的提供者和捍卫者，财政收支活动涉及部门多，环节冗杂，是一个长时间、广范围的活动。但目前我国大部分财政新闻只关注到了财政资金的拨付环节，但财政资金的拨付仅仅只是财政活动的伊始，并不能反映财政政策全貌，要深入调查财政收支活动及财政政策成效，必须将报道延伸至财政资金使用的各个环节，尤其是对其使用和成效进行调查分析。而我国现有大部分财政新闻报道“见资金不见事、见政策不见人、有头无尾，文件化色彩较浓，其传播效果自然受到很大影响”。①

① 刘国旺：《中国财经报社，拓展深化新时期财政新闻报道》，《中国新闻出版广电报》2016年4月21日，第4版。

《中国财经报》在纪念汶川大地震三周年所推出的一篇题名为《"汶川"重生》(《中国财经报》2011年5月12日，解希民、马忠采写)的报道，就很好地利用了故事性写法。从汶川重建后的学校、学生、村支书等人物的所观所想来讲述财政对民生的重要贡献和作用，以及财政人的热心和奉献。以故事讲述财政政策的最大优势在于弱化财政活动的"政策性"，以故事的方式满足受众好奇心，不同层次读者均能在故事阅读中获得满足。"高层次的读者能读出财政故事背后的深层次内涵，而较低层次的读者则将财政故事作为一种消遣。通过财政故事，各个层次的读者各取所需、各得其所。"①

其二，用解释性报道呈现财政政策。"对一些题材较重大、百姓非常关注的财政工作或政策，可以用解释性报道的形式来满足读者的需求。"②通用的方法有两种：一是对术语进行解释，二是可以打比方。

《1500多亿元乡村振兴资金怎么花？六部门联合发文了》(新华网2021年3月31日，刘红霞采写)，这篇报道只是简单地把文件内容进行罗列，是财政政策的简单传达。而在《经济日报》的《今年中央财政将安排衔接资金1561亿元 助力脱贫攻坚成果与乡村振兴有效衔接》(《经济日报》2021年4月1日，李华林采写)这篇报道中，在对政策进行介绍的同时，记者还对中国财政科学研究院研究员、中国农村财经研究会秘书处负责人申学锋进行了采访，将政策进行解读，启发读者对政策意义和影响进行深入思考，既宣传了政策，又进行了解读，体验性更强，表现效果更好。

(四)政策解读注意引导性

财政作为政府宏观调控的一项措施，具有明显的政治要素，政策性是它的一大特点。财政政策小到平民百姓，大到宏观调控，惠及民生，关乎社会公平，关注度很高，因此财政信息报道中的政策性解读是非常必要的。但是财政关乎国计民生，"如何解读"亦是不能忽视的问题。总的来说，就是在政策解读过程中，更要注重政策解读的引导性，具体而言可以从以下三个方面解读和引导。

首先是对国家发展大局的解读。财政的本质是一种资源配置，在国民经济中扮演了举足轻重的角色，它是政府对经济的干预，体现了政府和市场的关系。每一项财政政策的出台，都和国家的经济社会发展紧密相关，能够直接反映出国家发展的状况和程度。在财政政策解读的报道中，一定要联系国家发展

① 解希民:《财政新闻如何大众化》,《青年记者》2015年第23期，第44~45页。

② 解希民:《财政新闻如何大众化》,《青年记者》2015年第23期，第44~45页。

现状和发展方向，作历史观、大局观的解读。同时，由于财政政策关乎国家大计，具有敏感性和重大性，在解读时也一定要注意时度效的要求。

其次是用前瞻性的眼光解读。眼光向前，才能担起引导的担子。财政政策不是过去时和现在时，更多的应该是将来时。财政新闻报道在对政策解读时，要考虑政策本身的意义、可能带来的结果，帮助用户理解政策的意义和影响，从而为用户提供智力支持，有利于民众更好地做出财政决策。

最后是要围绕百姓利益视角解读。财政和民生息息相关，一个看似小小的财政政策可能就是构筑普通百姓幸福生活的坚固磐石，发挥着保障、兜底的重要作用。但是在实际中，普通百姓往往不能及时了解财政政策，也很难针对财政政策发出符合自身利益的声音，这就需要财政新闻报道站在百姓的角度去审视财政政策，关切社会热点，关心民生民情，做出维护百姓利益的解读。

宏观政策频发力　经济运行稳向好

随着今年上半年国民经济运行“成绩单”陆续公布，一系列数据显示出中国经济持续向好的态势。

多位业内人士在接受《中国经济时报》记者采访时表示，上半年，各项主要经济指标同比呈高速增长，反映出前期稳定性延续性宏观经济政策不断发力，经济基本面持续回暖。下半年，宏观经济政策仍须保持稳健、精准发力、补齐弱项、防范风险。

货币政策仍须稳字当头

2021 年，稳健的货币政策灵活精准、合理适度、稳字当头，强化对实体经济支持力度，取得了积极效果。在美联储等主要经济体疯狂“放水”给全球市场带来巨大不确定性的情况下，央行货币政策委员会二季度例会提示了“防范外部冲击”和“促进内外平衡”。此外，随着央行近期宣布全面降准，下半年的货币政策取向将会如何？

“下半年，我国货币政策仍将保持定力，坚持‘以我为主’，同时，处理好恢复经济和防范风险的关系。”中国银行研究院高级研究员梁婧对《中国经济时报》记者表示，一是要保持对经济的必要支持力度。“上半年，消费、投资两年平均增速均为 4.4%，低于 2019 年同期的 8.4%、5.8%。小微企业面临需求偏弱、成本上升的双重压力，经营压力仍然较大，小型企业 PMI 已连续两个月低于 50。因此，货币政策需要保持连续性、稳定性，为经济持续复苏提供合理充裕的流动性。”梁婧说道。

……

梁婧表示，积极的财政政策对于经济稳定增长、优化经济结构具有重要作用。

一是要加大对重点领域的支持，助力构建新发展格局。加大对科技创新的支持，增加基础研究投入，通过税收政策激励企业加大研发投入。发挥财政引导作用，加大对制造业设备更新和技术改造、先进制造业、重大投资项目的投入。继续推动减税降费，优化营商环境，为企业和居民收入提升创造良好的环境。

二是保障地方财力，减轻地方政府收支压力。加大中央对地方政府的转移支付，盘活存量资金和资产，同时进一步理顺中央与地方职责关系，积极推动中央与地方事权与财权关系的改革。

三是要进一步健全政府债务管理制度，完善常态化监控、核查、督查机制，防范化解各类隐性债务风险。

四是加强财政政策与货币、就业、产业等政策的协调配合，通过不同部门之间沟通、中央与地方之间协调等提高政策体系的系统性，形成调控合力。(《中国经济时报》2021 年 7 月 23 日，孙兆采写。)

本篇报道总结了 2021 年上半年国家财政政策，并进一步对下半年财政政策调整趋势进行解读。宏观层面，报道就国家货币政策的“防范外部冲击”和“促进内外平衡”展开陈述，采访了中国银行研究院高级研究员及银行分析师，指出我国下半年货币政策趋势将围绕“两新一重”重大项目建设，补齐基建短板，促进国内消费潜力释放，引导产业结构转型升级。在微观层面，报道提出国家将持续对小微企业加以财政补贴，从民生的角度解读财政支出重点领域，拉近了与读者的距离。

第四节　案例分析：《甩掉一只马桶有多难》

甩掉一只马桶有多难

昨天，苏州城区居民家庭“改厕”工程宣告完成。三年来，解决资金难，市、区两级不断加大投入；攻克技术关，工程技术人员巧花心思；打开“邻里结”，社工一天两次上门沟通……2.3 万居民户告别马桶的背后，有着说不尽的艰辛与坚持——

甩掉一只马桶有多难

姑苏区宝城桥街5号402室，不到3平方米的卫生间，抽水马桶、台盆一应俱全。“在这里住了30多年，没想到还能过上这样的好日子”，看着眼前的新设施，86岁的许珍娥喜不自禁。昨天，她面对前来走访的省委常委、市委书记蒋宏坤等领导，连声说“谢谢”。

这样的“好日子”，源自城区居民家庭“改厕”工程。三年前，苏州市委、市政府打响了消灭城区最后2万余只马桶的“歼灭战”，或“个案解决”或“项目征收”，随着“改厕”工程不断推进，受惠居民迎接新生活的喜悦成了苏州现代化建设中最新的幸福注解。

……

“到我家里来看看吧。”86岁的许珍娥就住在对门402室，她向客人们发出邀请。“我在这里住了30多年了，终于赶上了这样的好时光，终于可以不闻臭味过日子了，终于可以每天舒心洗澡了。”许阿婆连说了三个“终于”表达她的兴奋劲。

看着居民个个喜笑颜开，蒋宏坤也笑了：“‘改厕’工程3年花了23亿，能让老百姓过上舒心生活，再难也值！”(《苏州日报》2013年12月29日，刘晓平采写。)

一、报道概述

马桶曾是苏州等江南地区古城民居一大特点，但也成了江南全体百姓过上现代化生活的障碍。小小一只马桶，承载着旧的生活方式，反衬着古城保护、民生改善的“老大难”问题：受制于古城基础设施欠账多、建设“红线”规矩多、居民拆迁难等，要甩掉马桶，牵一发而动全身，工程浩大。2010年，苏州市下大决心，投资23亿元，实施城区居民家庭“改厕”工程，让最后两万余户居民告别“马桶生活”，共享改革发展成果。

这篇报道以苏州“改厕”工程宣告完工这一新闻事件为切入点，通过梳理工程实施中遭遇的资金、技术和全覆盖等难题及破解方案，还原了老大难问题被攻克的历史，记录了“改厕”工程为苏州古城保护、民生改善带来的可喜变化。报道获得第24届中国新闻奖通讯类三等奖。

二、报道背景分析

基本公共服务，指建立在一定社会共识基础上，由政府主导提供的，与经济社会发展水平和阶段相适应，旨在保障全体公民生存和发展基本需求的公共服务，政府在这些项目中的支出是国家财政支出的重要组成部分。

2013年正值“十二五”规划期间，也是我国继续深化改革开放、加快转变经济发展方式的攻坚时期。在规划期内，为进一步健全我国社会公共服务，政府公共投入大幅增加，基本公共服务国家标准体系和标准动态调整机制逐步健全，各项制度实现全覆盖，实现了提供主体和提供方式的多元化。

在此背景下，苏州市将“民生优先”作为战略重点和主要任务之一，计划在“十二五”期间使城市环境得到更大的改善，让百姓们的生活水平得到更大的提高。20世纪80年代中期，在苏州老城区内有30多万居民，约有近10万只马桶。经过历年整治，截至2010年，还有约3万只马桶在使用。“拎着马桶进入现代化”成为苏州人的担忧，这与苏州的城市地位和“人间天堂”的美誉实不相称，尽快完成“改厕”工程成了广大苏州市民的期盼。

出于全面改善城区居民生活设施与环境，全面提升城市管理品质和古城保护水平的考虑，苏州市从2010年起，正式启动老城区居民家庭“改厕”工程项目。该工程计划从2011年开始，用三年左右的时间，把实施城区居民家庭“改厕”工程与解决住房困难相结合、与危旧房改造相结合、与疏解居住密度相结合、与历史文化传承相结合、与水环境综合整治相结合，彻底消灭城区居民的马桶问题，可以说是一项规模浩大的民生工程。由于该工程按照“先易后难”的原则逐步推进，不易解决的部分通常留在最后，经过不懈努力，该工程终于于2013年12月28日宣告完工。

三、报道采访分析

据中国新闻奖参评作品推荐表的评价，该作品“脉络清晰、细节生动”。本篇报道最可贵之处在于以细节打动读者，这显然是与作者认真的现场采访分不开的。从文稿中提到的“老夫妻”等人并时不时引用其原话来看，记者深入居民区采访了受益居民；报道中对种种技术难关的详细描写，显示出记者采访了进行“改厕”的技术人员；从文中列出的详细数据及项目进程可以看出记者还采访了策划、参与此次项目的政府工作人员等。由此观之，记者的采访对象比较全面，从政府人员、技术人员到普通居民均有，以多方位的采访反映“改厕”工程全貌，保证了该篇通讯的真实性与客观性。

作为《苏州日报》跑街道社区的“小巷记者”，记者参与了苏州市多项重大民生工程的新闻报道。苏州市城区居民家庭“改厕”工程实施三年来，记者全程参与了工程动态报道，对项目相关情况的熟悉程度、充分的准备为本次深入采访提供了前提。

2011年，苏州市启动城区居民家庭“改厕”工程，计划用三年时间将城区所剩的2万余只马桶彻底甩掉。但要彻底甩掉马桶，又涉及古城内污水网管改造、老村和零星楼房改造，甚至居民搬迁等。工程启动前期，涉及改造的怎么改，涉及搬迁的怎么搬，居民对此非常关注。围绕这些焦点问题，记者第一时间采访了工程建设指挥部，作了权威政策解读。记者从居民的角度去思考问题，在采访过程中，想居民之所想，问居民之所问，切实帮助居民了解工程开展情况，解答其困惑，使得刊有这类解读报道的《苏州日报》一时成为居民的抢手货。

“改厕”工程从伊始至结束，记者总是在第一时间到达现场以获取第一手资料。记者文中提到的受访住户以高龄居多，这体现出记者在选择采访对象时的智慧，毕竟年龄大的人经历“马桶”时代的时间更长，相应地他们对使用“马桶”给生活带来的不便感受更深，那么“改厕”后他们的喜悦感更强烈，这种喜悦感会让文章更有感染力。

四、报道写作分析

（一）善于将“国计”与“民生”结合起来寻找选题

用于社会基础设施建设的支出是国家财政支出的重要组成部分，而“改厕”能够优化老城区居民的生活环境，生存在更加洁净的环境中，对于居民的身体健康是很有益处的，因此政府的这项支出也可以说是对于城市建设及卫生事业的支出。文中提到，“三年来，市、区两级财政克服困难，千方百计筹措资金，累计投入已达23亿元，平均花10万元扔掉一只马桶”。由此可以看出政府对于解决“马桶”问题的力度之大、决心之强烈。苏州“马桶”问题早在20世纪80年代就已存在，延续至今可谓积弊已久，一直都被政府列为重点解决的问题之一，可见该问题在苏州当地属于社会热点问题，同时又是关乎百姓利益的民生问题。这篇新闻从国家财政支出中公共性支出的角度恰当地结合了当地的社会热点，同时还关注了民生，选题精准切合时代要求。

（二）善于将硬新闻软化，具有趣味性

财政新闻的一个重要作用就是要帮助受众及时了解政府的政策、动向。但是，由于受众的文化层次良莠不齐，并不是每个人都能够读懂专业化的表述，因此要想让更多受众能够及时了解政府动向，同时让自身吸引更多读者，就要注意将专业的“硬”转化成通俗的“软”。

1. 标题博人眼球

财政新闻多涉及国家财政收入、财政支出两个层面，但从宏观层面不易展现财政收支与公众联系，因此在标题设置上财政新闻应多采用小切口，从财政收支的具体来源及去向入手，在标题中直观表明国家财政收支的用途及成效，拉近与读者距离，进而吸引受众。本篇报道之所以能够获奖，与标题不无关系。该报道的标题是《甩掉一只马桶有多难》，“甩”字表明对“马桶”的厌弃，“多难”则强调了要解决这个问题的难度。整个标题让人眼前一亮，觉得有趣，从而能够成功勾起读者的好奇心，让其有继续向下阅读的动力。

2. 内容趣味生动

财政新闻在内容上具有专业性、政策性强的特点，若处理不好极易陷入枯燥乏味的困局，因此财政新闻的内容通常需要以财政政策结合实际生活，以增强报道的趣味性。该篇报道很好地用解释性报道的形式满足了读者的求知欲望。所谓解释性报道是运用背景材料来分析一个新闻事件发生的原因、意义、影响或预示发展趋势，侧重于说明新闻事实的来龙去脉，阐述事实发生的原因、结果以及相关事物之间的联系。

该报道的出发点，是向读者说明苏州市政府实施的老城区居民家庭“改厕”工程项目，但文章并没有直接将政府的政策文件点出，而是将其作为文中穿插的背景素材，让原本枯燥不易被接受的“官话”以一种轻松的方式让受众知晓。比如原文中“改厕”的措施：坚持“政府主导、管网先行，居民配合、政策引导，分类实施、改造到户，标本兼治、改造彻底”的原则，做到“五个结合”，其出现在文章中段，作为背景资料解释了该工程的目标、原则，以及最终要实现的目的。除此之外文中还利用一些其他政策性语言和数据说明了该项目实施的原因，所面临的各种难关等，梳理了“改厕”完成的历史，让读者在轻松愉悦中了解清楚这项工程的来龙去脉。

报道中运用了很多趣味性的词汇表达，诸如用“零星低洼老屋‘欠账’多”表示老城区的基础设施不完善；用“硬骨头”指代“改厕”过程中的诸多困难；“最后2万余只马桶的‘歼灭战’”用“歼灭战”将“马桶”比做居民生活的“敌人”，这些词语的运用让文章更加形象易懂。

“我在这里住了30多年了，终于赶上了这样的好时光，终于可以不闻臭味过日子了，终于可以每天舒心洗澡了。”报道的最后用86岁的许阿婆的话直接表达在这里居住了几十年的老人家的心声，“改厕”之后居民的喜悦之情跃然纸上。整篇报道大量使用直接引语，使得文章读起来更具有真实感，增强了文章的说服力，同时也丰富了文章的表达形式，让其更加生动。

3. 善用数据 画龙点睛

财政新闻在写作过程中避免不了用到各种数据，数据的采用能更直观反映国家及各级政府财政政策成效及财政收支明细。但是如果不加取舍，也会降低文章的可读性，只有适当使用才会达到画龙点睛的作用。例如文中“最初统计的21013户增加到了23568户”，就很好地突出了收官之年所面临的困难，与后一句中的“硬骨头”呼应。再如“累计投入已达23亿元，平均花10万元扔掉一只马桶”，既说明了政府投入的总钱数，又点明了“改厕”的成本之高，可见政府此次用力之猛。财政新闻中的数据在精不在多，要对数据进行细致的筛选和再处理，才能更好地传递关键信息而不至让受众觉得枯燥乏味。

五、对财政新闻报道的启示

(一)财政新闻报道要重视政策解读

近年来，财政改革步伐不断加快，财政资金监督管理逐步向全过程延伸，绩效管理的要求不断提高，分量不断加重。为此，财政新闻报道也要向财政监督管理的全过程延伸，而不是仅限于资金收了多少、支了多少，发布了什么政策、取得了什么效果，对资金的使用过程或政策的落实情况、效果怎么样及如何取得轻描淡写。

另外，优秀的财政新闻不能仅仅停留在对政策动态的报道上，更需要把握好节点，在合适的时间节点捕捉新闻价值，从社会背景、现实意义及政策成效等各个方面对事件本身的发展，对社会的推动进行刻画，以小见大反映时代进步、社会发展。将政策的解读与事件的梳理相结合，才能生动反映政策成效，进而鼓舞凝聚更多人心和力量，这也是党报提升舆论引导能力的重要体现。

(二)财政新闻记者要深入一线挖掘新闻

《甩掉一只马桶有多难》这篇报道的记者是《苏州日报》一名普通记者，多年来他穿梭于苏州的老街巷找寻新闻线索，对苏州老巷子的建设情况及居民居住环境颇为了解。苏州“改厕”工程实施三年间，该记者去过充满恶臭的楼道，经历过楼上楼下因为要通管道混乱争吵的场面……正是在一次次和居民面对面的交流中真切体会到了居民在改厕前生活的不便，“改厕”工程中的焦急等待以及改厕完成后的喜悦心情。也正是在和政府人员、施工人员的交谈中深刻了解到了甩掉一只马桶背后的各种艰辛。正是因为记者有深入一线的经验积累和情感共鸣，才有了这篇优秀作品的诞生。如果这篇报道的记者没有深入一线进行采访与交流，就无法写出这样有厚度有情怀的报道。

财政新闻报道也需要跳出一味关注财政收支的狭窄空间，深入一线积极挖掘财政支持各项民生及社会事业的过程、举措及取得的效果，以一手资料反映财政所支持的社会领域的相关情况，在财政系统和社会公众之间起到双向沟通的桥梁纽带作用。

（三）财政新闻报道要善于运用新闻背景

《甩掉一只马桶有多难》的主要对象——“改厕”工程是一项重大的民生工程，它不仅是居民迈入现代化生活的推动剂，更是有关政府立足于城市发展和市民生活需求做出的重要决策，它在一定程度上反映了苏州这个城市向现代化迈进的决心和魄力，在此意义上，“改厕”工程也是苏州城市发展的“里程碑”。报道对改厕事件进行报道也是对城市财政职能的跟踪和反映。

财政是国民经济运行的重要基础，财政调控是国家宏观调控体系的重要组成部分，在社会建设与发展过程中发挥着越来越突出的作用，受到政府和社会各界的高度关注。财政政策一般通过预算、税收、补贴、投资、公债、转移支付等手段，发挥宏观调控职能。站在社会公众的角度看，财政收支及监督等传统的财政管理毕竟属于财政的“分内工作”，而财政在实施宏观调控中采取的财政政策和措施，则会引起社会公众更多的关注和兴趣，特别是以传统的财政新闻报道为主的财经媒体，更需要提高对财政宏观调控背景的关注度，讲好热点故事，更好兼顾时代背景，才能提供更高质量的新闻报道。

第六章　税收知识与税收新闻报道

“国之税收，民惟邦本，本固邦宁。”税收作为国家财政收入的主要来源，发挥着维持国家机器正常运转、调控经济活动和实现经济监督的重要作用。税收取之于民，用之于民，有关税收消息的传达上关国家命运、下系公民个人得失，是经济新闻报道的重要分支。税收新闻报道作为公众了解税务信息的主要途径之一，在向社会公众宣传税收法律法规、传达税收政策、反映税收工作、普及税收知识等方面发挥了巨大作用。

第一节　税收知识概述

税收是国家(政府)公共财政最主要的收入形式和来源。税收分为国际税收和针对国家内部的国家税收两个重要组成部分。国际税收是指各主权国家对跨国纳税人征税所形成的国家之间的税收分配关系，核心问题是研究协调国家间税收权益的划分活动，而国家税收则侧重于研究国家内部与纳税人之间的征纳关系。本节所探讨的税收特指国家税收。

一、税收的涵义与特征

税收并非是现代社会才出现的名词，而是国家建立之初就存在的一种重要社会管理手段和财政收入工具。在不同的社会发展阶段，因为生产力发展水平不相同并且社会制度也存在差异，所以税收在具体内涵和征管形式这些方面也不相同。

(一)税收的涵义

马克思在《道德化的批评与批评化的道德》中指出：国家存在的经济体现就是捐税。这一观点强调了税收对于国家经济运行的重要意义，但没有涉及税收的目的和手段。列宁对税收的定义是：所谓赋税，就是国家不付任何报酬而向居民取得东西。这一说法突出了税收的强制性和无偿性，把税收概括为国家向公民索取财物的单向行为。

《政治经济学辞典》认为税收是“国家按法律规定对经济单位和个人征收实物或货币”,① 这一定义强调税收的征收过程，没有体现税收的目的、依据。

由胡中流、董庆铮编著的《国家税收》对税收做出如下定义：“税收是国家为了实现其职能，按照法律规定，向经济单位和个人无偿征收实物或货币，以取得财政收入的一种方式。”②这个定义回答了税收的目的，但没有体现税收的依据和手段。

谭光荣等人在编著的《税收学》中将税收定义为：“国家为满足社会公共需要，凭借政治权力，按照法律规定，强制、无偿地参与剩余产品分配所形成的分配关系，是国家取得财政收入的基本形式。”③这一定义比较完整、准确地回答了“什么是税收”这一问题。

综上所述，国家为了给社会提供公共产品和公共服务，凭借政治权力以及法律规定进行的强制征收就是税收，是社会成员为获得公共需要满足而支付的价格或费用。

(二)税收的特征

税收的特征有旧“三性”和新“三性”之说。

1. 旧“三性”

改革开放以后，随着对税收本质的认识，人们将税收特征归纳为强制性、无偿性与固定性，我们称之为税收旧“三性”。

强制性指的是税收依据国家政治权力参与社会物品分配。

无偿性是税收旧“三性”的核心特征，是指国家征税后税款即为国家所有，不需对纳税人偿还。

固定性是指国家在征税之前以法律的形式对课税对象、课税比例或额度进行确定。

2. 新“三性”

与公共需要说相适应的是税收的新“三性”，即公共性、法定性与有偿性。

公共性指的是国家征税凭借的是公共权力，目的是满足公共需要，结果是提供公共服务。税收的公共性要求征税机关必须提供纳税服务，提高征税效益，降低征税成本。

法定性指的是国家征税必须是以法的形式预先规定，无法不得征税。任何

---

① 许涤新：《政治经济学辞典》，人民出版社 1981 年版，第 500 页。

② 胡中流、董庆铮：《国家税收》，中国广播电视出版社 1985 年版，第 5 页。

③ 谭光荣、曹越、曹艳萍：《税收学》，清华大学出版社 2016 年版，第 3 页。

不具有法律效力的征税行为都不能成为征税的依据。

有偿性指的是国家征税以满足公共需要的形式返回给纳税人。由于政府给纳税人提供公共产品，纳税人所交纳的税收即是公共产品的价格，因此税收是有偿的。国家不直接从事生产活动是税收产生的前提，因此国家需要动用政治权力即采取强制的、无偿的和固定的形式征税。

二、税收的职能

税收的职能主要有以下几点。

(一)财政收入职能

税收是财政收入最主要的形式，在财政收入中占有主要地位，这是与税收收入的特点相联系的。与以其他财政收入形式筹资相比，税收筹资具有以下特点：

收入来源具有广泛性。政府通过提供公共商品作为依据征收税收，即正是因为政府提供公共商品使社会成员共享利益，从而有权对所有分享公共商品的社会成员征税，相应地使得税收具有广泛的收入来源。

收入形成的稳定性。税收来源广泛，由此大大减少了不确定性因素对税收的影响。同时，税收按法定标准征收，因此，只要有稳定的收入，就有稳定的税收，而且税收受法律保护强制征收，从而可以有效地保证税收收入的实现。

收入获得的持续性。税收由社会成员直接缴纳，但最终来源于国民收入，因此，只要社会再生产连续不断进行，国民经济正常运行，国民收入就会源源不断地创造出来，从而持续地获得税收。

税收财政收入职能是税收最基本、最原始的职能。国家对税收的财政收入职能有两个最基本的要求：一是税收收入要充分，以满足正常的财政支出需要；二是税收收入要有弹性。

(二)调节职能

税收的调节职能是税收财政收入职能的职能之一。税收调节职能还可按调节的对象，进一步分为调节经济运行的职能和调节收入分配的职能，前者又称为税收的经济职能，后者又称为税收的社会职能。

税收之所以具有经济职能，是因为税收客观上既具有满足国家调节经济需要的职责，又具有满足国家调节经济需要的能力。

税收的社会职能就是税收具有调节社会财富分配的职能。税收作为一种社会再分配的手段，通过调整社会经济活动中各个利益主体的经济利益，影响并改变利益主体的收入，进而调整社会成员在社会收入分配上的格局。通过税收再分配，可以打破课税前社会成员的原有收入分配格局，形成新的收入分配和财富占有格局。

(三)监督管理职能

税收政策体现着国家意志，纳税人必须遵守的法律准绳就是税收制度，它在符合国家政治要求的前提下约束纳税人的经济行为。因此，税收成为国家监督社会经济活动的强有力工具。

随着商品经济的发展和国家干预社会经济生活程度的不同，税收监督社会经济活动不断深入发展。商品经济越发达，经济生活越复杂，国家干预或调节社会经济生活的必要性就越强烈，税收监督也就越广泛而深入。

三、我国现行的税收制度体系

(一)我国现行的税制

税收制度是国家为了取得财政收入而制定的调整国家与纳税人在征税与纳税方面权利与义务关系的法律规范的总称。① 广义的税收制度包括税收基本法规、税收管理体制、税收征收管理制度以及税收计划、会计、统计工作制度等。狭义的税收制度仅指各种税的基本法律制度。税收制度属于上层建筑的范畴，它反映着经济基础也受上层建筑的制约。

现代国家的税制一般由多个税种组成，各税种既互相区别又密切相关，依照一定的标准将各税种分别归类，是研究和建设税制的重要前提。

(二)税收的对象

(1)在中国境内或者境外取得的各种所得都应当缴纳个人所得税；

(2)单位在中国境内或者境外取得的各种所得都应当缴纳企业所得税；

(3)单位和个人在中国境内销售货物或者提供加工、修理修配劳务以及进口货物都应当缴纳增值税；

(4)单位和个人在中国境内提供应税劳务(包括交通运输业、建筑业、金融保险业、邮电通信业、文化体育业、娱乐业、服务业所提供的劳务)、转让无形资产或者销售不动产都应当缴纳营业税；

(5)单位和个人在中国境内生产、委托加工和进口应税消费品(包括烟、酒及酒精、化妆品、贵重首饰、鞭炮、焰火、成品油、汽车轮胎、摩托车、小汽车、高尔夫球及球具、高档手表、游艇、木制一次性筷子、实木地板)应当缴纳消费税；

---

① 刘澄、樊彩霞、刘欣华：《税收概论》，经济管理出版社 2004 年版，第 8 页。

(6)单位和个人进口货物、出口货物需要缴纳关税;

(7)单位和个人在中国境内收购烟叶需要缴纳烟叶税;

(8)凡缴纳产品税、增值税、营业税的单位和个人都应当缴纳城市维护建设税和教育费附加;

(9)转让国有土地使用权、地上的建筑物及其附着物(即转让房地产)并取得收入的单位和个人应当缴纳土地增值税;

(10)单位和个人占用耕地建房或者从事其他非农业建设,需要缴纳耕地占用税;

(11)在城市、县城、建制镇、工矿区范围内使用土地的单位和个人应当缴纳城镇土地使用税;

(12)单位和个人在中国境内开采应税矿产品(包括原油、天然气、煤炭、其他非金属矿原矿、黑色金属矿原矿、有色金属矿原矿)或者生产盐应当缴纳资源税;

(13)单位和个人在城市、县城、建制镇和工矿区拥有房产应当缴纳房产税;

(14)在中国境内,单位和个人如果是车辆、船舶的所有人或者管理人应当缴纳车船税;

(15)单位和个人在中国境内购置应税车辆(包括汽车、摩托车、电车、挂车、农用运输车)应当缴纳车辆购置税;

(16)在中国境内转移土地、房屋权属,承受的单位和个人应当缴纳契税;

(17)在中国境内书立、领受应税凭证(包括购销、加工承揽、建设工程承包、财产租赁、货物运输、仓储保管、借款、财产保险、技术合同或者具有合同性质的凭证、产权转移书据、营业账簿、权利、许可证照)的单位和个人应当缴纳印花税。

(三)我国的税收政策

税收政策是财政政策的重要组成部分,它是政府为实现一定的宏观经济目标而确定的税收工作的指导方针以及相应的税收措施。① 税收政策反映着不同时期国家的政治经济状况,服务于特定时期内宏观经济和社会发展的需求,需要根据党和国家的总路线方针制定。

依据税收政策在调节社会供求关系和国民经济总量中发挥的作用,税收政策可以分为扩张性税收政策、中性税收政策和紧缩性税收政策。一般来讲,市

① 黄桦:《税收学》,中国人民大学出版社 2006 年版,第 52 页。

场经济国家宏观经济和社会发展的理想目标是：社会总供给和总需求均衡、经济结构优化升级、经济保持稳定与增长、收入分配公平。①

第二节　税收知识关键概念

一、税制基本要素

(一)课税对象

税制要素也称税收或税法要素，是指构成税收法律制度的共同因素，也是进行税收理论分析和税制设计的基本工具。② 税收包括三个环节：征税事由、纳税对象和纳税数额，所以课税对象、纳税人和税率是税制的三大基本要素。除此之外，税制要素还包括税目、计税依据、减免税、纳税环节、纳税期限和纳税地点。

课税对象即征税对象，是由税法规定的征税的客体，表明对什么征税。③每一种税都有其特定的征税对象，征税对象是各税种之间区分的主要标志。作为课税对象的可以是物品、收入和行为等。例如，消费税的课税对象是税法规定的各种应税消费品；个人所得税的课税对象为个人所得；屠宰税的课税对象是屠宰行为。④

不同的课税对象构成不同的税种，也决定了税种的名称和性质。征税对象按其行为性质的不同，可划分为流转额、所得额、财产、特定行为等四大类，通常也因此将税收分为相应的四大类，即流转税或称商品和劳务税、所得税、财产税和行为税。⑤

(二)纳税人

纳税人又称纳税主体，指税法规定的直接负有纳税义务的单位和个人。纳税人是税法的基本要素之一，解决国家对谁征税或者由谁纳税的问题，分为自然人和法人两大类。自然人主要指的是在中国境内生活的公民、居民、外籍人士，还包括个体企业等自然人范围内的企业、单位。法人是按照法定程序组成

---

① 许正中、张孝德：《税收经济学》，国家行政学院出版社 2005 年版，第 119 页。

② 蒙丽珍、安仲文：《国家税收》，东北财经大学出版社 2012 年版，第 18 页。

③ 肖文圣主编：《财政与税收》，东南大学出版社 2011 年版，第 135 页。

④ 庞凤喜主编：《税收原理与中国税制》，中国财政经济出版社 2010 年版，第 23 页。

⑤ 注册会计师全国统一考试应试指导编写组：《注册会计师全国统一考试应试指导·税法》，华文出版社 2019 年版，第 62 页。

的，有一定的组织机构，能独立支配财产，并能以自己的名义参与民事活动、享有权利和承担义务的社会组织。我国的法人纳税人主要是指企业法人。①

不同的税种有不同的纳税人，如我国增值税的纳税人包括在我国境内销售、进口货物，提供加工、修理、修配劳务的各类单位和个人；个人所得税的纳税人包括取得来源于我国境内所得的个人等。②

(三)税率

税率是在税法规定下应征税额占单位课税对象的比例，也是计算应纳税额的标准。税率是税制的基本要素与核心内容，税率与国家财政收入和纳税人的税收负担水平紧密相关。税率的表示方法主要有两种，一是直接以征收税额的绝对量表示，适用于从量计征的税种，这种税率被称为定额税率；二是用征收税额的百分比，即相对数加以表示，适用于从价计征的税种，这种类型的税率主要有比例税率和累进税率。定额税率、比例税率和累进税率是税率的三种基本形式。③

1. 比例税率

比例税率即不论征税对象的税额大小，只按规定的比例征税。单一比例税率即是在一个税种中规定征税比例；差别比例税率是指根据纳税人或者课税对象的不同性质，分别规定不同征税比例的税率。④

2. 定额税率

定额税率是指征收的税额是固定的绝对量。根据产品、行业、地区的差别额度又有所不同，幅度定额税率即由中央制定税额幅度，各地根据本地区实际情况制定税率，此税率须在中央规定的幅度内浮动。

3. 累进税率

累进税率是指对同一征税对象，征税的比例依照规定随着征税数额的增大而提高。

全额累进税率是指将课税对象的全部数额都按照其所适用的最高一级征税比例计税的一种累进税率；超额累计税率是指将课税对象按数额大小划分为若干个等级部分，并分别规定每一等级的税率。⑤

---

① 庞凤喜主编：《税收原理与中国税制》，中国财政经济出版社2010年版，第36页。

② 庞凤喜主编：《税收原理与中国税制》，中国财政经济出版社2010年版，第36页。

③ 庞凤喜主编：《税收原理与中国税制》，中国财政经济出版社2010年版，第37页。

④ 庞凤喜主编：《税收原理与中国税制》，中国财政经济出版社2010年版，第38页。

⑤ 庞凤喜主编：《税收原理与中国税制》，中国财政经济出版社2010年版，第39~40页。

科学、合理地设计税率是正确处理国家和纳税人之间的分配关系，充分发挥税收组织财政收入和经济调节作用的关键。

二、税制类型

税制类型是税收分类的结果。税收分类是按一定标准对各种税收进行的分类。税收制度是一个复杂、庞大的体系，各个税种都有各自的特点，也存在一定的联系。科学、合理的税收分类对发挥各税种在税制结构中的功能、促进社会经济健康发展具有重要作用。税收分类方法众多，根据不同的目的和所要说明的问题可以形成不同分类，按照征税对象一般可以将其分为流转税、所得税、行为税、资源税、减免税五大类。

（一）流转税

流转税是以实现销售的商品和劳务的流转额为征税对象的税种，其与商品生产和流通、商品价格等密切联系。① 流转额包括商品流转额和非商品流转额，商品流转额是指由商品销售而产生的货币金额，非商品流转额是指提供劳务取得的营业服务收入或取得劳务支付的货币金额。我国现行的流转税体系主要包括增值税、消费税、营业税、关税和烟叶税。其中，最重要的是增值税和营业税。流转税是我国现行税制结构中的主体税种，是政府财政收入的主要来源之一。

1. 增值税

（1）增值税与增值额

增值税是对销售货物或者提供加工、修理修配劳务以及进口货物的单位和个人就其实现的增值额征收的一个税种，其中增值额是指企业在生产经营应税产品和提供应税劳务过程中所创造的那一部分价值。增值税的收入占中国全部税收的60%以上，是中国最大的税种。②

（2）增值税的征税范围与纳税人

增值税的征税范围，可以从国民经济活动的横向和纵向两个方面考虑。

从横向产业部门来看，大多数国家增值税的实施范围包括采掘业、制造业、建筑业、交通运输业、商业和劳务服务业。

从纵向的流转环节来看，多数国家选择在原材料采购、制造、批发和零售环节征税。

---

① 许正中、张孝德：《税收经济学》，国家行政学院出版社2005年版，第61页。

② 朱丽红主编：《中国税收》，重庆大学出版社2016年版，第33页。

现行《中华人民共和国增值税暂行条例》明确规定，增值税的纳税人为“在中华人民共和国境内销售货物或者加工、修理修配劳务(以下简称劳务)，销售服务、无形资产、不动产以及进口货物的单位和个人”。

(3)营业税改增值税

根据2008年修订的《中华人民共和国营业税暂行条例》规定，在中华人民共和国境内提供本条例规定的劳务、转让无形资产或者销售不动产的单位和个人为营业税的纳税人，应当依照本条例缴纳营业税。

2011年11月17日，财政部、国家税务总局正式公布了营业税改征增值税的试点方案。2017年10月30日，国务院常务会议通过《国务院关于废止〈中华人民共和国营业税暂行条例〉和修改〈中华人民共和国增值税暂行条例〉的决定(草案)》，标志着实施60多年的营业税正式退出历史舞台。

“营改增”本质上是一种减税政策，有助于结构性改革尤其是推动供给侧结构性改革。在目前我国经济下行压力较大的状况下，实施“营改增”对拉动投资和促进供给、刺激需求有重要的作用。“营改增”也可以促进经济结构升级换代，企业税负减轻，盈利能力提升之后，就会寻求转型发展。

2. 消费税

(1)消费税概述

2008年11月5日，国务院第34次常务会议修订通过的《中华人民共和国消费税暂行条例》规定，消费税是对我国境内从事生产、委托加工和进口应税消费品的单位和个人，就其销售额或销售数量，在特定环节征收的一种税。

(2)消费税的征税范围与纳税人

我国现行消费税的征税项目主要选择了过度消费会对人类健康、社会秩序和生态环境等方面造成危害的特殊消费品；奢侈品或非生活必需品；高能耗及高档消费品；属于不可再生或不可替代的石油消费品；具有一定财政意义的消费品这五种类型。这些产品具体包括14类，采用由税法正列举的办法，它们是：烟(包括各种进口烟)、酒、鞭炮、焰火、贵重首饰(包括各种金、银、珠宝首饰及珠宝、玉石)、化妆品(包括成套化妆品)、成品油、小汽车、摩托车、汽车轮胎、高尔夫球及球具、高档手表、游艇、木制一次性筷子、实木地板。①

纳税人包括在我国境内生产和进口应税消费品的各类企业、单位、个体经营者和其他个人。纳税人出口的应税消费品免征消费税，但是国家限制出口的

① 肖文圣主编：《财政与税收》，东南大学出版社2011年版，第183页。

产品除外。①

(3)计征方法

消费税的计税方法包括三种，即从价定率征税和从量定额计税以及混合计征。一般以应税消费税的生产者为纳税人，在销售的时候纳税。应纳税额公式为：②

从价计征：应纳税额=应税消费品销售额×适用税率

从量计征：应纳税额=应税消费品销售数量×适用税额标准

混合计征：应纳税额=应税销售数量×定额税率+应税销售额×比例税率

消费税从理论上说最终是由消费者负担的，但为了减少纳税人的数量，从而降低征收费用，防止税款流失，消费税的纳税环节确定在生产环节。

(二)所得税

所得税是以纳税人的所得为课税对象的税类，它是一种直接税，纳税人就是税收负担的最终承受人。所得税包含个人所得税和企业所得税两大税种。

1. 个人所得税

(1)个人所得税概述

个人所得税是将自然人取得的各类应税所得作为征税对象而征收的一种税。③ 个人所得税是我国主要税种之一，在我国财政收入中占有较大比重，对国家的经济发展有重要影响。

个人所得税有分类征收制、综合征收制和混合征收制三种课税模式。分类征收制就是把不同来源的收入按照规定划分之后进行计算；综合征收制就是应纳税所得是综合个人全年各种收入的总额，除去各项法定的减免额和扣除额之后按照统一的累计税额征收；混合征收制又称分类综合制，是对纳税人不同来源和性质的收入先分别按不同税率征税，再综合全年的各项所得进行汇总征税，这种课税模式相对来说最能体现税收的公平原则。我国目前个人所得税的征税采用第一种模式，即分类征收制，随着经济的不断发展，正在向分类征收和综合征收相结合的方向变革。

(2)个人所得税的征税范围

《中华人民共和国个人所得税法实施条例》列举的征税的个人所得共有 9

① 许正中、张孝德：《税收经济学》，国家行政学院出版社 2005 年版，第 69 页。

② 朱丽红主编，《中国税收》，重庆大学出版社 2016 年版，第 87 页。

③ 庞凤喜主编：《税收原理与中国税制》，中国财政经济出版社 2010 年版，第 147 页。

项，包括工资、薪金所得，劳务报酬所得，稿酬所得，特许权使用费所得，经营所得，利息、股息、红利所得，财产租赁所得，财产转让所得，偶然所得。

(3)税率

新个税法于2019年1月1日起施行，我国个人所得税的免征金额正式从3500元提高到5000元。个人所得税根据不同的征税项目，分别规定了三种不同的税率：①

①工资、薪金所得，适用7级超额累进税率，按月应纳税所得额计算征税。该税率按个人月工资、薪金应税所得额划分级距，最高一级为45%，最低一级为3%，共7级。

②个体工商户的生产、经营所得和对企事业单位适用5级超额累进税率，最低一级为5%，最高一级为35%，共5级。

③对个人的稿酬所得，劳务报酬所得，特许权使用费所得，利息、股息、红利所得，财产租赁所得，财产转让所得，偶然所得和其他所得，按次计算征收个人所得税，适用20%的比例税率。其中，对稿酬所得适用20%的比例税率，并按应纳税额减征30%；对劳务报酬所得一次性收入畸高的，除按20%征税外，应纳税所得额超过2万元至5万元的部分，依照税法规定计算应纳税额后再按照应纳税额加征五成；超过5万元的部分，加征十成。

2. 企业所得税

(1)企业所得税

企业所得税是对我国境内的企业和经营单位的生产经营活动所得与其他所得征收的一种税。②

(2)企业所得税征税范围③

企业所得税的征税范围比较广泛，包括所有实行独立经济核算的我国境内的内资企业或其他组织。

独立经济核算是指要同时满足在银行开设结算账户、独立建立账簿、独立计算盈亏、编制财务会计报表等条件。

缴纳企业所得税的对象主要包括：国有企业、集体企业、私营企业、联营

① 国家税务总局：《中华人民共和国个人所得税法实施条例》，http://www.chinatax.gov.cn/n810341/n810755/c3960202/content.html。

② 国家税务总局：《中华人民共和国企业所得税法》，http://www.chinatax.gov.cn/chinatax/n810341/n810825/c101434/c28479830/content.html。

③ 国家税务总局：《中华人民共和国企业所得税法》，http://www.chinatax.gov.cn/chinatax/n810341/n810825/c101434/c28479830/content.html。

企业、股份制企业、有生产经营所得和其他所得的其他组织。

个人独资企业、合伙企业不适用本法，这两类企业征收个人所得税即可，避免重复征税。

(3)企业所得税的税率

国家与企业分配关系的核心问题就是企业所得税的税率。税率设计要兼顾国家、企业、职工个人三方利益，既要保证财政收入的稳定增长，又要考虑企业的实际情况和负担能力，使企业在发展生产、经营方面有一定的财力支撑，还要维护税率的统一性，适当简化，避免繁琐。

企业所得税的基本税率为25%，这一税率适用于居民企业以及在我国境内设有机构、场所且所得与机构、场所有关联的非居民企业。

基本税率20%适用于在我国境内没有设立机构、场所的，或者虽然设立了机构、场所，但取得的所得与其没有实际联系的非居民企业。

优惠税率有两档，分别为20%和15%。符合条件的小型微利企业适用于20%的税率，国家重点扶持的高新技术企业适用于15%的税率。①

(三)行为税

行为税是国家为了实现某种特殊目的，以纳税人的某项特定行为目的为课税对象的一类税收。我国现行行为税主要包括印花税、土地增值税、城市维护建设税和教育费附加、车辆购置税等。②

1. 印花税

(1)印花税的概念

对经济活动和经济交往中书立、领受、使用的具有法律效力的应税经济凭证所征收的税叫印花税。③

(2)征税范围

印花税的征税范围主要包括：合同或者具有合同性质的凭证，产权转移书据，营业账簿，权利、许可证照。

(3)税率

印花税的税率分为比例税率和定额税率两种。具体税目、税率如表6-1

---

① 国家税务总局：《中华人民共和国企业所得税法》，http://www.chinatax.gov.cn/chinatax/n810341/n810825/c101434/c28479830/content.html。

② 王冬梅主编：《税收理论与实务》，清华大学出版社、北京交通大学出版社2007年版，第308页。

③ 朱丽红主编：《中国税收》，重庆大学出版社2016年版，第244页。

所示：①

表 6-1 印花税税率

	税目	范围	税率	纳税人	说明
1	购销合同	包括供应、预购、采购、购销、协作、调剂等合同	按购销金额 0.3‰贴花	立合同人	
2	加工承揽合同	包括加工、定做、修缮、修理、印刷、广告、测绘、测试等合同	按加工或承揽收入 0.5‰贴花	立合同人	
3	建设工程勘察设计合同	包括勘察、设计合同	按收取费用 0.5‰贴花	立合同人	
4	建筑安装工程承包合同	包括建筑、安装工程承包合同	按承包金额 0.3‰贴花	立合同人	
5	财产租赁合同	包括租赁房屋、船舶、飞机、机动车辆、机械、器具、设备等合同	按租赁金额 1‰贴花。税额不足 1 元，按 1 元贴花	立合同人	
6	货物运输合同	包括民用航空运输、铁路运输、海上运输、联运合同	按运输费用 0.5‰贴花	立合同人	单据作为合同使用的，按合同贴花
7	仓储保管合同	包括仓储、保管合同	按仓储保管费用 1‰贴花	立合同人	仓单或栈单作为合同使用的，按合同贴花
8	借款合同	银行及其他金融组织和借款人	按借款金额 0.05‰贴花	立合同人	单据作为合同使用的，按合同贴花
9	财产保险合同	包括财产、责任、保证、信用等保险合同	按保险费收入 1‰贴花	立合同人	单据作为合同使用的，按合同贴花

① 朱丽红主编：《中国税收》，重庆大学出版社 2016 年版，第 246~250 页。

续表

	税目	范围	税率	纳税人	说明
10	技术合同	包括技术开发、转让、咨询、服务等合同	按所载金额 0.3‰贴花	立合同人	
11	产权转移书据	包括财产所有权、版权、商标专用权、专利权、专有技术使用权、土地使用权出让合同、商品房销售合同等	按所载金额 0.5‰贴花	立据人	
12	营业账簿	生产、经营用账册	记载资金的账簿，按实收资本和资本公积的合计金额 0.5‰贴花；其他账簿按件计税(5 元/件)	立账簿人	
13	权利、许可证照	包括政府部门发给的房屋产权证、工商营业执照、商标注册证、专利证、土地使用证	按件贴花 5 元	领受人	

2. 土地增值税

(1)土地增值税的概念

土地增值税是国家对转让国有土地使用权、地上建筑物及其附着物并取得收入的单位和个人，就其转让房地产所取得的增值额征收的一种税。我国土地增值税的主要目的是规范土地、房地产市场交易秩序，适当调节土地增值收益，增加国家财政收入和维护国家权益。①

(2)土地增值税的征税范围

土地使用权并获得收入；地上建筑物及其附着物连同国有土地使用权一并

① 王冬梅主编：《税收理论与实务》，清华大学出版社、北京交通大学出版社 2007 年版，第 319 页。

转让并取得收入，不包括以继承、赠与等方式无偿转让房地产的行为。征税范围的判断标准有三：土地属于国家所有；房地产权发生转让行为；转让行为取得收入。

(3)土地增值税的税率

根据《土地增值税暂行条例》的规定，土地增值税税率实行四级超率累进税率，具体见表6-2。①

表6-2　土地增值税税率表

级数	计税依据	适用税率	速算扣除率
1	增值额未超过扣除项目金额50%的部分	30%	0
2	增值额超过扣除项目金额50%、未超过扣除项目金额100%的部分	40%	5%
3	增值额超过扣除项目金额100%、未超过扣除项目金额200%的部分	50%	15%
4	增值额超过扣除项目金额200%的部分	60%	35%

注：纳税人建设普通住宅出售的，增值额未超过扣除金额20%的，免征土地增值税。

3. 城市维护建设税和教育费附加

(1)城市维护建设税的概念

建设税是国家对缴纳增值税、消费税的单位和个人就其实际缴纳的税额为计税依据而征收的一种税，属于行为目的税类，是国家为加强城市的维护建设，扩大和稳定城市建设资金来源而采取的一项税收措施。②

(2)城市维护建设税的征税范围

城市维护建设税的征税范围非常广泛，具体包括城市市区、县城、建制镇，以及税法规定征收“两税”的其他地区。城市、县城、建制镇的范围应以行政区划分为标准，不能随意扩大或缩小各自行政区域的管辖范围。③

① 朱丽红主编：《中国税收》，重庆大学出版社2016年版，第267页。

② 王冬梅主编：《税收理论与实务》，清华大学出版社、北京交通大学出版社2007年版，第87页。

③ 谭光荣、曹越、曹艳萍编著：《税收学》，清华大学出版社2016年版，第365页。

(3)城市维护建设税的税率

城市维护建设税试行差别比例税率，按照纳税人所在地的不同，分别规定为7%、5%、1%三个档次，具体见表6-3。①

表6-3　城市维护建设税税率表

纳税人所在地	税率
市区	7%
县城、镇	5%
不在市、县城、镇	1%

(4)教育费附加的计征

教育费附加是以单位和个人缴纳的增值税、消费税税额为计算依据征收的一种附加费。②

现行教育费附加的计征比率为3%，根据《财政部关于统一地方教育附加政策有关问题的通知》的有关规定，按照其实际缴纳“两税”税额的2%征收地方教育费附加(财综〔2010〕98号)。③

4. 车辆购置税

(1)车辆购置税的概念

车辆购置税是以在中国境内购置车辆为课税对象，在特定的环节向车辆购置者征收的一种税。④ 车辆购置税的纳税人包括单位和个人。

(2)征税范围

汽车、摩托车、电车、挂车、农用运输车皆在车辆购置税的征税范围之内。

(3)计税依据与税率

车辆购置税的征税对象是应税车辆，我国车辆购置税实行10%的统一比例税率。实行从价定率、价外征收的方法计算应纳税额，应税车辆的价格(不含税)即计税价格就成为车辆购置税的计税依据。⑤

① 朱丽红主编:《中国税收》，重庆大学出版社2016年版，第297页。
② 谭光荣、曹越、曹艳萍编著:《税收学》，清华大学出版社2016年版，第365页。
③ 朱丽红主编:《中国税收》，重庆大学出版社2016年版，第300页。
④ 庞凤喜:《税收原理与中国税制》，中国财政经济出版社2010年版，第397页。
⑤ 朱丽红主编:《中国税收》，重庆大学出版社2016年版，第237~238页。

（四）资源税

1. 资源税概述

资源税是以资源为课税对象的税种，是国家凭借其法定的对自然资源的所有权和行政权力，向资源开发利用方征收的一种税。资源税按其性质可以分为级差型资源税和所有权型资源税。级差型资源税相当于级差地租的性质，用于调节因资源的优劣而形成的级差收入；所有权型资源税体现了国家拥有对资源的绝对权力。

广义的资源包括土地、矿产、水资源等，目前我国的资源税主要指向矿产资源。

表 6-4　资源税税目税率表①

税　目		税　率
一、原油		销售额的 5%~10%
二、天然气		销售额的 5%~10%
三、煤炭	焦煤	每吨 8~20 元
	其他煤炭	每吨 0.3~5 元
四、其他非金属矿原矿	普通非金属矿原矿	每吨或者每立方米 0.5~20 元
	贵重非金属矿原矿	每千克或者每克拉 0.5~20 元
五、黑色金属矿原矿		每吨 2~30 元
六、有色金属矿原矿	稀土矿	每吨 0.4~60 元
	其他有色金属矿原矿	每吨 0.4~30 元
七、盐	固体盐	每吨 10~60 元
	液体盐	每吨 2~10 元

2. 资源税征收范围及纳税人

《中华人民共和国资源税暂行条例》规定，资源税的征税范围包括以下几方面：②

（1）原油，是指开采的天然原油，不包括人造石油；

① 朱丽红主编：《中国税收》，重庆大学出版社 2016 年版，第 280 页。

② 朱丽红主编：《中国税收》，重庆大学出版社 2016 年版，第 279 页。

(2)天然气，是指专门开采或者与原油同时开采的天然气；

(3)煤炭，是指原煤，不包括洗煤、选煤及其他煤炭制品；

(4)其他非金属矿原矿，是指上列产品和井矿盐以外的非金属矿原矿；

(5)固体盐，是指海盐原盐、湖盐原盐和井矿盐；以及液体盐。

资源税的纳税义务人是在我国境内从事资源开发及利用的单位、企业和个人。具体来说，包括在中国境内开采或生产应税资源产品的国有企业、集体企业、私营企业、股份制企业、外商投资企业、外国企业、其他企业、行政单位、事业单位、军事单位、社会团体、其他单位、个体经营者和其他个人。①

(五)减免税

减免税是对部分纳税人或课税对象的激励或照顾的特殊措施。减税是削减部分应纳税款；免税是免除全部应纳税款。减免税是一种税法范围内的特殊调节手段，是对硬性税收制度的补充和完善。减免税有税基式减免、税率式减免、税额式减免三种具体形式。②

税基式减免即直接通过缩小计税依据来实现的税收减免方式，具体包括设置起征点、免征额、项目扣除等；税率式减免就是通过降低税率的方式来实现税收的减免；税额式减免就是通过直接减免税收的方式来实现税收减免，具体包括全额免征、减半征收、核定减征率和核定减征额等。③

第三节　税收新闻报道

税收不仅关系到国家命运，也与百姓利益息息相关，所以税收新闻报道也成为经济报道的重要组成部分。

税收新闻的传播主体除了税务部门之外，还有专业财经类媒体和大众媒体，包括报刊、广播、电视、网络等新闻媒体和其他社会公众易于接受的方式；报道的受众主要是纳税主体、税务工作人员和其他各界人士；报道的内容包括税收工作方面的方针政策、税收法律法规及围绕税收工作的各类宣传活动等。

税收新闻属于财经新闻的重要分支，既有财经新闻的共性特征，又有税收

① 朱丽红主编：《中国税收》，重庆大学出版社2016年版，第278页。

② 国家税务总局：《税收减免管理办法(试行)》，http://www.chinatax.gov.cn/n810341/n810765/n812188/n812915/c1199665/content.html。

③ 刘国宁：《看图学纳税》，安徽人民出版社2010年版，第4页。

新闻的个性和特点。

一、税收新闻报道的涵义与特征

(一)税收新闻报道的涵义

《国家税务总局税收宣传工作管理暂行规定》对税收新闻宣传的概念进行了界定：税务部门通过报刊、图书、广播、电视、网络等新闻媒体和社会公众易于接受的其他方式，使纳税人、税务干部和其他各界人士及时了解党中央、国务院关于税收工作的方针政策、税收法律法规及税收工作情况而开展的各类宣传活动。① 由于税收消息的来源较为单一，一般为党和国家统一发布权威消息，媒体进而跟进报道，所以税收新闻报道的内容多涉及对国家税收政策、法律法规等税务方面的宣传。

但仅把税收新闻报道看做一种宣传活动是不严谨的，税收新闻报道除宣传功能之外，还负有传达税务信息、解释税收政策以帮助受众了解相关税收信息并对自身的经济活动做出选择的作用。

因此，我们需要根据税收报道的主要内容对税收新闻报道重新定义：税收新闻报道是对党中央、国务院关于税收工作的方针政策、税收法律法规、税收工作情况、税收热点事件等与税收相关事务的报道。

(二)税收新闻报道的特征

1. 政策性

税收政策是国家为了实现一定时期的经济和社会发展目标，依据宏观经济规律而选择确定的指导税收分配活动和处理各种税收分配关系的基本方针和基本准则，是制定税收法律、法规和开展税收工作的指导方针及相应的税收措施的总和。② 税收政策也是国家进行宏观调控的一种手段，它反映着社会的发展方向，随着社会经济发展而处于不断的调整之中。

税收新闻报道与国家税收政策紧密相关，税收政策的发布和修改是税收新闻报道的重要内容。国家税收政策的调整关乎每一个公民的利益，每一次税收政策的调整都会引起各家媒体的关注和报道，因此税收新闻报道具有很强的政策性。

有些税收新闻报道虽然并不直接阐明政策内容，但是本身渗透着政策的精

---

①　国家税务总局：《国家税务总局税收宣传工作管理暂行规定》，国税发〔2008〕第019号。

②　庞凤喜：《税收原理与中国税制》，中国财政经济出版社2010年版，第114页。

神和指导方向，如下面的报道：

深化税收征管改革“首违不罚”涉税事项清单首批10项内容将公布

《关于进一步深化税收征管改革的意见》强调，要进一步完善税收执法制度和机制，这意味着要深入推进精确执法，严格规范税务人员的执法行为。

《意见》强调，要坚持依法依规征税收费，坚决防止落实税费优惠政策不到位、征收“过头税费”等行为。对税务人来讲，就是要在规范执法中显公正，严格规范税务人员的执法行为。

另一方面，对纳税人缴费人来讲，就是在柔性执法中显温度。《意见》要求优化税务执法方式，有效运用说服教育、约谈提醒等非强制性执法方式，坚决防止粗放式、选择性、“一刀切”执法。

值得注意的是，《意见》提出，准确把握一般涉税违法与涉税犯罪的界限，做到依法处置、罚当其责。要求在税务执法领域研究推广“首违不罚”清单制度。王道树介绍，近年来，税务部门积极开展“首违不罚”探索实践，在吸收了包括税务部门在内的各行政机关经验基础上，今年年初修订的《行政处罚法》对“首违不罚”作出了明确规定。（央视网2021年3月29日，佚名采写。）

税收新闻的政策性要求新闻工作者在进行税收新闻报道时，能够对国家政策做出清晰准确的解读，这是税收新闻报道的第一要务和基本使命。如果新闻报道对税收政策作了错误的传达和解读，将给税收的实际工作带来负面影响。如2011年国家税务总局发布声明称，有人盗用其名义对外发布了《国家税务总局关于修订个人所得税若干问题的规定的公告》（2011年47号文件），《年终奖计税方法调整》最终被确定为假新闻，而对此伪造文件的政策解读和详细报道随即在媒体上蔓延，《9月起年终奖计税方法调整　避免奖金越多所得越少》（《广州日报》2011年8月13日）一文在媒体刊登后，引起读者热议，老百姓多为这一“减负”措施叫好。但这个虚假的消息源和媒体不当的解读严重误导了纳税人，不仅伤害了公众的感情和期待，也对税务部门和媒体的公信力造成难以消除的影响。

税收新闻报道还要注重对受众进行舆论引导，与党中央保持一致，避免报道倾向发生偏移。从事税收新闻报道时应当认真领会政策，并在政策的指导精神下进行报道。税收新闻报道在传播税收政策、税收法律法规、税收现象时，应该站在客观公正的角度，理性分析，引领舆论导向，坚决不能在报道中出现与党和国家的政策相抵触的内容。在报道重大相关政策时要谨慎再谨慎、核实再核实，认真查阅相关资料并送主管部门审阅，避免报道失实带来负面影响。

2. 专业性

税收新闻报道要传达税收信息、解读税收政策、报道税务工作，自然需要大量的税务专业方面的经济知识作为储备，这就使税收新闻报道具有较强的专业性。例如，报道增值税改革就必然会涉及企业杠杆率和融资成本的问题；报道环保税就必须解释环保税与排污费的相互关系，这些均需要扎实的专业税收知识作为基础。

根据市场受众定位的不同，其专业化的程度也会不同。如果是针对业内人士的新闻报道，其报道内容一定要说行话，专业化程度较高；如果是针对普罗大众，则要考虑如何实现语言的大众化和报道形式的多样化，以便吸引更多的受众。

3. 服务性

新闻作为一种信息传播活动，其本身就有着帮助大众知晓外部世界信息从而做出选择的功能。但税收新闻的实用性更加鲜明，服务指向更加明确。

税收新闻报道的目标受众不仅有管理者、投资者、研究者，更多的是普通纳税民众。对于社会管理者而言，税收新闻报道能够帮助宣传、实施税收政策；对于投资者而言，税收新闻报道可以为自身的经济运营提供依据；对于研究者而言，税收新闻报道是了解社会经济发展状况的重要窗口；对于民众而言，税收新闻报道与自身的利益密切相关。因此，税收新闻报道作为一种专业性较强的新闻报道，主要是为受众提供服务的。

税收新闻报道的服务是双向的，它向民众传达国家的税收政策，宣传税收法律法规和税务工作的最新动态以服务于民众，也向政府决策部门传达民众的意见和态度，为政府制定和调整政策法规提供决策参考。

税收新闻报道的服务性，首先体现在收集和发布税收信息上。由于认知水平、信息获取渠道等方面的局限，人们往往很难掌握有关税收的有用信息，而税收信息又对民众切身的经济利益和自身的经济活动有重要的影响，所以税收新闻报道就成为民众获取税收消息最主要的方式。税收新闻报道能够及时、准确地传递税收信息，为我们的经济行为提供依据，从而做出正确的经济决策。

税收新闻报道的服务性，还体现在以释疑解惑的姿态引导受众。如前所述，由于税收新闻报道属于专业性新闻报道，不是所有的普通大众具有解读税收政策、认清税务工作等的能力，这时，专业的税收新闻工作者就发挥了作用。

例如《环保税来了，四大看点应该了解》①(《中国环境报》2018 年 1 月 3 日)一文对我国 2018 年开征的环境保护税做出了详细的解读。全文围绕开征环保税将对我国经济社会发展影响几何、环保税是什么、环保税怎么征、环保税谁来征等问题，通过解读《中华人民共和国环境保护税法实施条例》、采访权威专家和有关部门负责人等，对以上问题做出细致的解答，既有利于受众了解我国首个绿色税种的来龙去脉，也为环保税法的落地实施铺路搭桥。

二、税收新闻报道的分类

根据《中华人民共和国政府信息公开条例》和《国家税务总局税收宣传工作管理暂行规定》及其相关规定，国家税务总局制定了税收新闻发布和新闻发言人制度。其中规定，税收新闻报道发布的主要内容有：①发布党和国家税收工作方针、重大税收决策部署的贯彻执行情况，重要税收政策、征管制度及其实施情况；②发布税收收入等统计数据、税收重点工作的阶段性进展和成效；③发布涉税违法案件以及重大突发性税收事件及处理情况；④针对社会舆论关注的税收热点和难点问题，及时发布权威信息，解疑释惑；⑤需要发布的其他税收信息。② 因此，税收新闻报道按照报道内容可以分为以下几类：

(一)重大税收政策、最新税收信息发布

这类税收新闻主要是向受众传达党中央、国务院发布的方针、政策、重大决策和部署，对税收工作的重要指示，并对其进行解读和宣传。2021 年 1 月 14 日，中国税网和《中国税务报》组织举办的全国十大税收新闻评选活动揭晓。前三条分别是：《中央深改委第十七次会议审议通过〈关于进一步优化税务执法方式的意见〉》《“十四五”规划〈建议〉提出建立现代财税体制》《“十三五”时期税收改革发展取得显著成效》。此外，《2020 年减税降费规模再创新高》《首次个人所得税年度汇算工作顺利完成》《新办纳税人实行增值税专用发票电子化》等，其中涉及优化税务执法方式、建立现代财税体制等未来政策走向，与

① 韩洁、丁小溪：《环保税来了，四大看点应该了解》，http://news.cenews.com.cn/html/2018-01/03/content_68834.htm。

② 国家税务总局：《国家税务总局税收新闻发布和新闻发言人制度》，http://www.chinatax.gov.cn/n810214/n810641/n810687/c1210329/content.html。

老百姓密切相关的个人所得税年度汇算也都在十大税收新闻的榜单之中。由此可见，重大税收政策、最新税收信息发布是税收新闻的主要内容。

(二)税务动态类新闻

这类税收新闻主要是宣传税务部门的履职情况，报道的内容包括：宣传税务部门在坚持依法治税、加强党建工作、深化征管稽查、优化纳税服务、加强队伍建设、改进工作作风、推进反腐倡廉等各方面的工作动态和成效，目的是争取社会各界和纳税人对税收工作的理解和支持。

(三)税务部门日常行政宣传

此类宣传包括形象宣传、税务部门的队伍建设情况等，这类税收新闻报道主要是宣传税收的合理性，税收对国家财政收入、调控经济和调节分配、推动科学发展、促进社会和谐的重要意义，普及税收基本知识，同时通过新闻宣传，接受社会广大受众的监督，让税务公开于社会。

广西："春雨润苗"从"纸上"落到"地上"

畅通小微企业政策咨询渠道，创新宣传辅导方式，加快税惠政策落地速度……今年以来，国家推出提高小规模纳税人增值税起征点等多项针对市场小微主体的税惠政策，广西壮族自治区税务系统采取有效措施，及时将"春雨润苗"从"纸上"落到"地上"，落到实处。

"润苗"政策更给力

近日，国家税务总局贺州市平桂区税务局"春雨润苗"党员服务队走进2020年度广西特色小微企业示范园贺州旺高工业区，为园区内新入驻的42家小微企业开展政策辅导。

参加园区内的"春雨润苗"小微企业座谈会后，广西华砻再生资源利用有限公司办税人员邱靖茜开心地说："国家政策给力，纳税服务到位。有清单、有详情，还有解释，税惠政策在税务干部的梳理和讲解下，让人一目了然！"在园区管委会副主任陆家成看来，税惠政策持续向小微企业倾斜，具有重要意义，他说："针对小微企业发展的税惠政策力度越来越大，有利于进一步增强小微企业的抗风险能力，帮助小微企业实现更好的发展。"

……

税惠落地更快捷

针对小微企业在发展过程中遇到的难题，广西税务部门建立快速响应机制，提高政策落实执行力，让税惠从“纸上”落到“地上”。

沃柑丰收时，贵港市南永农业专业合作社的开票需求骤增，贵港市覃塘区税务局开通“特事特办”绿色通道，将增值税普通发票增领业务办理时间从5天缩短至半小时，保障了12吨沃柑如期出货。针对昭平县茶产业的发展特点，昭平县税务局与工商联联合推行“税务+商会”党员联络机制，为茶叶企业和茶农提供服务。在梧州市，税务部门当起了“月老”。“在税务部门的帮助下，我们公司今年已经享受税费减免2.6万元，还和梧州飞天电商众创园达成合作，顺利售出松香2400吨。”梧州市来泰松香树脂厂负责人何厚华说，“松香畅销，受益的不仅是我们公司，还有与公司合作的2000多名村民。税惠政策是真正的春雨，滋润了千家万户。”

广西壮族自治区税务局局长吴云表示，广西税务系统将持续把市场主体的痛点难点作为发力点，积极回应和快速解决小微企业的涉税诉求。同时，建立完善小微企业常态化走访工作机制，主动加强与企业的沟通联系，不断深化税务“放管服”改革，激发市场主体活力。（中财税信息网，http://www.zgtax.net/details/22/526362.html。）

这篇税收新闻报道是一篇典型的税收宣传报道，展现了广西壮族自治区税务系统如何采取有效措施，努力推进国家推出提高小规模纳税人增值税起征点等多项针对市场小微主体的税惠政策，及时将“春雨润苗”从“纸上”落到“地上”，落到实处。

（四）近期重大涉税事件

这类税收新闻报道主要是发挥舆论监督作用，集中反映全国涉税大案要案的查处、税收专项检查和区域专项整治的成果，曝光涉税违法典型案件。

广西破获虚开增值税发票案涉案过260亿

近日，广西河池警方破获一起特大虚开增值税发票案，案件涉及全国30个省份、1.6万多家企业，捣毁制售发票犯罪团伙10个，涉案金额超过260亿元。河池警方抓获犯罪嫌疑人49名，查扣增值税发票15万余份，对该起案件实现了全网络全链条的打击。

今年6月，河池市宜州区国税局在税收日常检查过程中，发现宜州区部分企业所开出的增值税普通发票存在异常情况。

国税部门经调查发现，从宜州开出去的发票受票方均为外地企业，单张数额巨大，其中一家企业向外开出60张发票，总金额高达1700多万元。开具的发票流向遍及全国各地，包括天津上海等地，而大多数发票是发往南宁的。

经国税部门查证，今年4月1日到6月15日期间，宜州22家企业涉嫌对外虚开增值税普通发票1740份，价税合计金额约1.54亿元。

由于案情重大，公安部将此案列为督办案件，广西区、市、县三级公安和国税部门抽调专门力量成立专案组，采取多部门、多警种联合作战的模式，运用大数据开展案件侦破工作。

……

在此次办案行动中，警方捣毁虚开发票窝点18个，冻结涉案资金账户295个，涉案资金385万元，查扣小轿车10辆，电脑90台、手机200多部、网络拨号器195个以及作案用的身份证、银行卡等物品一大批。(《法制晚报》2017年12月14日，粟裕、蒙剑锋采写。)

这篇税收新闻报道揭露了广西一些不法分子虚开增值税发票的这一涉税案件的基本情况，发挥了媒体的舆论监督作用，也起到社会警醒的作用。

三、税收新闻报道的要求

税收新闻报道的记者，不仅要具有新闻记者的采访和写作特长和本领，还要更多地了解和掌握税收政策、税收知识。只有这样，税收新闻报道才会更准确，有深度，才算得上是名副其实的税收新闻工作者。

(一)要有扎实的税收理论功底与政策的敏感性

一个合格的经济新闻记者，不仅应当具备扎实的新闻专业知识、语言才能，还应当具备足够的经济专业知识，能够比较准确地把握住经济概念的内涵、经济命题的要义，这样才能够从经济事件深层、经济现象背后，洞察、分析出本质性的东西，从而提升经济报道的深度与高度。①

税收新闻报道也是一样，税收新闻报道具有很强的专业性。从事税收新闻报道，首先要掌握经济学的基本知识，这是从事税收新闻报道的基本要求。其次要吃透税收知识，了解税收政策，要努力成为税收方面的专家。

税收工作的理论性、政策性强，与社会、经济的联系密切，这些决定了税收新闻报道必须具有强烈的政治性，必须紧紧围绕党的大政方针，一时一刻也

① 吴玉兰:《经济新闻报道》，武汉大学出版社2009年版，第42页。

不能背离。记者要关心政治，学习政治，有坚定的政治思想和观点。“随着一项新的经济政策的发布、贯彻和发展完善，与之同步的新闻媒介的政策报道、宣传也表现为一个连续性与阶段性的统一整体。”①这就要求记者要有政策的敏感性，吃透政策精神，及时跟进报道。

《从古老走向现代：艺术的印花税票与法定的印花税制》(澎湃新闻 2021 年 5 月 8 日)②这篇关于税收的新闻报道中，作者一反常态、另辟蹊径，从印花税票和印花税制这样一个细小的角度切入阐述了印花税的前世今生。印花税票既是特定时期国家财政经济和税收征收管理的专用凭证，又深刻体现当时的社会历史和文化生活的时代特征，对于理解财政经济史、税制变迁史和政治治理史等都有诸多启迪和意义。整篇新闻报道运用了诸多关于印花税的相关理论知识，理论色彩浓厚，极富思辨性。

新闻从业人员应站在客观的角度，把税收放到经济全球化的大背景下，以辩证的、全面的、开放式的思维观察问题、分析问题、反映问题，既要关注政策的变化，又要更多地注重政策的解释及深度报道，理顺征税人、纳税人、用税人三者之间的关系。③

个税减免政策加速深圳“人才高地”建设

深圳经济正从“资本驱动”向“创新驱动”转型，而创新的关键是人才。记者近日在深圳高新区多家高端制造企业采访了解到，个税改革新政全面实施，使深圳这片“人才高地”更具创新和发展优势，有利于企业在招揽、培养高端人才方面加大投入。

“珠三角九市个人所得税税率在 3%~45%之间，港澳地区在 15%左右。高端人才普遍薪资较高，他们在深圳及内地工作的实际税负，相对高于在港澳和海外工作的水平。”毕马威中国华南区税务主管合伙人李一源介绍，目前约有 17 万外籍人士在深工作，打破“个税墙”、最大限度吸纳优质人才，成为深圳创新发展的重要因素之一。

---

① 程道才、严三九：《经济新闻写作概说》，中国广播电视出版社 2001 年版，第 118 页。

② 澎湃新闻：《从古老走向现代：艺术的印花税票与法定的印花税制》，https://www.thepaper.cn/newsDetail_forward_12573852。

③ 熊红梅：《税务新闻报道误区及避免》，《新闻前哨》2010 年第 8 期，第 38~39 页。

据广东省财政厅、国家税务总局广东省税务局6月22日发布的通知，在粤港澳大湾区工作的境外高端人才和紧缺人才，其在珠三角九市缴纳的个人所得税已缴税额超过其按应纳税所得额的15%计算的税额部分，将由珠三角九市政府给予财政补贴。

"新的税收补贴政策，既能切实降低境外高端人才和紧缺人才的税负水平，也能有效规避各地区税收攀比局面的出现。我们的测算结果显示，在享受大湾区个税补贴后，部分境外人士在内地工作的个税税负明显降低，基本趋近于在香港工作的税负水平。"李一源说。

……

"酒店业是劳动密集型产业，人力资本影响到酒店生存发展的竞争力。"明华(蛇口)海员服务公司明华国际会议中心财务负责人戴玉平告诉记者，明华中心目前在职员工有338人，个税减免新政实施前，代扣代缴税款人数为181人，2018年10月开始进行个税调整，纳税人数大幅下降为68人，减税幅度达41.84%；而在今年1月专项附加扣除政策实施后，员工个人所得税负进一步减轻，需缴纳个税的人数下降到38人，员工获得感极强。(《深圳特区报》2019年7月10日，段琳筠采写。)

这篇报道从个税改革新政的个税减免政策入手，分析了"人才高地"形成的关键因素，通过分析如何打破人才流动壁垒、加速头部人才集聚、增强工薪阶层获得感等多个层面展开分析，凸显了个税减免新政的意义与作用。

(二)善于捕捉舆论热点，发现税收工作中的动态

一是紧跟国家政策方针，善于捕捉税收热点。近年来，随着全面构建和谐社会、全面建成小康社会的深入推进，党和国家陆续出台了一系列惠及民生的税收政策，如小型微利企业税收优惠政策、个人所得税起征点提高等。税收新闻写作者要紧跟热点、挂钩政策，把结合热点进行政策解读、宣传作为重要方向。

二是结合受众关注的税务热点进行写作。问计问需于纳税人，了解纳税人的需求、听取纳税人的建议是做好税收新闻报道的前提。税收新闻报道的选题重点要向一线基层群众倾斜，选择那些群众最关注的热点税收问题，让税收新闻报道更行之有效，更"接地气"。

三是围绕税务工作中的创新之举进行报道，举众人之力，借众人之智，如此才能取得不错的报道效果。

记者应该站在客观的角度上，不仅仅"入乎其中"，更应该"超乎其外"，不应该是某个部门或者行业的代言人，因此不能仅仅在税收的层面上谈论税

收，而应将税收放在经济全球化的背景下进行全面的思考；不仅要报道征税人，也要报道纳税人以及用税人，关注三方的义务，维护三方的权利；在关注政策变化的同时，向老百姓解释政策出台的背景，向老百姓告知政策变化与他们的生活及利益关系。

一张纸和它背后的税收故事

造纸术是中国四大发明之一。东汉时期，蔡伦对造纸术的改进，推动了中国、阿拉伯、欧洲乃至整个世界的文化发展。但蔡伦不会想到，2000年后的今天，科技一日千里，现代制纸工序已实现机械化、智能化，他的创造在历经千年后，会在一座城市绽放新的光彩。

原材料，有讲究

生活用纸的主要原料有木浆、草浆及回收纸浆等，其中最理想的材料是原生木浆，环保又健康。在环保之路上，固定资产进项抵扣等税收政策帮助纸企把环保压力转为了动力。

11月15日，在孝感市孝南经济开发区维达护理用品（中国）有限公司二期项目维达新城的生产车间里，公司行政经理熊玉芳兴致勃勃地向记者聊起维达纸巾的生产。熊玉芳告诉记者，维达的原材料全部是优选100%进口原生木浆，主要来自巴西、印尼、加拿大和俄罗斯。这些进口木浆纤维含量100%，生产出来的卷纸均匀、细腻，手感非常柔软，而且纸浆中添加的功能性药剂成分较少，使用起来更加健康。

采用进口原生木浆，一方面是为了提升纸品质量，另一方面是为了环保。熊玉芳介绍，企业如果自己生产木浆，环保要求极高，仅一个污水处理厂投入就得10亿元左右，而且国内木材供给有限，木浆不足，苇浆、棉浆、废纸浆等又只能生产中低端用纸，无法满足高档纸巾的生产需求。

健康、环保是百姓使用生活用纸非常关心的两大问题，同时也是造纸业非常重要的两项目标。近年来，孝感市孝南区为改变造纸业“高污染”的固有印象，先后关停了污染且治理达标无望的9家小造纸厂，同时强制环保在线监测，引导企业加大环保投入，利用政策鼓励企业技术改造，发展循环经济，实现产业绿色化。

……

记者了解到，目前孝南区共有纸品及配套企业43家，包括：生活用纸企业9家、卫生用品企业4家、包装用纸企业3家、纸箱企业16家、文化用纸企业3家、塑料印刷企业4家，其他销售、回收等关联企业4家，其中规模以上纸品企业达20家。(《中国税务报》2019年11月25日，朱彦、杨进平、潘照洲采写。)

2019年国内外经济形势复杂多变，我国实施大规模减税降费，不仅为企业发展成长积蓄动能，也为经济转型升级增添动力。记者深入素有“华中纸都”之称的湖北省孝感市孝南区多家有典型性的纸品制造企业和基层税务机关开展采访，在获取大量鲜活素材的基础上，采写了这篇关于湖北孝感市纸品制造产业转型发展的调查性报道，以小切口叙述大主题，见证一张纸背后减税降费政策释放的红利效应。该调查性报道以讲故事的方式，从“原材料”“大科研”“造纸术”三个视角，讲述一个城市的纸品制造业从劳动密集型到智能制造型、从重污染向节能环保、从注重经济效益向经济效益与人体健康并重的转型升级过程，而在这个过程中税收优惠一路相伴。孝感市造纸产业的故事是减税降费促进制造业转型升级的一个缩影，既为推动区域产业转型发展、可持续发展提供了一个可资借鉴的范例，也为进一步完善税制，更好发挥税收“调节器”“稳定器”“助推器”功能提供了助力。

(三)树立正确的税务新闻报道观

税收是国家宏观调控的重要手段，税法是国家法律的重要组成部分，因此税收新闻报道应准确把握税收政策的内涵，充分而准确地宣传税收的职能与作用，使税务报道真正引导舆论，服务社会。①

一线代表“接力”建言：艰苦岗位津贴免征个税

财政部表示，个人所得税法草案今年将提交全国人大审议

在今年全国两会上，山西焦煤集团井下掘进工董林代表再次提交了《关于免征煤矿井下职工艰苦岗位津贴个人所得税的建议》，呼吁缓解低收入矿工家庭负担，分担去产能结构调整阵痛。这是他继去年提出相关建议，未获相关部门满意答复后，连续第二年提出同一建议。

《工人日报》记者注意到，本届全国人大迄今召开了四次全体会议，来自煤炭行业的一线工人代表形成接力式“建议”，持续呼吁“免征煤矿井下艰苦岗位津贴个人所得税”。2015年3月，神华乌海能源有限责任公司

① 徐云翔：《税务新闻报道的误区》，《新闻记者》2002年第6期，第27页。

平沟煤矿技术员伊永春代表、陕西煤化工集团铜川矿业公司下石节煤矿综掘二队徐群贤代表，都曾提出类似建议。

早在2006年，国家四部委曾联合下发通知，较大幅度地提高了煤矿井下工人入井津贴和夜班津贴。但是，通知并未明确煤矿井下艰苦岗位津贴在计算个人所得税前扣除。目前，各地税务部门在个税征缴的实际操作中，一直把井下津贴计入个税应纳税所得额。

……

今年两会上，财政部长楼继伟透露，已经提交给国务院的个税改革方案，方向是建立更为合理公平的综合与分类相结合的个税征收办法，年内所得税法草案将提交全国人大审议。(《工人日报》2016年3月14日，李瑾、罗娟采写。)

当前，改革进入深水期，平衡不同社会群体的利益直接关联发展与稳定的大局，让底层利益诉求得到公平表达的机会，是社会公正和国家治理的重要体现。这篇消息关注了三位全国人大代表为610万煤炭工人切身利益“接力建言”的新闻事件。工人代表所关注的“艰苦岗位津贴免征个税”的问题虽然可能只涉及每位煤炭工人几十元钱的小事，但是记者却关注到了我国目前至少有21项收入免交个人所得税的新闻事实，并且精练引用了工人代表对“股票转让所得免征个税，井下艰苦岗位津贴计入纳税总额”现象的质疑，鲜明提出了个税征收中“劳动所得高于非劳动所得”这一“逆向调节”问题，提升了三位人大代表发言的意义，突出彰显了普通劳动者进入国家最高权力机关这一政治制度安排的重要作用，是中国民主政治中底层群体充分实现利益表达的一个生动缩影。这篇消息以小见大，让国家决策层倾听到底层的声音，让底层劳动者感受到自己的诉求有了上传通道。

(四)以关注社会民生为报道视角

税收新闻报道要宣传好国家认真解决人民群众最关心的税收政策，要把民生问题作为重中之重。在税收新闻报道中，一方面，要及时为人民群众提供政府政策的解读，提供权威意见，让人民群众对政策有充分了解，同时表达人民群众的意见，让政府和人民群众能够互相沟通，化解人民群众与政府职能部门之间、不同社会群体之间的矛盾与隔阂，发挥媒体协调社会关系的职能。另一方面，税收新闻虽然政策性较强，但报道不能只是一味传达和解读，税收新闻报道者应当发挥能动性，深入人民群众中间，反映人民群众的税收生活，书写人民群众的税收故事。要坚持“三贴近”原则，运用民众话语、故事化叙述，表达民众情感及情怀和命运，反映政府为民解难的决心、百姓面对困难的信心以及解决困难后的开心。

税收是个人命运和国家发展的连结点。税收新闻报道是在社会公众或纳税人与税务机关之间构筑一个简便快捷、平等沟通的交流新平台，在报道中要注意将群众的切身利益与党和政府的工作挂起钩来，把握好税务机关正在着手解决的问题与群众迫切需要解决的问题的共同点。像个人所得税、缴纳税费的便民服务等，既是政府工作的重点，又是广大人民群众十分关心的问题，税收新闻报道要从群众关心的角度进行报道，加深党、政府和群众之间的理解，引起双方的共鸣。

《个税起征点：从3500调整到7000究竟能为你省多少钱?》①这篇报道就是以2018年两会期间热议的“提高个人所得税起征点至7000元”为核心新闻点，“我们以一个一线城市职工月入6000元为例，在扣除五险一金后，他的收入大概在4630左右，已明显超过了3500元的个税起征点，需要缴纳35元左右的个税。但实际上，4600元在一线城市扣除房租、吃饭、交通后几乎所剩无几，恋爱、旅游成了奢侈品，生病更是想都不敢想，甚至连回家的路费都要踌躇很久。那么疑问来了，月入6000元算高收入者吗?而在刨除个税和五险一金后，拿到手的收入只有4600元。”该报道用带领读者“算账”的方式解读提高个人所得税的合理性和必要性，以及给纳税人带来的实际利好。

《建立“监督卡”上线“小管家” 确保减税降费红利不打折》(澎湃新闻2019年8月20日)②这篇税收新闻报道体现了各地税务部门，包括广州、浙江、甘肃等从纳税人的需求角度出发，不断优化服务举措，为纳税人打造更便捷、更集约、可信赖的税收营商环境，从而推动减税降费在基层落地落实，让纳税人尽享减税降费改革红利。这就很好地体现了税收新闻重视社会民生，从群众关心的角度进行报道这一重要原则。

税收新闻报道向来是宣传党和国家的税收工作方针、政策的重要手段之一，内容偏专业化，新闻来源多出自政策文件、会议材料、领导讲话等。如果税收新闻报道一律以导语交代时间、地点、会议内容、出席领导，主体部分交代会议情况，以领导的话结尾这种公式化写法作为模板，或者对税收方面的专

① 董虹:《个税起征点：从3500调整到7000究竟能为你省多少钱》，http://www.sohu.com/a/224923276_313170。

② 澎湃新闻:《建立“监督卡”上线“小管家” 确保减税降费红利不打折》，https://www.thepaper.cn/newsDetail_forward_4210805。

业知识不作解释只会导致通篇空话套话，枯燥呆板，传播效果自然不佳。因此，税收新闻写作者要想写好税收新闻报道，必须具备较强的“译制力”，做好“翻译官”，把受众不容易弄明白的税收术语、税收政策、事件等用形象生动，通俗易懂的语言描述出来。

第四节 案例分析：《纳税失信306人被取消参选资格》

湖北人大、政协、工商联换届
纳税失信306人被取消参选资格

近日，在湖北省各地人大、政协、工商联换届选举中，有306人因纳税信用等级低、存在欠税等涉税问题，被税务机关提出“不宜推荐”的意见，从而失去被推荐参加换届选举资格。

不久前，湖北省各级党委统战部向当地国税局、地税局发函，要求税务机关综合评价4352名非公有制经济领域人大、政协和工商联换届选举参评对象的纳税信用情况，核查其有无涉税违法行为，防止“带病提名”和“带病当选”。湖北省国税局、地税局紧密合作，依据纳税人信用历史信息、税务内部信息和外部信息，采取年度评价指标得分和直接判级相结合的方式，对被评价对象给予精准评价。为确保评价客观公正，税务机关还全方位梳理分析评价指标和扣分原因，及时提醒参评对象申请补评、复评，受理了18名参评对象补复评申请，并根据实际情况相应调整了他们的纳税信用等级。

“没想到这次动了真格，看来不诚信纳税真的是名誉受损、寸步难行！”被税务机关提出“不宜推荐”意见的湖北随州企业家张某神情沮丧地说。与其相反，随州税务机关在玉明酒家董事长雷迅的评价意见中写下了“该公司法定代表人能够依法纳税，没有欠税等不良记录，同意推荐”的评语。雷迅对记者说：“多年来，我们一直把守法经营、诚信纳税作为企业经营活动的生命线，这次我能被推荐参选市人大代表，就是对我们保持良好纳税信用的最好褒奖。”

中南财经政法大学博士生导师李波表示：纳税信用成为关键“一票”，是在依法治国语境下的一次制度创新，不仅提升了纳税信用的“含金量”，而且提高了税收在经济领域的话语权，也提高了依法治税的权威性。同时，体现了褒扬诚信、惩戒失信的机制作用，倡导了遵法、守信的公序良俗，对推进诚信社会建设具有深远意义。(《中国税务报》2016 年 11 月 18 日，朱彦、徐卫兴、黄练等采写。)

一、案例概述

这则消息由湖北省地税干部徐卫兴、黄练、杨舒、郭良东和另外两名国税干部合作采写，主要报道了湖北各级人大、政协、工商联换届期间，一些民营企业家因纳税失信问题而痛失参加换届选举资格，展示了湖北省信用体系建设的重要成果，助推了我国社会信用体系建设。这篇消息在《中国税务报》头版头条位置刊发后，《中国纪检监察报》、凤凰资讯、搜狐公众平台、湖北信用网、湖北日报客户端、荆楚网等 10 余家媒体或网站陆续转载、引用，向社会传递了一个重要信号，即“一处失信，处处受限”，倡导了守法、守信的公序良俗，助推了社会信用体系建设。报道获得第 27 届中国新闻奖三等奖，也是当年全国税收新闻唯一获奖作品。

二、报道背景分析

(一)全国推出纳税“红黑榜”联动机制，推进纳税信用体系建设

2015 年 6 月，国家税务总局在官方网站公布了 2014 年度全国纳税信用 A 级纳税人名单，另外公示了 2015 年一季度税收违法的“黑名单”。随后各省市也纷纷公布纳税“红黑榜”，这一举措广受群众好评，也让企业纷纷开始自检自查。

有媒体评论，纳税信用“红黑榜”犹如一座诚信天平，一边“让守信者一路畅通”，另一边“让失信者寸步难行”。“天平两端维持平衡的背后，正是对纳税人、对税务部门的双重考量。诚信纳税是一项最基本的考量，潜埋着巨大能量。对于纳税人来说，拥有良好的纳税记录，是一笔非常宝贵的信用财富，将得到政策倾斜，会获取市场信任，发展之路更加畅通。对于税务部门来说，纳税信用管理是提高纳税人税法遵从度的重要抓手，更是构建和谐征纳关系、营造良好投资环境的有力杠杆。”①

正是在全国纳税“红黑榜”联动机制的带动下，湖北省税收机关加强对纳税企业的诚信调查工作，这是新闻报道的大背景。

---

① 付蓉、田江韬：《纳税“红黑榜”背后的诚信考量》，http://szb.gzrbs.com.cn/gzrb/gzrb/rb/20150629/Articel10004JQ.htm。

（二）湖北省推进税收信用体系建设

2016年底，国家税务总局发布《税务行政处罚裁量权行使规则》，规范行政处罚裁量权管理，自2017年1月1日起施行。《规则》形成了一整套制度规范，着重加强权力约束和引导，推动执法公正透明。

同时在2016年，湖北开始推进税收信用体系建设，不断完善纳税信用评价制度和守信联合激励、失信联合惩戒机制，一手抓褒扬诚信，一手抓惩戒失信，推动纳税信用融入社会信用，助力社会信用体系建设。在新闻原文的链接部分，还对湖北省内的税务工作情况作了背景介绍。新闻事件最直接的背景，即湖北省对纳税信用的重视程度日益增强，并且已经落实到税收工作当中，交代此背景有利于读者了解新闻发生的原因和重要意义。

三、报道采访写作分析

（一）采访选题：以高度的新闻敏感性寻找政策与工作动态的交汇点

新闻选题就是记者编辑对新闻线索中的新闻价值进行评价、判断之后所确定的媒体报道的主要内容。选择新闻题材的依据实际上反映了记者对新闻价值的把握能力。一般来讲，高质量的新闻选题具有重要性、独家性、可操作性等特点。

政策性是税收新闻的固有特征，税收新闻报道的选题不仅要围绕税收政策转，还要多在税务机关日常工作中寻找。全国推出的纳税"红黑榜"联动机制，让纳税诚信者一路绿灯，而纳税失信者则是处处受限。湖北省税务机关响应国家对税收政策的重视，在湖北省人大、政协、工商联换届中，调查选举候选人纳税情况，306人因纳税失信被取消参选资格，这是一个重大事件，"全国性行动""换届选举""306人被取消资格"，都属于重大新闻事件，报道以此为选题，将三者叠加到一起更是极具新闻价值和宣传价值。

（二）采访对象类型丰富，以税收专家发声增强报道的权威性

采访对象的选择要有代表性、可靠性和权威性，选择最熟悉和了解情况的人，选择某些具有事实认定权威的人或机构，应多方面选择采访对象，选择不同意见的采访对象，选择典型的采访对象。这篇消息采访对象类型丰富：政府工作人员、事件当事人及税收领域专家。

政府工作人员层面，采访了省统战部、省工商联相关负责人，调查相关税收信用等级的评判标准，并得知此次税务机关为确保评价的客观公正性，全面地分析了评价指标和背后扣分的原因，并提醒相关参评对象及时申请补评、复评，既介绍了事件背景也突出了税务机关对此次纳税人诚信状况调查的重视和

严谨。

事件当事人有两位。第一位是“不宜推荐”的湖北随州企业家张某，通过对获得“不宜推荐”的纳税人的采访，告知大家纳税黑榜不是危言耸听，所带来的后果是真真切切的，不仅会造成名誉受损，还会对工作晋升带来一定阻碍。记者在采访当事人的时候也对纳税诚信的企业家进行采访，用“红榜”企业家的现身说法，让大家知道诚信纳税不会吃亏，国家对纳税红榜企业是有鼓励政策的，税务机关会依照守信激励、失信惩戒的原则公正办事，鼓励企业依法纳税。对比式采访更能突出纳税失信带来的影响。

税收领域专家的采访增强了报道的权威性。借专家的话表明税收在经济领域的话语权有所提升，各企业部门及个人都应提高对依法纳税的重视，同时表明诚信纳税对推进诚信社会建设的重要意义。

(三)以问题意识为诚信发声、为公众立言

2016年10月至11月，湖北省各级人大、政协、工商联换届期间，“湖北省各级党委统战部向当地国税局、地税局发函，要求税务机关综合评价4352名非公有制经济领域人大、政协和工商联换届选举参评对象的纳税信用情况，核查其有无涉税违法行为，防止‘带病提名’和‘带病当选’”。这是事件发生的直接原因，在短短600余字新闻稿中占据了相当篇幅。湖北省各级人大、政协、工商联换届是一件要事，但有306人被取消参选资格更吸引读者，“为什么被取消资格？纳税信用评选过程如何？纳税信用差有什么影响？被取消资格的人作何感想”？消息围绕这一背景，带着这些问题展开，结合基层报来的典型素材，主创人员及时采访省统战部、省工商联相关负责人并获取面上的综合情况，迅速采写消息稿件，为诚信发声，为公众立言，同时通过采访知名财经专家，补充新闻点评，进一步丰富了消息容量，放大了新闻视角。

(四)以精良的写作，以点带面发挥舆论引导

这篇消息的导语属于叙述型导语，即客观叙述新闻事实。“近日，在湖北省各地人大、政协、工商联换届选举中，有306人因纳税信用等级低、存在欠税等涉税问题，被税务机关提出‘不宜推荐’的意见，从而失去被推荐参加换届选举资格。”①导语属于叙述型导语中的直叙型导语，开篇直接将最吸引人、最具新闻价值的事实抛出以吸引读者继续阅读，下笔简练。

这篇消息在简要介绍“306人因纳税失信被取消参选资格”这一主要事实之

① 朱彦、徐卫兴等：《纳税失信306人被取消参选资格》，http://www.hb-l-tax.gov.cn/szs/dsdt/xwbd/201611/t20161121_193108.shtml。

后，紧接着围绕主题以大篇幅交代了事件的两个大背景：全国推出纳税“红黑榜”联动机制并取得良好效果；湖北省税务机关越来越重视纳税诚信问题，不仅起到了紧扣导语展开新闻事实的作用，而且使主体部分更加饱满，新闻主题更加突出。背景的选择紧扣新闻事实，相互补充、依存，而且穿插得非常自然、流畅，与新闻事实完全融为一体。在背景材料之后紧跟对两个事件当事人的采访，一个因纳税失信痛失机会，一个因诚信经营严格纳税被同意推荐，所带来的结果是真真切切的，失信者不仅会造成名誉受损，还会对工作晋升带来一定阻碍。记者在采访当事人的时候也对纳税诚信的企业家进行采访，对比式采访更能强调主题。以高校专家采访作为结尾，点出纳税信用对国家、社会的重要性，强调主题又无生硬之感。

让湖北 306 名候选人没有想到的是，涉税问题成为影响他们参与选举的拦路虎。这些候选人不但失去了参选人大代表、政协委员的机会，而且由于诚信的缺失导致他们今后的社会发展处处受限。税务机关依据他们的纳税情况如实给出“不宜推荐”的意见，体现了税务部门的责任、勇气和担当；有关部门据实做出不推荐参选的决定，体现了法治社会的公平与正义，直接表明一个人无法做到依法纳税、诚信经营，就不可能承担起人大代表和政协委员为人民服务的重责。如果将诚信比做无形的资产，那纳税则是一把有形的标尺。税收诚信是建设诚信社会的一个重要方面，湖北省的做法为建设诚信社会作了一个好的标杆，向社会传递了一个重要信号，即“一处失信，处处受限”，以点带面，引导企业家依法纳税，倡导了守法、守信的公序良俗，助推了社会信用体系的建设。

四、对税收新闻报道的启示

（一）税收新闻报道在选题上要紧扣国家税收政策

一个国家经济的发展、社会的进步离不开国家发布的政策，一定程度上政策也成为指导工作的行为准则，也规范着新闻工作者活动的路径和方向。作为财经新闻的重要组成部分，对国家税收政策的正确理解，是把握现实的经济形势、发展动态的基础，也是媒体积极开展经济新闻报道的依据。①

近年来，在全面构建社会主义和谐社会的大背景下，国家连续出台了一系列有助于改善民生的税收政策，如小型微利企业税收优惠政策、固定资产加速折旧政策等，在报道税收新闻时应时刻关注我国税收政策的出台，了解最新税

---

① 吴玉兰：《经济新闻报道》，武汉大学出版社 2009 年版，第 32 页。

收政策消息，及时通过新闻报道对国家税收政策进行传达与解读。

（二）税收新闻报道应注意信息源的丰富性和采访对象的权威性

税务新闻工作者不应只是税收工作的反映者，更应成为税收社会实践的参与者与贡献者。税收新闻报道主要包括三个层次：面向全社会的报道、面向纳税人和缴费人的报道、税务部门履职情况报道。以上三个层次从功能上分别对应服务于全社会、服务于纳税人群体、服务于税务部门三个维度，因此税收新闻应注重从不同层面获取新闻线索。

税收新闻报道要选取与民众生活息息相关的热点和难点问题进行重点报道，还要选取税收专业人员的点评，以此来达到良好的传播效果，实现税收新闻报道的社会价值。同时，对税收新闻报道对象的选择要注意结合群众，问计问需于纳税人，将报道视角聚焦于基层的普通民众，选择民众最关心、最关注的热点难点，达到使税收宣传更“接地气”的良好效果。

（三）以税收视角报道社会新闻

这一视角是《中国税务报》近年来形成的一个重要报道经验。根据社会新闻成功策划一篇税收报道，至少要具备三个基本前提：一是社会新闻具有足够的热度；二是策划者要有扎实的税收业务功底，能敏锐地意识到社会热点背后的“税收影子”；三是要具备一定的“嫁接技术”，就是把社会公众的关注点与税收业务的关键点“嫁接”起来，既让社会公众通过社会热点了解更多的税收信息，也让业已形成的专业受众通过税收知识点反向了解社会热点，并激发其新的思考。①

在社会新闻背后要挖掘税收在其中的影响，既要深谙国家税收政策，又要具备税收专业知识，最后还要了解百姓的需求。这样既突出了税收政策的重要性，又立足了社会新闻的民生视角。

（四）致力于培养受众正确的税收观念

多数税收新闻通过税收事件来传达与解读国家税收政策，不仅让受众了解我国的税收政策，更是培养受众正确的税收观，从而促进我国税收事业的发展与税收政策的调整完善。税收与受众的生活息息相关，依法诚信纳税是纳税人必须履行的法律责任和应尽义务，对企业对个人都有积极的影响，也是纳税人享有国家提供各项保障和服务权利的前提与基础，是纳税人最好的信用证明。

税收是国家宏观调控的重要手段，税法是国家法律的重要组成部分，在进

① 何乐：《行业新闻选题策划的思路与策略——以税收新闻为例》，《新闻世界》2020年第3期，第21～23页。

行税收新闻报道时必须慎重，不能为了创新税收题材，去搞轰动效应，甚至炮制虚假新闻。税收新闻工作者要准确把握税收政策的核心内涵，全面且准确地宣传好税收的职能和作用，从而使税收新闻报道达到引导舆论、服务社会的目的。

第七章　国际贸易知识与国际贸易新闻报道

贸易产生于人类的商品交换活动。最初的贸易是通过以物易物的方式实现的，人们用自己生产且满足了自身需要后剩余的产品去换取自己所需但未能制造的产品。货币的出现大大便利了贸易的发展，贸易成为人们日常生活中不可或缺的经济行为。随着生产力的不断发展，贸易的内涵维度扩增，产生了除交换实体商品之外的服务贸易；贸易的地域维度不断扩展，产生了国与国之间的商品交换，也即国际贸易。无论贸易以何种方式发生，其本质都是建立在双方自愿基础上的、自发的经济行为，符合经济学规律。①

第一节　国际贸易知识概述

贸易经济学作为一门分支经济学，涉及的领域复杂，其研究对象主要为社会贸易经济活动领域中的贸易活动过程、贸易活动中的经济关系以及贸易活动中的客观规律。② 贸易经济学的研究致力于降低商品的交换成本和实现社会资源的充分利用。③ 国际贸易经济学将以上研究对象置于国际贸易领域，是在国际贸易活动产生并充分发展后，通过丰富的实践应用探索，从中总结其发展规律，进而产生并逐步发展起来的。国际贸易经济学看似与人们的日常生活关系很远，实则在经济全球化的影响下，与每一个经济体的经济发展密切相关。了解一定的国际贸易知识对每个人来说都是非常有必要的。

---

① 本章相关概念主要参考《贸易经济学》(柳思维、刘天祥著)、《当代西方财经报道》(安雅·谢芙琳著)及《西方经济学》(高鸿业著)等著作。

② 柳思维、刘天祥：《贸易经济学》，湖南师范大学出版社 1998 年版，第 5 页。

③ 童年成：《论贸易的产生与贸易经济学的研究对象》，《商业研究》1996 年第 12 期，第 23~26 页。

一、国际贸易的兴起

贸易产生于商品交换和买卖的活动。它是由物物交换演变而来的，是生产力发展和社会分工细化的产物。在人类社会发展初始阶段，总体生产力水平还不够高，社会生产出的物品数量和种类都较少，因此人们能够进行的最原始的贸易形式便是以物易物，而且是小规模单独进行的，并没有一定的组织和固定方式。随着社会生产力水平的飞速发展，逐渐产生了依靠分工与合作完成商品的机制。工作岗位的细化使得合作生产效率更高，人们能够生产出的产品在数量和质量上都有了跨越式发展，开始出现了更多的剩余产品。这些剩余产品开始大量进入交易市场，催生更多、更广泛的贸易活动，并且由于通用货币(一般等价物)的出现，使得贸易发展为以货币作为媒介来进行等价代换。货币的出现使得贸易过程得到了简化，也使贸易活动获得高速发展。交通运输设施的进步使得贸易行为不再严格受到地域的限制，开始出现了跨越国境的贸易活动，国际贸易由此萌生。

二、国际贸易经济学的研究对象与内容

贸易经济学是研究商品流通领域交换关系及规律的独立的经济学科。① 随着国际贸易活动的发展，其总量不断增大，复杂程度也与日俱增，因此国际贸易经济学作为专门研究国际贸易活动中的经济规律的学科也就应运而生了。

国际贸易经济学作为一门应用经济学，着重从经济学角度出发研究在整个国际商品交换、流通过程中出现的资源配置、贸易总量规模、经济结构状况、行业运行规律、资金流通体制等问题。② 国际贸易经济学的研究对象，主要为国际商品交换过程中涉及的经济关系及运行机制。广义上的商品包括有形的商品——货物和无形的商品——服务、技术、劳务等。商品的交换过程，从表象上看是一种物质的替换和价值形态变换的关系，但如果从本质上看，在这种物与物的关系下则反映了人与人的关系，搭起不同所有者之间的经济关系线索。而商品交换过程所遵循的运行机制，也就是商品交换中各经济要素间相互联系、相互作用的过程和方式，以及对商品交换过程进行调节与管理的体系。

---

① 洪涛：《论贸易经济学特色科学的创新和发展》，《商业时代》2010 年第 6 期，第 12~15 页。

② 陈晓霞、李慧光：《国际贸易地理》，对外经济贸易大学出版社 2007 年版，第 1 页。

国际贸易经济学的研究内容包括对国际贸易活动过程的研究，对国际贸易活动中相关的各类经济关系、贸易关系的发展规律的研究。

三、改革开放后我国国际贸易政策的演进

国际贸易政策通常是指一国政府为了某种目的而制定的、对外贸活动进行管理的方针和原则。国际贸易政策的调节对象主要是对外经济活动。如果我们把直接调整国内经济活动的相关政策称为国内经济政策，那么，国际贸易政策可以称为对外经济政策，与国内经济政策形成政策分工。①

(一)1992年至2001年：贸易自由化逐渐深入

随着1991年苏联解体、东欧剧变等一系列国际事件的发生，我国在国际上面临的压力逐渐减小，外交关系得到了进一步的拓展和加深。1992年邓小平的南方讲话和党的十四大提出，要加快改革开放的步伐，进一步发展对外贸易。由于市场经济体制在贸易活动中的作用日趋明显，贸易自由化越发明显，我国的国际贸易活动得到了更大的发展空间。1991年我国正式取消了政府对外贸出口的财政补贴；1992年我国宣布取消对外贸易的指令性计划并开始对关税制度进行改革，以确保我国在国际市场上处于有利地位。因此，在这一时期，我国的对外贸易取得了飞速发展。

(二)加入世界贸易组织后：公平与保护并存的贸易政策

随着经济全球化的不断发展，中国积极投身其中，于2001年12月11日正式加入了世界贸易组织(World Trade Organization，WTO)，这标志着中国的对外开放进程进入了一个全新的阶段。世界贸易组织是当今世界上最重要的国际经济组织之一，加入世界贸易组织后我国发展多边贸易合作更加顺利，同时贸易各方也能实现互利共赢的目标。但同时我国也必须履行世界贸易组织规定的责任与义务，并且要与国际接轨，实行国际规则下的公平与保护并存的对外贸易政策。例如，逐步取消非关税壁垒、提高贸易透明度、逐步建立并完善知识产权保护体系等。

(三)“一带一路”：更加自由开放的贸易政策

“一带一路”(The Belt and Road，B&R)是“丝绸之路经济带”和“21世纪海上丝绸之路”的简称。2015年3月28日，中国发布了《推动共建丝绸之路经济带和21世纪海上丝绸之路的愿景与行动》一文，宣布中国将通过“一带一路”的实施，与沿线国家积极发展多层次合作，共同打造政治互信、经济融合、文

---

① 朱立南：《国际贸易政策学》，中国人民大学出版社1996年版，第6页。

化包容的利益共同体、命运共同体和责任共同体。“一带一路”倡议致力于从周边角度来构建新型国际关系，其核心是加强同中亚和东南亚国家的经贸合作，加强互联互通、优势互补、共同发展、共同受益，为中国战略依托地带的巩固打下更为坚实的基础。① “一带一路”倡议为中国和多方合作提供了优良的路径保障，能够促进各类经济要素有序自由流动，从而提升资源配置效率，推动沿线各国实现经济政策协调，为中外开展更大范围、更高水平、更深层次的区域合作助力，构建全方位、多层次、复合型的互联互通网络，实现沿线各国多元、自主、平衡、可持续的发展。②

如今，中国已充分融入世界政治经济大舞台。中国将不断深入推进对外开放，以图深度、稳健融入世界经济体系，在广泛合作中实现互利共赢。“一带一路”的实行既有益于中国，也是世界各国互利合作的需要。

我国在发展国际贸易的过程中实施了一系列不同要求、不同目的的国际贸易政策，但总体来说都是结合实际国情制定的，是为了发展我国经济水平，提高我国综合国力。

第二节　国际贸易关键概念

贸易经济学作为一门应用经济学，不可避免地要涉及一些比较专业的概念。为了方便读者理解，我们现对国际贸易中出现频率较高、较为重要的专业性核心概念进行简单解释。

一、汇率

国际贸易中会使用到来自不同国家的货币，因而为了便于结算，通常采用某种固定货币，比如美元。近几年来随着中国的国际地位不断提高，人民币结算行为也不断增加。无论使用哪种货币进行结算，都会发生外汇兑换行为，产生汇率这一概念。汇率是用一种货币去兑换另一种货币的比率，换句话说就是用一种货币来表示另外一种货币的价格。汇率可以用直接标价法和间接标价法来表示，但这两种方法只是表示方向上的不同，其本质和作用是基本一致的。

---

① 门洪华：《十八大以来中国国际战略布局的展开》，《社会科学》2017 年第 8 期，第 16~30 页。

② 陈柏福、邓子璇、杨建清：《改革开放 40 年以来我国对外文化贸易政策变迁研究》，《中国软科学》2018 年第 10 期，第 40~45 页。

我国对于汇率的表示方式采用的是直接标价法，也就是我们通常所说的一美元等于多少人民币。使用直接标价法时，汇率的升降程度与本币对外价值的高低是成反比的，也就是说当汇率上涨时，一美元能够换到更多的人民币，意味着本币在贬值，而当汇率下降时，一美元能够换到的人民币减少，代表本币在升值。

一般情况下，当本国货币的汇率降低时，代表着本国货币相较于外国货币在贬值，那么就不利于本国进口外国产品，有利于本国产品出口到外国；而当本国货币的汇率上扬时，代表着本国货币相较于外国货币在升值，在这种情况下对于本国进口外国产品是有利的，但会不利于本国产品出口到外国。

二、贸易顺差与贸易逆差

贸易顺差是指在特定年度一国出口贸易总额大于进口贸易总额，又称“出超”。① 反之，就称作贸易逆差。贸易顺差通常表示该国在这一年的对外贸易活动中处于较有利的地位。

但是这并不代表着贸易顺差就是越多越好，因为贸易顺差过高，就意味着本国经济繁荣的现象之下隐藏着对对外贸易的过度依赖。同时巨额贸易顺差也带来了超过必需的大量外汇储备，使得本国货币的升值或贬值都会带来像蝴蝶效应那样的巨大影响，同时，也会容易受到国际上贸易保护主义势力的攻击。

贸易逆差与贸易顺差相反，是指一国在特定年度内的进口贸易总值大于出口总值，又称“入超”，这通常代表着该国在当年的对外贸易中处于不利地位。长期的贸易逆差会影响本国经济与对外贸易的正常进行，因此政府通常会竭力避免出现长期贸易逆差。长期、高额的贸易逆差会导致本国国内资源过度外流，使得本国对外债务增加，对国家经济发展不利。②

三、关税

关税是指国家授权海关对出入关境的货物和物品征收的一种税。

关税与一些国内税不同，关税的税收主体是本国的进出口商。当商品进出关境时，进出口商依据海关法向当地海关缴纳关税，他们是税收主体，即关税的纳税人。

国家征收关税更重要的意义在于利用关税来实现某种目的的对外经济政

① 郑红：《国际市场分析》，旅游教育出版社 2015 年版，第 108 页。

② 程剑鸣：《国际贸易基础知识》，中国财政经济出版社 2002 年版，第 6 页。

策。关税政策、关税措施也往往和经济政策、外交政策紧密相关，具有涉外性。①

关税主要是针对进口商品征税，其税赋可以由进口商垫付，然后把它作为成本的一部分加在货价上，在货物出售后可收回这笔垫款。因此，关税最后转嫁给了买方或消费者。

四、贸易壁垒

贸易壁垒是指在贸易活动中人为设置的对交换行为进行的限制。国际贸易活动中经常可以看到贸易壁垒的影子，也就是指对进口外国商品或劳务的限制措施。贸易壁垒根据其手段通常分为关税壁垒和非关税壁垒。

(一)关税壁垒

由于关税只是对进出本国关境的货物征税，因此改变关税的征收规则从而改变税费，在表面上只会影响到本国的国际贸易数据。但由于目前世界经济一体化的趋势不断加深，发展全球化贸易已经成为各国在贸易活动中必然和必须做出的选择。随着世界上各个国家之间的政治经济文化交流日趋密切，其中任何一处关联点的微小改变都可能影响到大局。包括设置关税税种、调整税率和修改征收办法等关税政策的改变，均会在一定程度上对国际贸易活动产生影响，进而影响到参与贸易各方在政治、经济、文化交流、外交等方面的关系。

(二)非关税壁垒

非关税壁垒是指某一国家或地区进行贸易活动时在限制进口这一方面所采取的除调整关税以外的所有措施，非关税壁垒是相对于关税壁垒而言的，这种措施可以通过国家法律、法令以及各种行政措施来实现。②

相比于关税壁垒只是对关税的征收本身进行限制，非关税壁垒可以以更难以察觉、更复杂多变的方式进行限制，对国际贸易中本国想要予以贸易限制的国家进行抵制，其主要方式有采取直接禁令、配额限制、实施技术壁垒等。

五、贸易组织

贸易组织是指组织商品交换、流通的经纪机构，通过贸易组织的协调作用，组织内各成员间的贸易活动能更有效、顺畅地进行。

当今世界上较大的贸易组织主要有以下几个。

---

① 陈大钢：《海关关税制度》，上海财经大学出版社 2002 年版，第 4 页。

② 杜敏：《国际贸易概论》，对外经济贸易大学出版社 2001 年版，第 287 页。

（一）世界贸易组织

世界贸易组织（World Trade Organization，WTO）于1994年成立，总部设在瑞士日内瓦。它的前身是关税及贸易总协定。它有两个含义：首先是一个国际协议，即于1947年签署、1948年1月1日使用的《关税及贸易总协定》；其次它也指管理该协议的国际机构，但它没有组织、人员预算。该协定的宗旨是大幅度削减关税和其他贸易障碍，取消国际贸易中的歧视待遇等。

世界贸易组织的目标在于建立完整的、更有效的和永久性的多边贸易体制，其基本职能为协调商定多边及诸边贸易协定并予以监督、管理；当发生贸易摩擦时，世界贸易组织要起到协商、组织谈判的作用；同时要监督成员国的贸易政策是否符合组织通过的贸易协定条款。

（二）国际货币基金组织

国际货币基金组织（International Monetary Fund，IMF）于1945年在华盛顿成立。其职责是监察货币汇率和各国贸易情况，提供技术和资金协助，确保全球金融制度运作正常。① 国际货币基金组织是目前世界上最大的政府间国际金融组织，功能在于通过发放贷款来满足成员国国际收支调整的资金需要，但近年来也增设了一些用于成员国经济结构调整及改革的贷款需求。② 在贷款限额方面，国际货币基金组织的成员国能申请的货款与其在基金中所分得的股份或认缴的股份成正比例。国际货币基金组织的存在为国际贸易中的交易结算等提供了稳定性的支持。

（三）欧盟

欧洲联盟（European Union，EU）是由欧洲共同体发展而来的，目的在于维护它的成员——欧洲国家的和平、合作、共同发展。

欧盟各成员国按照约定，保持共同的贸易政策。欧盟部分成员国如德国、法国、意大利、荷兰等可以使用欧盟规定的共同货币——欧元。因此，在这些国家之间进行的贸易行为就更加自由便利，也更符合贸易自由化，因为汇率不再成为贸易中的影响因素；随着欧洲统一大市场的形成，商品、资金、服务和人员可以在成员国内部自由流通并且关税统一；除此之外，欧盟同样能够对其成员国之间的贸易秩序加以维护，并提供磋商平台，以解决贸易活动中不可避免的摩擦行为。

① 郑红：《国际市场分析》，旅游教育出版社2015年版，第104页。

② 郭玉军：《国际贷款法》，武汉大学出版社1998年版，第20页。

六、贸易摩擦

贸易摩擦是指在国际贸易中，国与国之间在进行贸易往来的过程中，在贸易平衡上所产生的摩擦，一般是由于一国的持续顺差、另一国的持续逆差，或一国的贸易活动触及或伤害另一国的产业所引起的。贸易摩擦具体常体现为贸易双方之间开始实施反倾销措施、反补贴措施和保障措施等形式。

七、倾销与反倾销

“倾销”这个词在有关贸易的新闻报道中非常常见，它是指贸易活动中出口方以低于正常水平的价格，将大量产品销售给贸易活动中的进口方。所谓的正常水平的价格，通常是指由生产该产品所需要的社会必要劳动时间决定的价格水平，这与该产品在本国的售价一般相差不大。当出口的产品价格甚至低于它在本国的价格时，就包含了倾销的可能。实施倾销看起来由于采用了低价而对贸易出口方不利，实际上并非如此简单。倾销的目的常常在于以更低价格进入外国市场后，能够迅速凭借价格优势获取有利地位，从而击败当地本土的竞争对手，进而夺取并占据这一产品市场，从而给进口方的民族工商业带来损害。那么反倾销顾名思义，就是指进口方为了避免被倾销冲击损伤而采取的抵消或遏制措施。反倾销措施包括临时反倾销措施、价格承诺和反倾销税。

八、补贴与反补贴

一国政府可以对其出口的商品进行补贴，使其能够在国外市场上采取更低的价格，形成价格优势进而占据市场。但同时，进口国政府也可以针对进口商品进行补贴调查，乃至限制进口或征收反补贴税。

第三节　国际贸易新闻报道

国际贸易新闻往往是相当复杂的，因为其中不可避免地要涉及国家政策、法令、贸易协定等经过律师和经济专家逐字推敲的条文，① 这些专业且严谨的内容，往往使得针对国际贸易新闻的报道陷入两难：讲得专业了怕受众感觉枯燥乏味，讲得浅显了又无法令人信服地道出各项规定之下暗藏的博弈。尽管国

---

① ［美］安雅·谢芙琳著、张倞译：《当代西方财经报道》，复旦大学出版社 2007 年版，第 97 页。

际贸易看起来似乎是某些专家才关心的话题，可实际上国际贸易带来的影响却真真实实地触及生活在这个世界中的每个人。所以在这个意义上，尽管国际贸易新闻似乎很难做到讨好又讨巧，但它的特性也恰恰说明了国际贸易新闻存在的必要性：将公众难以理解又十分关心的内容清晰严格地展现出来。因而，做好国际贸易新闻报道不仅重要，也是十分必要的。

一、国际贸易新闻报道概述

国际贸易新闻报道就是报道有关国际贸易活动的消息，并对其中的贸易关系、经济内涵给予必要性揭示的新闻报道。

(一)国际贸易新闻报道的内涵

安雅·谢芙琳认为国际贸易是指世界各国或地区之间商品和服务方面的交换活动。由于国际贸易是站在全世界角度看待货物和服务的交换，因此又将其称为世界贸易或全球贸易。① 结合贸易的概念，国际贸易新闻报道可以被理解为：将国际商品交换中涉及的经济关系及运行机制(包括对国际贸易活动过程、国际贸易各类经济关系以及贸易活动中的发展规律)作为报道对象，传递国际社会最新贸易活动进展和决策，以帮助人们及时了解和认识贸易活动发展现状、解释贸易市场存在的现象和相关规律等为目的进行的新闻报道活动。② 它是新闻报道类型的一种更加细化的分类，是财经报道的一个分支，属于财经新闻报道的大范畴。

(二)国际贸易新闻报道的特征

国际间的贸易一直是国际间争议和战争的中心议题和导火索，③ 国际贸易新闻报道具有极强的专业性，使得受众阅读时需要理解更多的贸易经济知识，因此做好国际贸易新闻报道必须准确把握其专业性、利益性、政策性、国际性等特点。

1. 专业性

在进行国际贸易新闻报道时，记者要拥有完备的贸易知识储备和专业素养，如此才能尽可能地保证国际贸易新闻报道的客观性、准确性、及时性，便

---

① [美]安雅·谢芙琳著、张倞译：《当代西方财经报道》，复旦大学出版社 2007 年版，第 97 页。

② 薛荣久等：《国际贸易》(第六版)，对外经济贸易大学出版社 2016 年版，第 21～32 页。

③ [美]安雅·谢芙琳著、张倞译：《当代西方财经报道》，复旦大学出版社 2007 年版，第 97 页。

于受众做出对自己有利的经济方面的决策，也能更好地推动国家贸易政策的推行和发展。

记者要重视对信息的综合分析处理，注意对新闻信息附加值的再加工，对经济现象的分析不能仅停留在经济层面上，应从经济视角去探讨政策性、体制性的问题，将新闻事件以深度报道的形式展现出来，进行深度剖析，分析国家、行业及企业的走向与状况，力求对行业的发展和经营者的行为产生指导和借鉴作用。①

《中国经济如何影响世界经济》(《经济日报》2017年9月2日至9月3日)的系列报道充分揭示了中国经济对世界经济贡献率连续稳定在30%的内在机制，讲清了“中国经济如何影响世界经济”的逻辑关系、机制和途径。报道的数据多来自国际货币基金组织(IMF)、联合国《2015年千年发展目标报告》，论据具有权威性。报道的视角分别从中国在贸易、投资、消费中占世界经济的分量，中国经济影响世界经济的传导路径、机制和方法进行分析，既有宏观的角度也有微观的视角，用经济规律解释了中国经济如何影响世界经济。同时这组系列报道中出现了很多的专业名词，例如国际储备货币篮子、南南合作等专业名词，体现了记者的专业贸易知识储备和专业素养。

2010年12月，西方舆论加大对中美贸易顺差的歪曲性报道。为了给胡锦涛主席出访美国营造有利的舆论环境，中央领导高度重视，要求新华社加强阐释性报道，积极回应海外舆论，为胡锦涛主席出访美国营造有利的舆论环境。接到任务后，新华社对外部和分社立即行动，对广大外贸企业、专家和行业主管部门进行深入采访，围绕胡锦涛主席访美前夕中西方在贸易问题上的斗争焦点，精心采写了一组关于中美贸易顺差真相的对外通讯，《从“芭比”到“苹果”：笼罩在数据迷雾下的“中国制造”》(新华社2010年12月30日)是其中的一篇。②

从“芭比”到“苹果”：笼罩在数据迷雾下的“中国制造”

中国即将迈进“十二五”，开始新一轮的产业转型升级。这让人们对笼罩在数据迷雾下的“中国制造”有了新的期待。

---

① 吴玉兰、罗予翎：《国际贸易新闻传播影响力评价模型构建——以“中欧光伏贸易战”为例》，《新闻大学》2015年第6期，第44~49页。

② 黄歆：《拉近中西方距离的一次尝试——〈从“芭比”到“苹果”：笼罩在数据迷雾下的“中国制造”〉采写体会》，《中国记者》2012年第7期，第83页。

从"芭比"娃娃到"苹果"手机，有关中国贸易顺差"真相"的讨论重回公众视野。北京的学者指出，现行以国界为基础的贸易流向计算的顺差或逆差标准已经过时，中国的贸易顺差被严重夸大。一个芭比娃娃从中国的进口价为2美元，其中，中国仅获35美分的劳务费。但按原产地统计，2美元全部计为中国对美国的顺差。按增值比例计算，中国的顺差被夸大了近6倍。类似的，一部在中国组装的苹果手机对美国出口，如果按增值比例计算，中国的顺差被夸大了26倍。

发改委对外经济研究所所长张燕生说，以中国持有巨额外汇储备余额和经常项目顺差为理由，把中国作为替罪羊来转嫁政治压力，并作为危机调整的代价，成为了一些国家的策略。

……

经济学家早就达成共识，一个国家的外部平衡政策的重点是维持一个与该国具体情况相协调的最优的经常项目水平。贸易保护主义只会导致贸易战并损害各国人民的整体福利。

我们有理由期待，越来越多的国家将正视国际产业分布格局的真实情况，并制定正确的贸易和经济政策，避免加剧后危机时代全球贸易面临的不平衡压力。(新华社2010年12月30日，黄歆、王攀、顾烨采写。)

报道运用了大量的如贸易顺差、经常项目顺差、利润、纯利润、金融危机、贸易壁垒和新贸易保护主义等贸易专业知识，可见记者在前期采访准备工作中，花了大量的时间研究贸易专业知识，从而在采访过程中，专业知识帮助记者打开了采访之门。稿件从芭比娃娃和苹果手机这类受众再熟悉不过的商品为切入点展开报道，一边讲故事，一边算细账，立体揭示了中国企业以微小利润参加世界分工合作生产的事实，具有极强的说服力和感染力。

2. 利益性

所有参与贸易活动的成员都能获得利益是国际贸易活动的内在动因。国际贸易动向往往是由各种国家利益、各国经济政策与各类产业需求所驱使的。国际贸易新闻报道不仅牵涉如何体现与维护国家利益，也涉及如何在更深层面解读国际规则，帮助相关产业选择更有利的发展模式，在参与国际竞争中规避风险。①

---

① 司若：《新时期国际贸易报道的关键策略》，《传媒观察》2005年第9期，第27~28页。

贸易行为源于交换能够带来利益，但究竟是哪一方获利、获得怎样的利益、是否对国家发展有益……这些都值得慎重考虑。随着贸易自由化的推进，全球市场逐渐走向融合发展，市场情况也变得错综复杂，因此贸易行为中的受益方可能会变得越来越不明显。因而许多考虑到长远利益的贸易活动、贸易政策就需要新闻媒体对其进行解释，向大众揭示其中的利益关系考量，展现国家在决策时所作的选择，同时，因为国际贸易新闻报道所具有的利益性特征，不仅会影响到国家的立场，同时也会影响到所报道的国家中企业的运行和决策，从而影响企业整体利益。

例如，在2018年之初，中国与美国之间的贸易战气氛紧张，尤其是在3月22日美国总统特朗普指示开启对华301调查报告，并对华采取贸易限制措施后，可以说贸易战几乎是一触即发。《要打贸易战，中国奉陪到底》(《人民日报》2018年3月24日要闻版)报道清晰简略地介绍了什么是“301条款”及其在中美贸易中将会造成什么影响，并引用商务部新闻发言人、国务院发展研究中心副主任、中国国际贸易学会的学者、对外经贸大学教授、中国国际商会相关人士的看法。报道从多个角度印证了一个观点：开启301调查毫无道理可言，美国推行这种单边的贸易保护主义是损人不利己的。其中对涉及贸易经济学的内容予以简单解释，务求受众能了解贸易保护主义的盛行会拉高关税壁垒，从而将负担转嫁到消费者身上，这样不仅会影响到中美两国的经济状况，还会扰乱整个世界的贸易秩序，并且贸易从来不是单向的，如有必要，中国同样可以对美国采取一定的措施予以反击，只是这样对双方都是不利的，中国不希望看到这样的局面。通过这些专业、准确而又不那么晦涩难懂的描述，加上权威声音如商务部、学界、业界的观点，使受众明白中方的态度是：不希望打贸易战，但也决不畏惧。这篇报道有其特殊的政治意义，既是对美国贸易保护主义行为的一个震慑，同时也表明了中方的态度，进而对中国企业未来的利益发展方向有一定的启示作用。

《尊重消费者，特斯拉该补上这一课》(《人民日报》2021年4月22日)体现了利益性这一特点。伴随着贸易自由化的发展，特斯拉等海外企业逐渐在中国扩大市场，但是这些外企是否“尊重中国客户”恐怕不是一次次公关活动所能回答的，关键要看实际行动。这篇评论从国际贸易的长远利益和多个角度出发指出为了避免每一次维权走向极端，需要消费者、相关企业、监管部门反思。报道从多个利益主体进行分析，给特斯拉等企业的运行和决策提供了指导，指出企业要把产品的质量放在第一位，落实质量安全主体责任，有效维护社会安全，切实保护消费者合法权益。

3. 政策性

国际贸易不仅要受到国家强有力的宏观调控影响，还要接受国际经济法则的约束。国际贸易新闻作为经济新闻的一种，必然会关注到我国和世界新发布的各种贸易协定和贸易政策。这些政策不仅关乎国家的经济发展和贸易活动的进行，也与人民的日常生活息息相关。因此，只有深层解读或准确预测国际贸易政策，才能够促进企业及时调整运行和决策，提高企业整体利益，反之就会阻碍国际贸易的发展。

要做好国际贸易新闻报道，记者不仅要领会中央的相关精神，密切关注国家的相关政策、法规、规定，尤其是商务部发布的政策通告，还要关注国际政治经济的最新动态，这样才能做好政策解读工作和形势分析工作。同时，做好国际贸易新闻报道还必须仔细推敲政策风向的变动与原因，及时与专业机构沟通联系，确认政策的真实性及其深远意义，进而明了中国在这些国际贸易的重大问题上将会秉承怎样的基本立场，从而有针对性地切中报道选题角度，准确传递我国的政策立场和声音。

《一向出口的义乌，这次做起了进口生意！为什么说是重大利好?》(《每日经济新闻》2020 年 4 月 14 日)的报道，用专业性的术语向企业和个人解释了出口导向型的贸易政策对于义乌地区经济发展的影响。出口导向贸易战略是开发和创新市场、形成规模效益的重要政策，2019 年 1 月，海关总署、商务部等 14 个部门联合印发《关于促进综合保税区高水平开放高质量发展的若干意见》，提出 21 条举措助推综保区优化升级，一个地区能否关注政策、抓住机遇对于当地的经济转型发展具有重要意义。这篇报道对于义乌等地区的企业如何抓住政策机遇、理解政策进而做出决策调整具有指导意义。

4. 国际性

贸易新闻不仅仅涉及本国政策的解读，更涉及对国际政治经济规则的解读，相关报道不仅牵涉如何体现与维护国家利益，也涉及如何在更深层面解读国际规则，帮助相关产业选择更有利的发展模式，在参与国际竞争中规避风险。① 当前国际形势风云变幻，在国际舆论场上掌握话语主动权，才能在关键时刻以正视听，推进经济又好又快发展。

例如第 28 届中国新闻奖获奖作品《中国经济如何影响世界经济》(《经济日报》2017 年 9 月 2 日至 9 月 3 日)系列报道便阐述了世界经济与中国经济之间

① 何刚：《树立全球化浪潮下的国际贸易报道大局观》，《中国记者》2005 年第 7 期，第 14~15 页。

的关系，选取“‘中国数据’提振世界预期与信心”“‘中国方案’促进世界经济治理变革”等一系列事实来阐明中国在世界经济发展、国际贸易活动中起到的作用。第一篇报道从数据出发，提出中国在过去30年对全球减贫的贡献率超过70%。第二篇报道从国内外对于中国经济是否进入“新周期”引发讨论入手，真实地反映出全球对中国经济走势的高度关注，表明中国经济与世界经济之间不可分割的紧密联系。最后一篇从经济变革切入，表明中国立足“人类命运共同体”，本着“共商共建共享”的理念，深度参与全球经济治理改革，推动各国各领域互联互通，共同发展共享繁荣。该系列国际贸易新闻报道中，不仅有对中国“一带一路”倡议等政策的解读，也有对于国际货币金融体系、全球金融秩序改革的解读。报道充分揭示了中国经济对世界经济贡献率连续稳定在30%的内在机制，讲清了“中国经济如何影响世界经济”的逻辑关系、机制和途径，其对于中国积极推进国际贸易市场化和自由化、反对贸易保护主义的态度和缘由进行了有力的说明。

二、国际贸易新闻报道分类

国际贸易，即国与国之间商品和劳务的流转。以报道的主题来分类，可以将国际贸易新闻报道分为三大类别，即国际贸易资讯发布报道、国际贸易摩擦报道以及国际贸易政策报道。

（一）国际贸易资讯发布报道

国际贸易新闻报道作为财经报道的一个分支，属于经济新闻报道的一大范畴，自然也少不了需要传递及时、有效、准确、客观的信息。对于国际间相关贸易活动的资讯发布报道，也是国际贸易新闻报道中常见的一类报道。

贸易信息作为参与经济活动的重要前提和关键要素，更是不断深入到人民生活的方方面面。国际贸易资讯发布报道，则是报道广大民众想要了解的有关国内外重大贸易活动、会议、发展情况等，并且，在此类报道中，记者主要针对贸易活动所带来的信息以及数据进行报道。报道主要以体现贸易活动中所产生的信息为主，用数据作为补充，从而让受众更容易了解国际间贸易活动发展的具体情况。

受众对国际贸易资讯发布报道的需求不在于简单获取国际贸易信息，而是需要从中获知国际贸易市场发展态势，进而指导其经济行为。以国内各大中小型企业为例，国际贸易新闻报道中对于国际间贸易资讯发布的报道，不仅能够引导企业的发展方向，同时也能对企业在未来国际贸易间的决策起到重大作用。

获得第 29 届中国新闻奖三等奖的《国际锐评：中兴与美国终于签协议了！来之不易，值得各方深思和珍惜》是一篇有关国际贸易时事的报道。2018 年 6 月初，中兴公司与美国签署原则性协议，美国商务部取消了针对中兴向美国供应商采购零部件的禁令，但列出了对中兴的处罚措施。至此，中美博弈近两个月的"中兴事件"有了最终结果。此篇评论论点鲜明，分析深刻，理性客观，逻辑缜密，及时回应国内外舆论关切热点，准确把握住网络舆论导向。

（二）国际贸易摩擦报道

有关国际贸易的新闻报道必然会关系到交易中所涉的国家利益。有研究者指出："现阶段，我国在贸易摩擦报道中，比较现实的做法是将我国真实客观的经济发展水平如实报道出来，将我国对和平的渴望程度以及在国际市场上实现共赢的真实目标报道出来，坦诚地告诉世界。"①

"当前我国正在进入一个与外界贸易摩擦的多发期，媒体的报道角度和立场，直接影响公众和企业的判断力，进而对国家相关开放政策产生积极或消极的影响。"②因此有关贸易摩擦的新闻报道不仅是不可避免的，也是了解国际贸易形势所必不可少的。2001 年 12 月 11 日，中国正式加入 WTO（世界贸易组织），我国与其他国家的贸易往来愈加频繁，在往来中存在贸易摩擦现象也在所难免。

例如，第 29 届中国新闻奖一等奖的获奖作品《美国"霸凌"经贸政策吃不开也行不通》一文针对中美经贸摩擦作了报道。中美经贸摩擦，既是经贸战，也是舆论战，而新华社在此关键节点，精心策划，设置议题，引导舆论。文中指出："中国从不刻意追求顺差，也对最坏的情况有充分准备。正如外交部发言人华春莹所说，中方不想跟任何人打贸易战，'但如果有人非逼迫我们打，我们一不会怕，二不会躲'。"③明确表明了中国面对此类贸易问题时的态度和立场，因此可以看出，贸易活动报道中，此类国际贸易摩擦报道具有鲜明的特点和极强的报道价值。

（三）国际贸易政策报道

一国对外贸易的发展水平，不仅取决于本国的总体经济状况和经济实力以

---

① 洪秋妹：《论国际贸易摩擦报道中的媒体责任》，《新闻战线》2015 年第 9 期，第 65~66 页。

② 武跃：《国际贸易报道误区分析》，《中国记者》2005 年第 7 期，第 24~25 页。

③ 金旼旼、高攀、江宇娟：《美国"霸凌"经贸政策吃不开也行不通》，http://www.zgjx.cn/2019-06/23/c_138161849.htm。

及世界市场的供需关系，同时与各国政府对进出口贸易的限制或贸易政策有关。我国的国际贸易政策可以分为自由贸易政策和保护贸易政策，都旨在增加国民福利，优化国内生产结构，加强各国之间的经济联系，促进经济的发展。对于国际贸易政策的报道，不单单能够体现对国际贸易政策的传达，而且也为国家政策及市场信息的拟定提供适度参考，从而推进事关国家和人民切身利益的关税、进出口等相关制度的改革。因此，有关国际贸易政策的新闻报道也是国际贸易新闻报道的重要部分。

中国贸易新闻网上发布的一篇题为《欧盟—新加坡自贸协定将于 11 月 21 日生效》(2019 年 11 月 13 日)的新闻报道，报道第一段就提道："据中国驻新加坡使馆经济商务参赞处消息，《联合早报》报道，新加坡与欧盟签署的欧盟—新加坡自由贸易协定，已获得欧盟理事会批准，将于 11 月 21 日生效。"新加坡与欧盟自 2009 年开始进行自贸协定谈判，这也是欧盟和东盟国家达成的首份自贸协定。在报道中，记者开篇就将新加坡与欧盟签订的协定写出来，便于受众理解和把握报道的核心观点。

三、国际贸易新闻报道的原则

由于当下各类经济媒体之间的竞争日趋激烈，贸易新闻报道若是为了在此激流之中站稳脚跟而盲目迎合大多数人的情绪，或由于个人经验和专业知识的储备不足等各方面因素进行带有误导性的报道，不仅违背了身为记者的职业道德操守，还会使媒体丧失在受众心目中的公信力，更有可能引起受众原不该产生的消极情绪，对社会和经济的稳定发展产生不可预知的影响。因此，贸易新闻报道要保证客观性、准确性、及时性，需要掌握一些基本原则。

(一)要具备国际贸易知识和理论的专业视角

国际贸易新闻报道对于记者来说难以做得出彩、到位，原因在于极强的专业性是其报道写作的重要因素。如果想要做好国际贸易新闻报道，记者必须具有国际经济学的专业知识，对国际贸易、国际金融、世界形势等有准确的了解和认知。

例如，《经济日报》的一篇题为《欧盟看好氢能市场发展前景》(2019 年 12 月 14 日)的新闻报道，文中如"近日提交的《欧洲绿色协议》专门将氢能列为欧盟能源转型的'投资关键领域'，氢能发展前景再次引发全球热议"，"然而，目前掣肘氢能发展的最大问题是难以平衡规模经济和降低排放的关系"，"欧洲投资银行在欧委会支持下，将为首批 20 个氢能项目提供战略融资建议，以支持其规模化发展，双方将共同致力于为氢能项目提供公司贷款、风险投资等多种形式的融资便利”等语句，都是记者通过分析，得出目前氢能发展的最大问题的结论，从侧面可看出记者的专业水平和知识素养之高。

《中美贸易战前景应该是不战而停》(《中国青年报》2019 年 6 月 18 日)一文首先指出了当前中美贸易的紧张局势，与其他有关中美贸易战报道不同的是，该报道并未渲染一种恶性发展的态势和杞人忧天的情绪，而是以大量的事实论据，和相关专家学者的分析结论，强调了中美双方战略合作关系的不可替代性，从长期问题发展的角度强调中美合作共赢的可能性和对世界经济贸易的有益影响，从而传递出“中美贸易战不战而停”的一个积极信号，并提醒美方要“遵从、尊重市场规律，尊重全球化的规律”，不要罔顾双方国家利益和民众诉求。报道既平息了舆论场中对于贸易战前景的担忧，给予国际社会恢复贸易秩序的信心，同时也以未来视野描绘中美合作共赢的可能路径，极具建设性意义。

记者在报道国际贸易新闻时，专业的知识素养同样体现在理性引导方面，不能为了迎合公众而做出带有个人情绪的新闻报道，应客观全面地报道新闻事实，力求做到准确全面。

(二)要树立全球化视野下国际贸易新闻报道的大局观

国际贸易市场的环境日趋复杂，当充分理解了贸易活动带来的利益和需要付出的代价后，就要求媒体从更加专业和精确的角度形成国际贸易报道大局观，① 即：开展报道前应对世界经济总体局势和国际贸易当前态势有全局性把握，时刻关注其发展动向，准确把握国家政策导向和国际舆论风向，立足本国实际和国家意志，准确发挥国际贸易新闻报道的传播力。

随着我国改革开放水平得到新的提升，国际贸易新闻报道的视野也应当调整，不能局限于国内经济，而应该立足世界；不能局限于贸易当下，还要从长远利益和长期性影响来关注事件走向，并努力通过“框架”设置以引导公众舆论，推动贸易事件向好的方向发展。只有站在全方位、长期性的未来视野高度，才能全面把控国际贸易新闻热点议题，提升贸易新闻报道的质量，实现其价值的最大化。欲转变目前国际贸易新闻报道视野过于狭隘的困境，就要转移报道侧重点，以凸显发展理念和未来展望为视角，回归贸易报道服务性的本质。

《谁抢走了美国人的饭碗?》(《光明日报》2017 年 1 月 7 日)这篇报道聚焦

---

①　何刚：《树立全球化浪潮下的国际贸易报道大局观》，《中国记者》2005 年第 7 期，第 14~15 页。

特朗普竞选期间所提出的一系列贸易保护主义承诺，以美国国内的反应对其提出批判。即使是在中美两国有贸易摩擦的情况下，本篇报道仍以国家利益为出发点，以国际公义为依托，从就业、贸易、政策等各个角度对美国方面的强词夺理予以有理有力的批驳，不仅澄清了谬误，彰显了公理，而且清晰发出了有力的中国声音，表明了自己的立场。报道获得了第28届中国新闻奖一等奖。

（三）坚持国家利益与客观真实并重的原则

全球经济一体化背景下，国际贸易是各国参与国际分工、实现社会再生产的重要手段，也是各国实现商品生产与交换的重要渠道与途径。因此，国际贸易新闻报道能否真实、全面、准确地反映国际市场动态，对引导国际贸易和平稳定发展具有重要的作用。一旦信息失实，传播错误信息，就有可能导致对贸易信息的误读，甚至引起国际争端。因此，在国际贸易新闻报道中，客观真实性是报道者需要遵循的最重要的原则。

全球化的推进使得世界范围内经济活动交往日益频繁，贸易摩擦也更为常见。随着以美国为首的单边主义、霸凌主义抬头，国际贸易形势更是不容乐观，逆全球化浪潮造成世界民众和跨国企业的恐慌和排斥，跨国企业与投资者在政局的变化下艰难前行，一些跨国品牌也因受到政治和意识形态因素影响而受到抵制。一些媒体在“市场驱动”框架主导下，往往会夸大和突出一些细枝末节上的摩擦与冲突，更是加剧了人们的焦虑心理。因此媒体在报道这类事件时，要以一种乐观的“解困式”媒介框架去影响受众。

首先，要求记者在进行国际贸易新闻报道时要进行事实调查、多方求证，尤其是在当下国际信息传播不平衡的现状下，西方媒体仍然控制着世界上绝大部分信息源，国际贸易报道中充斥着大量的所谓“西方解读”，在这些报道和稿件中掺杂和渗透着不同的价值取向和政治色彩。因此，记者在进行国际贸易新闻报道时，应当进行一手资料和信息的调查研究，要有互为印证的不同消息来源，尽量争取采访或引用权威机构和人员的相关表态，强调报道的准确性和权威性，对事实信息的本来面目进行客观真实的呈现。

其次，记者还要尽量克服自身经验性判断对于报道内容真实性的干扰。国际贸易新闻报道涉及的话题宏大、内情复杂，如果记者只凭自身经验判断而缺乏追根究底的调查精神，往往只会停留在事实表面，而忽略了对事实本质和真实性的把握。

例如《珠海外贸企业以“智”造促发展》（《经济日报》2021年4月25日）一文，报道了以宝莱特、科力通、格力电器等为代表的珠海外贸企业在产品研发、渠道开拓、管理优化等方面的挖潜创新，保持了外贸进出口优势，客观反映了企业在国际贸易中的发展情况，并结合珠海市外贸进出口总值、贸易结构等多项具体数据，真实、全面、准确地反映出相关行业的国际市场动态，不仅提升了品牌形象，也引导国际贸易向好发展。

最后，在进行国际贸易新闻报道时，不要轻易相信某个问题经谈判已经被解决了的“报喜”。因为贸易谈判往往需要进行多回合的反复磋商，其结果也随时有可能发生变化。同时各国在进行国际贸易报道的时候，可能会选择对其国家有利的方面加以强调，而对其中可能存在的让步刻意忽略或轻描淡写。因此，本国记者在报道国际贸易新闻时，要对来自国外媒体的信息保持审慎的态度，从政治的角度去思考某个贸易协定条款的达成情况，揣度贸易协定背后的政治意图，避免走进报道的误区。

贸易保护主义近年在美国等西方国家有所抬头，“337 调查”是美国调整外国产品进口、保护本国企业的重要杀手锏。《一场“工匠精神”对贸易保护的胜利》(《镇江日报》2017 年 3 月 2 日)是所有媒体中，最早反映镇江企业应诉“337 调查”事件的新闻报道。这篇通讯通过金山包装厂作为镇江一家中小规模的本土企业，凭借对自己产品的绝对信心和不服输的信念，不惜成本奋起应诉“337 调查”，最终获得胜利事实，反映了一个深刻的主题：对于有关国家的贸易保护和双边贸易摩擦，中国企业应该勇于拿起法律武器积极应对；基于“工匠精神”的优质产品，拥有自主知识产权的核心技术，是企业决胜国际市场的根本保证。

(四)以讲好贸易故事展现大国风范

中国媒体传播着中国的声音，也代表着中国的形象，加强对外宣传与传播是展示中国良好国际形象的需要。① 我国综合国力不断增强，国际地位显著提升，对国际社会的贡献越来越大，在国际贸易发展过程中发挥着举足轻重的作用，深刻影响着世界经济发展格局。而中国主流财经媒体中，多数媒体的传播范围与影响力都仅限于中国本土，在国际舆论场中话语权常显不足。这主要在于媒体在进行国际贸易新闻报道过程中没有正确运用报道策略，缺乏多样化和贴近性的国际话语表达，进而产生一定的文化隔阂和信息误读现象。

因此，国际贸易新闻报道要兼顾宏观叙事与平民视角。国际贸易新闻报道不仅要向企业与资本市场传达重大的、宏观的国际贸易事件和数据，更重要的是要向受众传递相关的经济信息，使其更加准确了解国家之间的最新动态，为自己的经济活动、经济决策提供参考依据。为此，报道的视角要尽可能地平民

① 张昆：《国家形象传播》，复旦大学出版社 2005 年版，第 105 页。

化，要将距离民众实际生活有些“遥远”的宏观经济政策和数据等信息尽可能“落地”，让它们切实与民众日常生活对接。

第四节　案例分析：《正本清源理性看·中美经贸摩擦》系列报道

为什么我们一直强调“不得不打”？

今年3月23日，美国政府宣布基于所谓“301调查”结果对500亿美元中国输美商品加征25%关税，由此挑起中美经贸摩擦。

对于美方一再发出的贸易战威胁，以及不断升级事态的行为，中国政府反复申明中方坚持不打第一枪，但在美方率先打响贸易战的情况下，被迫采取对等反制措施。这就是广为人知的“不愿打、不怕打、必要时不得不打”的原则立场。

不过，中美经贸摩擦发生后，国内舆论场也产生了不少忧虑甚至是惊恐的声音，特别是对中方被迫采取对等反制措施的举动有不少质疑。因此很有必要详细说明，为什么我们一直强调“不得不打”？

首先，“不得不打”是因为美方主动挑起争端，出尔反尔，极限施压和讹诈。打不打贸易战，不以中国意志为转移。

3 | 经济要闻　2018年8月10日　星期五　经济日报

正本清源理性看·中美经贸摩擦①

为什么我们一直强调“不得不打”？

中经观点

以战略定力应对美讹诈升级

……

中方的态度是坚定的、明确的，那就是不管外部环境发生什么变化，中国政府都将坚持发挥市场在资源配置中的决定性作用，保护产权和知识产权，发挥企业家的重要作用，鼓励竞争、反对垄断，继续推动对外开放，创造有吸引力的投资环境，坚定支持经济全球化，坚定维护国际经贸体系，与世界上一切追求进步的国家共同发展、共享繁荣。相信随着这一方针的不断坚持，我们终将在未来的岁月中，看到它在决定中美经贸摩擦走向进程中发挥的关键作用。(《经济日报》2018 年 8 月 10 日至 14 日，连俊采写。)

一、案例概述

《正本清源理性看 · 中美经贸摩擦》系列报道的成稿时间正是中美经贸摩擦斗争最为激烈时，社会舆情关注度很高，国内受众对如何看待中美经贸摩擦的实质及其影响存在较大的分歧与疑虑。该系列报道梳理出关于中美贸易战的五个热点问题：为什么我们一直强调"不得不打"、为什么说美国的行为是霸凌主义、中美贸易战会给我们带来多大影响、为什么说"贸易战没有赢家"、为什么说我们应对贸易战有充足的底气，并分别将其设为五篇系列报道的标题，于 2018 年 8 月 10 日至 14 日在《经济日报》经济要闻版上分篇连续推出。这组系列报道以专业的新闻敏感性察觉到当前局势中受众所关心的内容，从不同角度全面剖析中美贸易摩擦，以冷静客观的说理方式直指要害、以事实的力量拨乱反正、以严密的逻辑条分缕析中美经贸摩擦及其影响，有效解答受众所疑惑的问题，对当时的舆论场起到良好稳定作用。报道在中国经济网、经济日报微信公众号等新媒体平台集中推出，被央广网、搜狐、网易新闻、新浪财经等多家媒体转载，取得了良好的传播效果。该系列报道获第 29 届中国新闻奖二等奖。

二、报道背景分析

2018 年 3 月 23 日，美国总统特朗普以 2017 年中美贸易美方逆差 3700 亿美元为由，宣布将对从中国进口的钢、铝产品征收 25%关税，由此正式掀开了中美贸易战序幕。

中国商务部为此拟对自美进口部分产品加征关税，以平衡因美国对进口钢铁和铝产品加征关税给中方利益造成的损失。其中计划对价值 30 亿美元的美国产水果、猪肉、葡萄酒、无缝钢管和另外100多种商品征收关税。

自4月2日起，中国对原产于美国的7类128项进口商品中止关税减让义务，在现行适用关税税率基础上加征15%或25%的关税。4月3日，美国政府发布了加征关税的商品清单，覆盖航空航天、信息通信技术、机械等10多个部门，将对我输美的1333项500亿美元的商品加征25%的关税，同时要求中方采取措施，今年减少1000亿美元逆差。4月4日，经国务院批准，国务院关税税则委员会决定对原产于美国的大豆、汽车、化工品等14类106项商品加征25%的关税。4月5日，美国总统特朗普要求美国贸易代表办公室依据“301调查”，额外对1000亿美元中国进口商品加征关税。这一做法严重违反国际贸易规则。

5月17日至18日，习近平主席特使、国务院副总理刘鹤率领的中方代表团赴美和包括财政部长姆努钦、商务部长罗斯和贸易代表莱特希泽等成员的美方代表团就贸易问题进行了建设性磋商。19日，中美两国在华盛顿就双边经贸磋商发表联合声明，形势开始缓和。5月20日，美国财政部长姆努钦表示，美中两国已就框架问题达成协议，同意停打贸易战。5月29日白宫发表的声明显示美国总统特朗普突然变卦，将对中国在美科技投资再行打压。

6月15日，美国宣布开始对中国产品进行征税，分两个阶段进行征税，6月16日，中国国务院关税税则委员会决定对美国约500亿美元进口商品加收25%关税。

7月6日，美国开始对340亿美元中国进口商品加征25%的关税，中美贸易战正式启动。同一天，中国宣布对美关税反制措施正式实施，中国将对原产于美国的545项约340亿美元进口商品加征25%的关税，其中，汽车类商品涉及28项。

8月8日，美国对价值160亿美元中国进口商品加征25%关税，8月23日起生效。同一天，中国决定对160亿美元自美进口产品加征25%的关税，并与美方同步实施。

中美经贸摩擦发生后，受到国内广泛、高度关注。由于此次美国态度强硬，考虑到此前美国屡次向他国挑起贸易摩擦并得逞的行径，国内舆论场产生了不少忧虑的声音，对中美经贸摩擦的结果持不乐观态度，特别是对中方被迫采取对等反制措施的举动有不少质疑。国内对经贸摩擦冲击的疑虑突出表现在以下两方面：

一是经贸摩擦对中国经济会产生较大影响。首先是对美国清单商品出口的竞争力减弱，短期内自然会影响我国的出口，从而影响到经济增长；从中长期来看，对中国产业结构升级会产生一些负面的影响。其次是对农产品的征税，短期会影响到国内物价的稳定，进而影响到中国的货币政策，偏紧的货币政策实施将会对经济增长产生抑制，也会影响到金融市场。最后贸易战还可能引发资本市场的震荡，并由此对实体经济带来不利影响。

二是对我国高科技创新能力的疑虑。近年来我国的高新技术高速发展，取得了不少世界领先的技术成果，但在应用上需要广阔的海外市场。中美贸易战的爆发对我国的高新技术行业将造成一定的冲击和影响。另外，中国对美国在技术进口以及融资上也有一定依赖，一旦爆发贸易战，短时间内中国难以寻找替代产品。

此外，还有声音对中方被迫采取对等反制措施的举动表示质疑，认为中国对美国市场极端依赖，无法对等征收关税。2018 年，中国从美国的进口额为 1300 亿美元，而出口额高达 5000 亿美元。因此，事实上，在中美贸易战中，我们无法以同额度回击。中国对美国的贸易顺差已经成为我国国际贸易中经常项目最重要的部分，中美贸易战一定会大大影响中国的出口经济。

在这种背景下，我国官媒非常有必要详细说明为什么这场贸易战中国“不得不打”，为什么不得不采取必要的反制措施，以及解释清楚反制措施带来的影响是有限、可控的。

三、报道特色分析

(一)以独特报道视角引导贸易舆论

中美经贸摩擦发生以来，媒体报道主要集中在以下几个方面：

一是动态性的报道，注重对中美贸易战事态的追踪。

二是表态式的报道，旗帜鲜明地表达对中美贸易战的态度。如《经济日报》的记者在中美贸易战爆发之后发表了多篇旗帜鲜明的评论，表明了对中美贸易战的反对态度，比如：“坚决反制美方的无理之举”“没必要担心中国底牌不足”等。

三是对中美经贸摩擦的形势、产生的原因、应对之策等进行分析。比如财新网邀请了多位业界专家以及知名学者对中美贸易战的形势和中国的应对政策进行分析，发布了专业性较强的长评，鞭辟入里地分析了贸易战带来的影响，并且为中国政府建言献策，如：《沈明高：如果贸易战来临，中国怎样成为赢家》等。人民网的《深刻认识美国制造经贸摩擦的原因》、中国经营网的《贸易摩擦频现 WTO 改革迫在眉睫》等均属此类。

四是中美经贸摩擦对中国的影响。如财新网从经济视角分析了中美经贸摩擦对中国各个产业带来的影响，以及对中美经贸交往带来的影响。① 和讯网也对中美经贸摩擦对棉花市场的影响进行了分析。

《正本清源理性看·中美经贸摩擦》这组系列报道另辟蹊径，直面中美贸易局势严峻的社会热点，理性分析了中美两国在此次贸易摩擦中存在较大的分歧以及中美经贸摩擦的实质和影响，报道着重从我国应对美国霸凌主义行为强调不得不打贸易战、贸易战开始后会给中美双方带来的一系列影响以及在这场贸易战中我国必将胜利的原因共三个方面一一展开报道，为读者详细解说了有关中美贸易战带来的危害以及我国应对此场贸易战充足的底气等。报道站在全球及一体化发展的高度，分析了贸易战对全球经济的影响，指出面临挑战时要更多地顾及发展伙伴和共同体成员的利益，国与国之间要连成互联互通、休戚与共的共同体，明确表示“不想打”是因为我们坚守“合则两利、斗则俱败”，而“不怕打”是因为我们有充足的底气和实力捍卫主权和尊严，以理性、淡定的基调和严密的逻辑为读者理解和认清中美经贸摩擦热点问题提供帮助，引导舆论回归理性。

（二）以贸易专业视角解读贸易问题

国际贸易新闻报道只有在把握整个国际规则的前提下，对贸易现象进行有理有据的分析，才能够更加充分并有据可依地传达我国的态度和立场。

第一篇报道《为什么我们一直强调“不得不打？”》采用递进式的报道方式，叙述了3月底美国政府率先挑起贸易摩擦的事实，对于美国一再发出的贸易战威胁和不断升级事态的行为，中方提出自己的坚定立场：不打第一枪，不愿打，但也不怕打，必要时不得不打。这一声明既增强了我国国民的民族自尊心和自信心，同时也尽到了一个大国应有的责任担当，在国际上树立起了良好的大国形象。此外，该篇报道分析了为何美国的行为属于“贸易霸凌主义”，首先分析了美国违反世贸规则的情况，说明美国抛开 WTO 争端解决机制，根据自己的国内法处理对外贸易摩擦，完全背离了 WTO 的基本原则。随后以事实为依据，阐明美国以“301 调查”结果为依据对中国挥舞贸易大棒，本质上既违背了美国对 WTO 的承诺，也违背了其国内法承诺。因此，我国需要为维护国家与人民、维护好自由贸易体系而战，“不得不打”是为了阻止美方恶化全球贸易环境和维护世界经济复苏态势。整篇报道详细解释了我国应对贸易战的原因和立场，条理清晰，对此事件起到了积极的舆论导向作用。

---

① 人民网研究院：《中国财经媒体对“中美贸易战”的新闻报道框架分析》，http://media.people.com.cn/n1/2020/0110/c224604-31542840.html。

第二篇报道《中美贸易战会给我们带来多大影响?》正面回应了百姓最关心的问题——中方的反制会给企业和老百姓带来多大的影响。针对这一问题，该通讯采用平行式的报道方式，真实、客观地指出影响在于我们能否坚持既定的政策方针不动摇，能否有效稳定负面冲突对预期的影响。报道分别从宏观经济层面、企业层面、国内消费层面出发，客观总结出目前贸易摩擦对我国经济发展的冲击是“有影响、可控制、需应对”的。通过这篇通讯，更加坚定了我国人民的信心，避免因贸易摩擦影响国内社会安定。

第三篇报道《为什么说我们应对贸易战有充足的底气?》在指出我国有能力应对贸易战的基础上，进一步凝聚人心力量、统一全党思想，从我国的制度、经济、社会动员体系，以及我国所秉持的道义和格局等方面论述了我国应对中美经贸摩擦的底气所在，表明我国的表态并不是逞一时口舌之快，而是在认真对比中美双方政治体制优劣、经济发展潜力、社会动员能力以及在处理中美经贸摩擦的整体格局之后得出的客观结论，这无疑给我国民众服下了“定心丸”，起到了理性引导舆论、安抚社会情绪的作用。

(三)以丰富的材料体现贸易新闻的权威性

为了做好这组系列报道，主创人员一面综合 3 月以来的所有有关中美经贸摩擦的采访资料，一面联系各界专家、企业家和读者，梳理出五个备受关注、直指中美经贸摩擦核心的热点问题：为什么我们一直强调“不得不打”、为什么说美国的行为是霸凌主义、中美贸易战会给我们带来多大影响、为什么说“贸易战没有赢家”、为什么说我们应对贸易战有充足的底气，从五个方面分析了中美贸易摩擦。在论证观点时，引用了详实的案例和真实的数据来论证文章的观点。如文章中为了论证美国的行为是霸凌主义，引用了美国历年来发起的“301 调查”的案例以及美国在 2017 年底发布的《美国国家安全战略报告》，点明美国挑起摩擦是霸权行为的集中体现。

四、对做好国际贸易新闻报道的启示

(一)坚持客观事实与国家利益并重

全球经济一体化背景下，国际贸易是各国参与国际分工、实现社会再生产的重要手段，也是各国实现商品生产与交换的重要渠道与途径。因此，国际贸易新闻报道能否真实、全面、准确地反映国际市场动态，对引导国际贸易和平稳定发展具有重要的作用。一旦信息失实，传播错误信息，就有可能导致贸易信息的误读乃至经贸决策的失误，甚至引起国际争端。因此，在国际贸易新闻报道中，坚持客观真实性是报道者需要遵循的最重要的原则。

在当下国际信息传播不平衡的现状下，西方媒体仍然控制着世界上绝大部分事件的信息源，国际贸易报道中充斥着大量的所谓“西方解读”，只有在坚持客观真实性的同时维护本国利益，才能让虚假的信息得以正本清源，以正广大受众视听，这样才能让受众对自己的国家充满信心和希望，进而以一个积极的心态去看待各种国际争端和贸易摩擦。

（二）坚持正确且积极的舆论导向

国际贸易从来都不只是两国经济问题，更是关乎国家社会、政治文化等多个方面。习近平总书记强调：“新闻舆论工作各个方面、各个环节都要坚持正确舆论导向。”马克思主义新闻观从不否认新闻的客观性，也不隐藏新闻的政治性，尤其是在开放融合的国际贸易环境中，国际环境日趋复杂，不稳定性、不确定性明显增加，因此必须坚持正确的舆论导向。国际贸易新闻报道要坚持国家立场和利益，向国际和国内发出中国声音，弘扬中国国际贸易中的成就、和平发展的态度与互利共赢的发展规划。在国际贸易新闻报道中，记者要不断增强政治敏锐性和鉴别力，在大是大非面前旗帜鲜明，在重大原则问题上敢于发声、敢于斗争。

记者坚持积极的舆论导向，寻找积极的切入视角，这并不是说报道完全回避现实生活中的残酷情境和负面消息，而是在新闻报道中加入积极的元素，用积极、正面和建设性的方式来建构消极性的报道。如果记者在写作相关报道时只以消极负面的视角切入，那报道将非常直白地暴露冲突，揭露矛盾，进而会加剧焦虑，引起恐慌，这在动荡的国际环境中是不利于社会和谐和国家经济健康发展的。

（三）以建设意识提出问题并解决问题

“所谓新闻报道的建设意识，就是指办报人时时刻刻站在对党对人民负责的立场上，根据‘只能鼓劲，不能添乱’的原则，一切着眼于建设，即对成功的经验予以科学的总结，使其有推广的意义；对失败的教训进行深刻的反思，提醒人们免蹈覆辙；对困惑的问题提出可供研究、探索、解惑的思路；对改革开放和现代化建设中出现的新事物、新问题持积极慎重的思考态度，为领导机关科学决策提供参考意见。”①国际贸易新闻报道要有利于国家利益、人民利益，有利于推动社会经济问题的解决，能够提供新的解题思路，对新事物保持科学严谨积极的态度。

① 吴玉兰、张祝彬：《经济新闻系列报道策划探析——以近五届“中国新闻奖”获奖作品为例》，《新闻界》2012 年第 5 期，第 3~6 页。

当前国际贸易暗流涌动，记者要善于洞察国际贸易中的各种问题，发现问题然后提出问题，要针砭时弊，并且利用自己的相关经济知识分析问题。

国际贸易新闻报道不仅仅在于反映贸易经济问题，同时还应提供解决问题的方案，找寻可值得借鉴的经验。在国际贸易新闻报道中要针对国际贸易中出现的经济问题，通过采访相关专家和学者，提出有针对性的解决问题的方法。这些方法是面向企业面向大众的，因此最好从微观入手，提出具体的问题，给出具体的解决办法，太过宏观则没有实际意义。同时还要着眼于未来，关注某一问题未来的发展，未雨绸缪，防患于未然。

(四)讲好国家贸易故事

“讲好中国故事”是对外传播的重要一环，对外讲好中国贸易故事，能大幅度提高中国国际形象，也能提高我国财经媒体在国际上的影响力。媒体在对外传播中如果过度关注宏大叙事只会招来他国受众的排斥和厌倦，过多地展示大国形象只会激发“中国威胁论”，因此在叙事方式上应该转向小叙事，将镜头聚焦于微观，同时也可以利用他者叙事，让外国人来讲中国贸易故事，讲述他们与中国贸易的亲身经历，这样可以大幅消除文化隔阂，增加外国受众的共情感受。

讲好我们的贸易故事对内也可以激发民族自信和文化自信，让国内的受众和相关贸易从业人员增加对祖国的认同感，从而以更加积极的心态投入共建富强美丽中国的奋斗中去。

第八章　房地产知识与房地产新闻报道

早在3000多年前的青铜器铭文中，我国就有了关于田地交换和买卖的记载，因此房地产是一个既古老又年轻的产业。一百多年前，以上海为代表的近代房地产业开始萌生发展，厦门、广州、天津、大连等许多沿海城市也有活跃的房地产交易。但后来很长一段时间里，由于受到传统体制和产品经济的影响，我国房地产业处于停滞发展的状态。改革开放40多年来，我国在经济社会各方面都取得了长足的进步，与改革几乎同步的住房制度改革也励精图治，取得了显著成效，房地产新闻报道也随之同步发展，并成为财经新闻报道的一个重要分支。

第一节　房地产知识概述

从1998年7月开始，我国政府正式宣布进行城市住房制度改革，使得房地产行业得到蓬勃发展。房地产业成为我国国民经济的支柱产业，不仅带动着众多产业的发展，同时对国家经济发展、社会稳定也起着至关重要的作用。①

一、房地产的内涵

目前学界和业界对房地产这一概念有很大的争议，常常将其与不动产、地产、房产这三个概念混淆，如何正确认识房地产的内涵，对于房地产管理和立法工作有着重要的影响。为了进一步明确房地产的内涵，首先必须分别研究不动产、地产与房产的含义。

（一）不动产

不动产是指实物形态的土地和附着于土地上的改良物，包括附着于地面或位于地上和地下的附属物。不动产是实物形态的、有形的“物体”，看得见、

① 曾勇：《文化地产战略》，新华出版社2015年版，第322页。

摸得着。① 如建筑物及土地上生长的植物，依自然性质或法律规定不可移动的土地、土地定着物、与土地尚未脱离的土地生成物、因自然或者人力添附于土地并且不能分离的其他物等。

(二)地产

人类所拥有并使用的土地是多种物质财富中的一种。地产不仅仅指土地，或说完全等同于土地，它是随着私有制、国家、阶级的产生而产生，作为社会经济基础的组成部分，反映着特定社会一定的所有制关系和阶级关系，具有强烈的阶级性和地域性。地产的这一特性在法律上集中表现为土地所有权。在我国，土地公有制是社会主义经济制度的重要组成部分和基础之一，存在着全民所有制和劳动群众集体所有制两种形式。② 因此，地产是指在一定的土地所有制关系下作为财产的土地，即在法律上有明确的权属关系的土地财产。地产包含地面及其上下空间，地产与土地的根本区别在于是否有权属关系。③

(三)房产

房产是具有一定经济权属关系的各种房屋、建筑物及与之相关的基础设施的总和，即：房产的物质形态是劳动产品。房产相当于房产的物质形态和经济权属关系的总和。房产有狭义与广义之分。

狭义的房产物质形态，是指房屋。即通过一定的围护结构形成具有供人们在其内部空间活动的建筑物。其主要物质形式有：住宅、厂房、办公室、教室等。

广义的房产物质形态，是由劳动创造的与一定的土地空间连成一体的建筑物、构筑物及其他基础设施的总和。除房屋建筑之外，还包括与土地有连体关系的桥梁、水塔、电视塔、纪念塔、烟囱等构筑物。其他基础设施是指与土地地面或地下具有直接依附联系的劳动创造物，主要有道路、铁路、机场、运动场、地下设施等，这些设施在人们的生产活动中起基础保障作用。④

除了房屋外，房产还指房屋所有权和地基使用权。因此，对于房产的完整理解应该是国家、集体、个人享有所有权的房屋和享有使用权的地基。

---

① 中国资产评估协会：《资产评估》，经济科学出版社 2012 年版，第 498 页。

② 李世亮、王丽环：《地产房产及房地产概念》，《法学》1993 年第 6 期，第 15～16 页。

③ 赵晓耕：《身份与契约：中国传统民事法律形态》，中国人民大学出版社 2011 年版，第 680 页。

④ 张东、陈柏东：《房地产经济学》，华中理工大学出版社 1996 年版，第 2 页。

（四）房地产

对于“房地产”一词的理解和认识目前存在着较大差异，概括起来，大致有以下几种观点：

（1）是指“拥有的土地以及建在土地上的所有的永久性建筑物”。

（2）是指“土地及其定着物”。

（3）是指“房屋和建设用地”。

（4）是指“房产与房产所占用土地有机组成的整体”。

（5）是指“房产和地产的总称”。

（6）是指“用于经营的土地以及土地上的房屋等建筑物”。

（7）是指“城市国有土地使用权和国有土地上的房屋等建筑物”。①

通过对不动产、地产、房产和房地产概念的分析，我们认为房地产是不动产的一个部分，从经济活动的角度上讲，房地产这一概念绝不能仅仅从土地、建筑物及其他地上定着物的物质实体的范畴去理解，还必须从权益方面去加以认识。尽管从本质上说，所有有形资产和物品都是物质实体和权益的综合体，但相比较而言，房地产的权益却更为复杂，权益对价值起着决定性的影响。②因此，房地产的内涵应该概括为：土地、建筑物及其他地上定着物及其衍生的权益。

《中华人民共和国国家标准房地产估价规范》对房地产的定义为：土地、建筑物及其他地上定着物，包括物质实体和依托于物质实体上的权益。房地产既是一种客观存在的物质形态，同时也是一项法律权利。作为一种客观存在的物质形态，房地产是指房产和地产的总称，包括土地和土地上永久建筑物及其所衍生的权利。其有三种存在形态：土地、建筑物、房地合一。在房地产拍卖中，其拍卖标的也可以有三种存在形态，即土地（或土地使用权）、建筑物和房地合一状态下的物质实体及其权益。随着个人财产所有权的发展，房地产已经成为商业交易的主要组成部分。

法律意义上的房地产本质是一种财产权利，这种财产权利是指寓含于房地产实体中的各种经济利益以及由此而形成的各种权利，如所有权、使用权、抵押权、典当权、租赁权等。③

---

①　孙佑海：《房地产概念刍议》，《中国房地产金融》1994年第3期，第9~10页。

②　王利明：《物权法研究》，中国人民大学出版社2013年版，第799页。

③　翟继光：《中华人民共和国土地管理法：释义与典型案例分析》，中国民主法制出版社2019年版，第1087页。

二、房地产的特点

房地产的特点是房地产内在本质的反映，是把房地产与其他事物区别开来的标志。研究房地产的特点，是房地产经济学的一项基础工作，也是搞好房地产开发经营活动的前提条件之一。

1. 房地产的自然特点

房地产的自然特点是从自然的角度把房地产与其他事物区别开来的特性，集中表现为空间位置和环境影响两个方面。

2. 房地产的经济特点

房地产的经济特点是从经济的角度把房地产与其他事物区别开来的特性。从房地产的价值和使用价值、经济运行等方面看，房地产具有以下的基本特点：①房地产经济运行的周期性。②房地产开发经营过程的长期性。③房地产供求关系的不平衡性与波动性。④房地产的保值与增值性。⑤房地产使用价值的长期性与价值流通的观念性。⑥房地产财富的有形性与无形性。

3. 房地产的社会特点

房地产的社会特点，是从社会的角度把房地产与其他事物区别开来的特性。它集中表现为房地产开发经营的社会总体安排与房地产权属关系的法律界定性。

三、房地产的类型

(一)按用途分

(1)居住房地产：普通住宅、高级公寓、别墅等。

(2)商业房地产：包括商务办公楼(写字楼)、旅馆(宾馆、饭店、酒店、招待所、旅店等)、商店(商场、购物中心、商业铺面等)、餐馆、影剧院等。

(3)旅游房地产：包括公园、风景名胜、历史古迹、沙滩等休闲场所。

(4)工业房地产：包括厂房、仓库等。

(5)农业房地产：包括农场、林场、牧场、果园等。

(6)特殊目的的房地产：包括政府机关办公楼、学校、教堂、寺庙、墓地等。

(二)按市场性质划分

(1)出售的房地产。(2)出租的房地产。(3)营业的房地产。(4)自用的房地产。

（三）按开发程度划分

（1）生地：是指不具有城市基础设施的土地，如荒地、农田。

（2）毛地：是指具有一定城市基础设施，但地上有待拆迁安置的房屋的土地。

（3）熟地：具有完善的城市基础设施、土地平整、能直接在上面进行房屋建设的土地。

（4）在建工程：地上建筑物尚未建成、不具备使用条件的房地产，该房地产不一定正在建设，也可能停工了多年。

（5）现房：地上建筑物已建成、可直接使用的房地产，可能是新的，也可能是旧的。

（四）按建筑层数和高度划分的类型

（1）低层建筑：一层至三层。（2）多层建筑：四层至六层。（3）高层建筑：七层至九层。（4）超高层建筑：十层及十层以上。

第二节　房地产知识关键概念

一、房地产产权

房地产产权是指对房产所有权及其宅基地、院落、院墙等所占土地的使用权，它是由产权人在法律规定的范围内对其房产行使占有、使用、收益和处分的权利。产权的占有方式是通过对它的权属关系——产权的确认来实现的。产权的取得与确认，必须由房地产所有者依照法律的程序向房地产管理机关提出申请、进行登记，只有取得产权证后，才能得到正式的承认，并受法律保护。①

二、房地产市场

房地产市场有狭义和广义两层涵义。狭义的房地产市场是指房地产买卖、租赁、抵押、典当等交易的活动场所；广义的房地产市场是指整个社会房地产交易关系的综合。房地产市场分为：一级市场、二级市场、三级市场。

① 杨立新：《中华人民共和国民法典：条文精释与实案全析》，中国人民大学出版社2020年版，第665页。

房地产市场的构成要素包括市场主体、客体、市场规划以及市场信号等要素。①

房地产市场是房地产业进行社会再生产的基本条件，并可带动建筑业、建材工业等诸多产业的发展。房地产市场是房地产市场体系中最有代表性，也是最重要的部分，处于主体地位。

三、房地产金融

房地产金融统指通过各种信用方式、方法及工具，组织和调剂房地产领域货币资金的活动。具体内容包括房地产再生产过程中所发生的存款、贷款、投资、信托、租赁、抵押、保险、贴现、承兑、有价证券发行与交易，以及房地产金融专业机构所办理的各类中间业务等各种信用业务活动。

四、房地产税收

房地产业是国民经济的重要行业，为国家创造了大量的财政收入，是产生国家税收收入的重要来源，从房地产的前期开发到项目竣工验收交付使用，每个阶段都会带来许多税收，从一定意义上可以说，目前房子价格过高，与各个环节重复征税相关。

五、房地产流转

房地产流转，通俗地说，就是房地产发生所有权或使用权变动，其权利主体从一个主体流转为另一个主体，原则上一方主体以支出房地产而获得资金，另一方以支付资金而获得房地产。

六、商品房销售相关概念

(一)均价

将各单位的销售价格相加之后的和数除以单位建筑面积的和数，即得出每平方米的均价。它代表一个项目的整体价位水平。但购房者会发现，用标着的均价来买房，往往想买的房子与标出的均价有很大差距。均价不是简单的算术平均值，而是开发商根据当前的市场情况专门制定的，是收回成本并获得利润的价格。

---

① 张东、陈柏东:《房地产经济学》，华中理工大学出版社 1996 年版，第 79 页。

（二）得房率

得房率是买房比较重要的一个指标，是指可供住户支配的面积（也就是套内建筑面积）与每户建筑面积（也就是销售面积）之比。得房率太低不实惠，得房率太高不方便。因为得房率越高，公共部分的面积就越少，住户会感到压抑。一般得房率在80%左右比较合适，公共部分既宽敞气派，分摊的面积也不会太多，比较实惠。一般多层的建筑物得房率为88%，高层的建筑物得房率为72%，而办公楼为55%。①

（三）容积率

容积率又称建筑面积毛密度，是指一个小区的地上总建筑面积与用地面积的比率。

（四）公摊建筑面积

公用建筑面积是指由整栋楼的产权人共同所有的整栋楼公用部分的建筑面积，包括：电梯井、管道井、楼梯间、垃圾道、变电室、设备间、公共门厅、过道、地下室、值班警卫室等，以及为整幢楼服务的公共用房和管理用房的建筑面积，以水平投影面积计算。公用建筑面积还包括套与公共建筑之间的分隔墙，以及外墙（包括山墙）。公摊建筑面积是指每套（单元）商品房依法应当分摊的公用建筑面积。公用建筑面积和分摊的公用建筑面积的产权归整栋楼购房人共有，购房人按照法律、法规的规定对其享有权利，承担责任。②

（五）楼间距

楼间距指两相邻楼的外墙面距离，或同一个小区两栋相邻的楼与楼之间的距离。建筑间距的控制是为了保障人们工作、生活的质量与安全，满足必需的日照时长、采光、通风、隔音等要求。

七、其他概念

（一）经济适用住房

经济适用住房是指已经列入国家计划，由城市政府组织房地产开发企业或者集资建房单位建造，以微利价向城镇中低收入家庭出售的住房。它是具有社会保障性质的商品住宅，具有经济性和适用性的特点。经济性，是指住房的价格相对同期市场价格来说是适中的，适合中等及低收入家庭的负担能力。适用

① 汤鸿、纪昌品：《房地产策划技术与案例分析》，东南大学出版社2017年版，第422页。

② 杨遂全等：《房地产法学新论》，四川大学出版社2013年版，第280页。

性，是指在房屋的建筑标准上不能削减和降低，要达到一定的使用效果。和其他许多国家一样，经济适用房是国家为低收入人群解决住房问题所做出的政策性安排。①

(二)安置房

安置房是政府进行城市道路建设和其他公共设施建设时，对被拆迁住户进行安置所建的房屋。安置的对象是城市居民被拆迁户，也包括征收拆迁房屋的农户。随着城市建设发展步伐的进一步加快，尽可能新建更多的安置房，不断满足拆迁户的需求已迫在眉睫。

(三)保障性住房

保障性住房是与商品性住房(简称商品房)相对应的一个概念，保障性住房是指政府为中低收入住房困难家庭所提供的限定标准、限定价格或租金的住房，由廉租住房、经济适用住房和政策性租赁住房构成。与商品房相比，我们的保障性住房制度还很不完善，为此，我国已经提出要加大保障性住房建设力度，进一步改善人民群众的居住条件，促进房地产市场的健康发展。

第三节　房地产新闻报道

房地产业是国民经济的支柱产业，不仅有较高的经济地位，而且还涉及开发商、购房者、政府等多方的利益，关系到社会的安定问题，因此随着房地产业成为我国积极发展的支柱产业，房地产新闻报道也日渐受到关注，成为财经新闻报道的一个重要分支，做好房地产新闻报道，不仅可以更好地帮助受众安居乐业、投资理财，同时可以更好地推动市场经济协调发展。

一、房地产新闻报道概述

(一)房地产新闻报道的概念

2003年南京师范大学刘励在论文《试论中国房地产报道》中将房地产新闻报道定义为“房地产业内有关居民住宅房、地产市场动态及相关事实的报道”,② 这是较早对房地产新闻报道的概念界定，但仅针对住宅房地产市场进行了研究分析。时至今日，房地产新闻报道的外延还包括整个房地产市场，因此房地产新闻报道要对房产与地产行业相关事宜进行报道，涵盖经济、政治、

① 朱建江、邓智团:《城市学概论》，上海社会科学院出版社2018年版，第706页。
② 刘励:《试论中国房地产报道》，南京师范大学2003年硕士学位论文。

社会等多个领域。

有研究者认为，与房地产行业相关的报道，其范围应包括以下几个方面，即对房地产行业政策的发布与解读、房地产行业的发展、市场动态、行业建设情况、房地产行业及其产品情况等。① “房地产新闻报道就是媒体对有关房地产领域相关事实的报道，具体包括房产新闻和地产新闻以及同房地产有关的经济、政治、文化等相关报道。”②

综上所述，房地产新闻报道是关于房地产政策、房地产业务、房地产金融及其相关领域新近发生的事实的报道。

(二)房地产新闻报道的特点

1. 政策性

房地产业既是国民经济的基础性、先导性产业，又是风险性产业，是一把“锋利的双刃剑”。为使房地产业健康有序发展，国家对房地产业负有调控的职责。如果调控得当，房地产业能为国民经济持续、快速发展做出巨大贡献，反之则阻碍经济的发展。因此，从这个角度来说，房地产新闻报道具有较强的政策性，对房地产政策的发布与解读成为房地产新闻报道的重要分支，这也要求新闻工作者在进行房地产新闻报道时，在政治上坚决同党中央保持一致，要有政策观念和理论水平，能把握好正确的舆论导向。

《措施更精准 保障性租赁住房获重磅政策加持》(人民网 2021 年 7 月 5 日)这篇报道就是对国务院办公厅日前印发的《关于加快发展保障性租赁住房的意见》(以下简称《意见》)的详细解读，明确了《意见》推出是“为加快发展保障性租赁住房，促进解决好大城市住房突出问题”，让新市民或青年人以相对较低的租金解决住房问题，最终目的是促进房地产市场平稳健康发展，推动我国住房发展向更高质量的“住有所居”目标大步迈进。

房地产政策主要包含两大方面，一是作为基础的制度性政策，主要包括一些法律、法规、制度或办法，目的是能够解决房地产市场日常运行过程中的难题；二是可调控性的政策，以制度性政策为基础，强调经济社会发展的个性所需，注重不同地方、不同时间段经济社会发展的实际情况，其作用是保障制度

① 江维：《我国房地产报道研究文献综述》，《新闻世界》2014 年第 1 期，第 126~127 页。

② 牛耀红：《当前我国房地产新闻消息来源偏向研究》，兰州大学 2010 年硕士学位论文。

性政策的平稳、顺畅施行，推动决策规范更加合理、科学，符合当地经济社会发展的实际情况。具体则表现在不同层级政府出台的相关会议文件、管理办法及细则等。①

受疫情影响，2020 年以来，经济下行，房地产市场调控也保持了一定的稳定性。中央不断在不同时间段释放强烈信号，并扎实推进各项工作，从 2020 年 4 月 17 日、7 月 30 日的中央政治局会议到 8 月 22 日扎实推进长三角一体化发展座谈会，都在强调落实房地产长效机制，不将房地产作为短期刺激经济的手段，坚决防止借机炒作房地产。2020 年 12 月召开的中央经济工作会议再次强调了“房住不炒”的定位，《人民日报》、新华社、《第一财经》等重要媒体纷纷发布政策报道，如 12 月 9 日新华社发布《楼市：坚持“房住不炒”》，18 日《第一财经》发布《中央经济工作会议：重申“房住不炒”，促成“租购同权”》，为房地产政策的连续性和促进房地产市场平稳健康发展指明了方向。随后，各地也纷纷出台相关政策加强房市调控，《证券日报》发布《七天三城升级楼市调控 住建部调研督导再次强调“房住不炒”》（2021 年 1 月 28 日），2021 年 1 月 27 日，杭州市发布《关于进一步加强房地产市场调控的通知》，从住房限购、住房限售、税收调节和无房家庭认定标准及高层次人才优先购房政策等方面进一步加强房地产市场调控。至此，仅 7 天时间，上海、深圳、杭州三大热点城市相继加码楼市调控政策。

2. 专业性

房地产新闻不是单纯的财经新闻，它的成文需要结合和分析房地产行业乃至金融业背后的种种新政、经济大势。随着我国房地产新闻报道所涉及的领域越来越广，对新闻从业者的要求也越来越高，因为房地产新闻报道涉及的范围很广，包括经济、土地、中介、金融等多个领域，同时还需要记者掌握深厚的房地产领域的专业知识，才能准确描述当地的楼市政策信息、楼盘信息等情况。

较早涉足房地产业的《中国房地产报》主要面对业内人士，其相关报道具有很强的专业性，不适合普通读者阅读。随着房地产业的繁荣，房地产新闻报道的普及，越来越多的普通大众成为阅读对象，经济类报刊开始涉足房地产新闻报道，使得房地产与普通大众的联系更加密切，房地产新闻报道的专业性与表达的通俗性得到了较好的融合。

《“楼市贬值潮”论调站不住脚》（《经济日报》2021 年 6 月 23 日，郭存举采

---

① 郑华：《中国房地产政策研究：堵漏、体改、维权》，电子工业出版社 2004 年版，第 5 页。

写）开篇就提出了一个受众关心的话题：

今年以来，多地楼市调控政策加码，市场不断释放出收紧信号，其中包括严打经营贷违规进入楼市、建立二手房指导价机制、严格监管银行房贷政策执行，等等。在这种情形下，有"专家"大胆预测，下半年全国楼市将迎来首个贬值潮，房价将出现普遍下降，降幅甚至超乎常人想象。

楼市从来不缺少各种奇谈怪论，围观群众经常被各类观点搞得摸不着头脑。对此，我们应多一些理智清醒，少一些轻信盲从。无论从哪个角度看，"楼市贬值潮"论调都站不住脚。

报道首先从各城市人口流动、供需关系和土地价格等因素的差异，分析房地产市场冷热不均的态势，各地因城施策，努力促进房地产市场平稳健康发展。其次提出判断楼市的大趋势，离不开对中央政策的深入理解分析。对于楼市，中央一再明确"房住不炒"定位，构建长效机制，促进房地产市场平稳健康发展。最后提出房价的变化，除了受供需关系的影响，还取决于调控政策和货币政策的变化，以专业的视角驳斥了预言全国楼市"普涨""普跌"的不符合常识的各种言论。

3. 服务性

房地产在中国经济社会中的地位特殊，涉及经济发展、金融安全、社会稳定、民生安居、财富分配等多个方面，楼市报道也因此具有独特而重要的属性，其所肩负的社会责任也尤为突出。① 因此，房地产新闻报道需要为政府提供决策参考，为百姓提供置业服务，为房地产企业提供行业参考，不仅需要精确反映，理性剖析，同时还要正确引导，② 这些报道目的的实现就是房地产服务性特点的体现。

服务性报道，是指通过为社会公共事务和人们的工作、生活提供具有直接可用价值的信息，从而帮助受众解决实际问题的一种新闻报道形式。③ 房地产

---

① 项贤勇：《浅谈房地产报道中的媒体立场与责任》，《新闻研究导刊》2016年第23期，第168页。

② 胡霞利：《都市报房地产报道的精确反映与理性引导——以〈新安晚报〉"触摸楼市温度"专题报道为例》，《新闻世界》2017年第5期，第13~15页。

③ 张文君：《浅谈服务性报道如何真正服务于民》，《采·写·编》2013年第3期，第38~40页。

新闻报道的服务性是双向的，既对大众传达国家房地产经济政策，传播合理、合法的生活和消费知识，以服务于消费者，又为政府决策部门制定和调整政策法规提供决策参考和普通百姓的意见，以服务于政府。

《别让高房价吓跑大城市的年轻人》(《经济日报》2021 年 4 月 21 日)报道，记者站在购房者的角度，说出了许多大城市年轻人的购房烦恼，同时也给政府以及房企提供了改善建议和方向，体现了媒体的服务意识。

二、房地产新闻报道的分类

早在 2003 年，有研究者就提出，按照房地产新闻报道的内容可将其分为房地产业宏观报道、房地产金融报道、房展报道、房地产个案报道、房地产价格报道五类。① 房地产业宏观报道主要分析房地产市场现状；房地产金融报道分析和解释国家房贷政策；房展报道主要宣传和分析房展；房地产个案报道主要是针对业界的一些动态的分析和报道；房地产价格报道则重在分析价格走势。随着房地产行业的发展，房展报道已基本难寻踪迹，目前房地产新闻报道主要集中在政策的发布与解读、国家在解决居民住房中所取得的成就、相关住房问题的现状与解读、房地产行业调查数据与市场动态、房地产企业及其产品的推广和建筑艺术等方面。

(一)房地产政策与信息发布报道

此类报道以为房地产商与消费者之间提供房地产相关政策信息为主，保证房地产市场的合理有序，使消费者在购买房产时更为理性。房地产政策既包括国家出台的房地产行业的调控政策，也包括土地出让的相关政策，同时也与相关税收政策、货币政策相关。

(二)房地产金融报道

房地产金融报道是房地产业和金融业融合而成的新事物，目前报刊上的房地产金融报道主要针对个人住房金融业务。房地产金融报道“心”牵两头，一方面是国家的有关政策，另一方面是老百姓的切身利益。关于房地产金融整体形势的报道既有对整体形势的描述或分析、评论，又有对金融机构关于住房金融业务的整体状况的报道，还有关于国家和地区最新政策动态和各金融机构出台的一些相应举措的报道。

(三)房地产行业发展问题报道

随着房地产业的蓬勃发展，房地产行业总是不断涌现出新问题，这就要求

---

① 刘励：《试论中国房地产报道》，南京师范大学 2003 年硕士学位论文。

记者在寻找事件真相的同时，对问题产生的原因追根溯源，以使我国房地产行业健康持续发展。

《蛋壳破了》(《财新周刊》2020 年第 47 期)为胡越、牛牧江曲、屈运栩等 6 位记者所写，全篇 15288 字。报道围绕蛋壳公司“暴雷”事件，从蛋壳的商业模式、租金贷的支撑原理、微众的风险控制逻辑、大行对发放租金贷的看法、蛋壳事件中各方问题的寻求解决、从宏观政策方面谈长租公寓发展现状以及对住房租赁的监管等 7 大问题切入，揭露“蛋壳暴雷”事件背后的多层次原因：蛋壳本身运营模式的风险性、行业内只提供相应政策支持缺少相应管控机构、租金贷本身的问题、贷款资金流向的问题等，向读者全方位展现了此次蛋壳公司“暴雷”中存在的问题，提出了后续的解决方案和措施，报道采访了蛋壳公寓租房者、与蛋壳公寓签署协议的房东、蛋壳公寓高管、提供租金贷业务的微众银行、租金贷有关业内人士、杭州房管局、经济学家等，通过多方发表意见，跳出传统的“蛋壳公寓与租户”之间的二元对立框架，降低了报道呈现出来的冲突基调，共同探讨解决路径，为长租公寓发展提供借鉴，为房地产业可持续发展提供操作路径，激发社会公众对房地产去库存的长租公寓模式的信心。

(四)房地产价格报道

对整个国民经济发展都具有举足轻重作用的房地产行业来说，房地产价格无论对于个人还是对于整个国民经济都有着深刻而巨大的影响。

房地产价格报道通常通过以下几种方式来呈现：首先，通过“国房景气指数”的八个分类指数的同期变化来分析房地产价格的变动，商品房的销售价格是这八个分类指数之一，它直接影响“国房景气指数”的变化。其次，通过统计局等统计调查机构对城市房地产市场的调查数据来说明全国或某个地区的商品房销售价格的变动情况。这两种报道方式是比较常见的宏观报道房地产价格的手法。

房地产价格报道并不是单纯地只提及商品房价格问题，一般还可以通过对土地交易价格、房屋租赁价格以及“国房景气指数”的其他七个分类指数等相关因素，分析房地产价格变动情况。这类宏观价格报道引用权威专业部门的统计数字，多是对过去一段时间内房地产价格变动情况的总结，具有很强的权威性和参考性，也是房地产价格报道的主流方式，对业内人士判断今后的价格走势具有一定的参考意义。此外还有从微观的角度进行价格报道，比如针对某个地区或城市，甚至某个楼盘的价格进行报道，报道针对的是特定阶段的具体价格状况，经常出现于区域性较强的社会生活类晚报的房地产新闻报道中。

三、房地产新闻报道的原则

作为时刻监测房地产业发展变动的房地产新闻报道，担负着两个重大的职能：一是还原新闻的本位，真实、及时、全面、准确地反映市场的变动，做国民经济的"风向标"；二是为相关部门制定、调整经济政策，为人民群众置业提供资讯参考。因此，房地产新闻报道对房地产市场全面的报道，对房地产资讯科学的分析，对受众准确了解市场、国家制定房地产政策起到良好的作用，从而直接关系到整个国民经济的健康发展。① 其写作必须遵循以下原则：

（一）恪守真实性与客观性原则

房地产新闻事关国计民生和人民根本利益，它需要严谨、专业、科学的解读，更需要以真实和客观事实为依托。房地产行业关乎国民经济，涉及开发商、购房者、政府等多方的利益，我们难以像判定金融新闻一样对报道进行正面或负面的区分，媒体也会受到房地产调控政策和市场运行状况的叠加影响，因此作为提供受众普遍关注的、与他们的利益直接相关的各类房地产资讯，反映房地产行业相关问题的报道，应该恪守真实性与客观性原则，力求真实全面地还原客观事实。

在我国，客观性原则受到侵犯的主要原因是体制空间的制约以及商业主义的泛滥。政府官员与房地产从业者是主要的消息来源，控制着媒介话语权，导致成就与建设报道和楼盘信息报道的宣传意味浓厚。因此房地产新闻报道必须处理好与广告商的关系。报道中应该避免带主观色彩的论述，在新闻业务的操作技巧上将负面影响降至最低，力求保持新闻文本的客观、中立，避免使用形容词、副词等有修饰作用的词汇，避免在报道中夹杂个人观点等。②

《"三道红线"：终结房地产金融过度红利》(《中国新闻周刊》2020 年 11 月 3 日)报道，主要是通过解读 2020 年 8 月 20 日，央行、住建部召开重点房地产企业座谈会，形成重点房地产企业资金监测和融资管理规则，解读了收紧地产开发商融资的"三道红线"：剔除预收款后的资产负债率大于 70%、净负债率大于 100%、现金短债比小于 1 倍。根据"三道红线"触线情况不同，将房地

---

① 吴玉兰：《经济新闻报道》，武汉大学出版社 2009 年版，第 405 页。

② 崔佳：《报纸媒体房地产报道的框架分析——以〈人民日报〉、〈广州日报〉、〈南方周末〉为例》，暨南大学 2008 年硕士学位论文。

产企业分为“红、橙、黄、绿”四档。这是中央监管部门第一次清晰地明确房企的举债标准。相比以往模糊的收紧融资政策，“三道红线”看得见摸得着，房企再没有漏洞可钻，房地产企业从此告别极端高杠杆模式。

(二)强化舆论导向

改革开放以来，我国政府有关房地产市场宏观调控政策的一系列文件中就有“加强新闻宣传”“加强舆论引导”“积极营造良好的舆论氛围”“稳定市场预期”“坚持和强化舆论引导”“加大主动宣传力度”“加强市场监管和预期管理”等表述。如住房城乡建设部发布的《住房城乡建设部关于进一步做好房地产市场调控工作有关问题的通知》和七部委联合发布的《关于在部分城市先行开展打击侵害群众利益违法违规行为 治理房地产市场乱象专项行动的通知》中都提及要正面引导舆论，打击利用自媒体公众号等网络媒体炒作渲染房价上涨、散布虚假信息等行为，营造良好的舆论氛围，稳定市场预期，这些都表明政府在调控房地产市场时，对媒介正面舆论导向作用的重视。

《征地破局》是中央电视台于 2008 年 11 月 22 日在深度调查类节目《新闻调查》上刊播的一期关于土地问题的调查性新闻报道，节目时长 42 分钟，主要讲述了社会转型时期广大农民因征地而被迫面临的艰难处境以及不合理的征地制度所带来的一系列社会问题。该报道通过中央电视台记者对中央农村工作领导小组办公室主任陈锡文的采访，以及对广东、福建、山西等广大中国农村地区征地拆迁问题的实地走访、调查，揭露了社会转型时期征地这一经济行为背后所隐藏的群体纠纷与社会矛盾，反映了广大农民因征地而失去土地后不得不面临的缺乏保障、收入、出路等一系列社会性问题。报道以土地问题为切入口，深挖社会痛点，反映了广大底层人民的内心呼声与利益诉求，体现了调查性新闻报道探寻事实真相、追求理性的价值取向。节目一经播出在社会各界引起了强烈的轰动，取得了良好的社会效果。当其他媒体都在关注过度征地本身这件事的时候，《新闻调查》团队以故事为中心，以全局的视角收集采访资料，指出了过度征地的影响，好的影响：“经济发展，城市现代化，就业增多”；坏的影响：“工业污染严重，农民失去生活保障和归属感”。那么产生了这些影响，政府是否采取措施？措施有什么作用？是好的作用还是坏的作用？从《征地破局》中都能找到答案。

房地产市场独具特殊性、复杂性、多变性、地域性、敏感性等特点，在“众声喧哗”的新媒体时代，一些记者在采访报道中违背客观公正的原则，任意剪裁，为我所用。因此，房地产新闻报道要做好舆论引导，就要对宏观经济和房地产行业有全面把握，加强对房地产相关的金融、土地政策的了解；在尊重行业事实的基础上，学会用历史的眼光去看待房地产所处的发展阶段；在各类社会矛盾不断涌现、多元利益诉求不断整合的社会转型期，要做有预见性、前瞻性的理性判断，同时呼吁各地方政府研究机构进一步提高房地产领域研究的科学性、指导性，积极参与引导楼市舆论。①

（三）找准经济效益和社会责任的平衡点

在市场经济条件下，房地产媒体之间竞争加剧，同时约束房地产媒体市场行为的法律法规缺失，导致部分房地产媒体出现了在新闻报道中片面重视经济效益，忽视新闻报道社会责任的现象，尤其是弱化了新闻报道在帮助受众科学把握房地产发展态势、正确研判房地产市场走向，进而做出理性决策的重要功能。

为了找准经济效益和社会责任的平衡点，房地产媒体必须要解决当前新闻报道中存在的经济效益导向过重的问题。一方面，房地产媒体要把社会责任放在首位，明确自身在满足受众需求方面的社会价值；另一方面，在把社会责任放在首位的基础上，可以兼顾新闻报道的经济效益，使房地产媒体的生存和发展获得必要的保障。

如前所列的《蛋壳破了》对事关超 30 万年轻人的住房问题，记者采访对象多为业界专家，对蛋壳公寓事件进行了深度调研，对许多读者一直以来所疑惑的事实进行准确详细的阐述。报道为受众提供了许多增量信息。记者从蛋壳公司谈到整个租房产业再到整个租房产业的监管，从租金贷谈到发行方——微众银行，再谈到大行对于租金贷产品的看法，也兼顾了蛋壳事件中四方利益被侵害的维权可行性与方法，兼顾宏观与微观、个体与行业。采访对象多元，有亲历者、受害者、当事人以及相关领域的专家，还有处于不同领域但对蛋壳公司深度调研过的人士，他们的发声以及这些第一手资料的采写，向受众展示了立体广阔的图景，启发受众思考事件背后的问题和意义，记者不再是客观信息的发布者，而是以介入性取代客观性，用解困者替代旁观者，成为寻找解困方案的理性客观的参与者，体现了媒体的社会责任感。由此可见，一篇好的房地产报道，必然要将宏观调控背景与微观报道结合起来，要站到审视行业和挖掘现象背后本质的高度。

2020 年 12 月 16 日至 18 日，中央经济工作会议在北京举行，会议用 236

① 陈光义：《如何净化楼市舆论场、走出房产报道误区》，《新闻记者》2017 年 9 月，第 107~109 页。

字定调明年房地产市场：解决好大城市住房突出问题。会议重申，要坚持房子是用来住的、不是用来炒的定位，因地制宜、多策并举，促进房地产市场平稳健康发展。这是中央经济工作会议连续第三年提“房住不炒”。因此，做好房地产新闻报道任重而道远。除了要能“沉得下去”，从一线观察最直观、最细致的现象，还要能“高看一眼、深挖一层”。房地产新闻报道要从深层次去捕捉，以专业的角度去审视行业的发展，而不是停留在肤浅的表面，被喧嚣的概念和市场迷惑而人云亦云。

第四节　案例分析：《8院士参与深圳保障房建设》

8院士参与深圳保障房建设

“相信市民住进来后会有很好的体验。”全国人大代表、深圳光启研究院院长刘若鹏昨日在参与视察深圳光明长圳保障房项目后感叹不已。长圳项目是深圳目前在建规模最大的公共住房项目，有近万套保障房。

昨日上午，深圳市人大常委会主任骆文智率部分在深全国、省、市人大代表，来到福田、龙岗和光明区，视察我市保障性住房建设情况，刘若鹏全程参与视察。

据介绍，去年6月开工建设的深圳光明长圳保障房项目位于光明区光侨路与科裕路交会处东侧，总建筑面积109.78万平方米，建设住房9672套，2021年交付使用。

长圳保障房项目之所以成为“网红”，是因为我国8位院士将其呕心沥血的科研成果注入其中。市住房和建设局局长张学凡介绍：“周福霖院士的减隔震技术，能够在7级地震发生时，使建筑物受到的影响只有4~5级；周绪红院士钢结构大框架体系技术，可有效减轻建筑自重20%以上，节省脚手架和模板90%；孟建民院士的‘本原设计’理论使长圳项目集中体现‘建筑服务于人’的思想。还有聂建国院士的钢和混凝土组合楼盖技术、欧进萍院士的减震装置技术、肖绪文院士的绿色施工和免模施工技术、丁烈云院士的智慧安全工地技术、江亿院士的建筑分布式蓄电和全直流供电技术，这些最新的科研成果，都将在长圳保障房中集中应用。”

有了这么多“硬核技术”，长圳保障房的居住体验又会怎样？据介绍，整个长圳住宅区实现了全首层的风雨廊设计，居民从地铁或公交场站回家时不会淋到一滴雨；该项目还实现了6个小区之间不跨市政路的无障碍连接，业主进入二层绿化平台后，犹如行进在公园之中……创新、绿色、共享的新理念在细节中得到体现。

堂堂8位院士何以“屈尊”参与建设长圳保障房项目？该项目院士“召集人”孟建民说：“好的技术应该用于提升人民的幸福感，让人们享受到科技进步带来的‘红利’。”

深圳去年8月出台的《关于深化住房制度改革　加快建立多主体供给多渠道保障租购并举的住房供应与保障体系的意见》明确提出，将在2035年前新增建设公租房、安居型商品房和人才住房共100万套，占全部新增住房的60%左右。张学凡说，在人们的印象中，保障房就是“低端房”。深圳长圳保障房项目就是要改变人们固有的观念，打造保障房建设领域的“样板房”——这是长圳项目建设的初衷，也是院士们“加盟”建设的初心。(《深圳商报》2019年7月3日，丁时照、李秀瑜采写。)

一、案例概述

2019年7月3日，《深圳商报》推出消息《8院士参与深圳保障房建设》，报道从关系国计民生的房屋问题出发，详细剖析了长圳保障房项目之所以成为“网红”的根本原因，打破了保障房即低端房的刻板看法，为解决深圳市居民的住房问题提供了新的思路与帮助。这篇报道一经发出，很快引起深圳当地各界及全国媒体的关注，长圳项目也迅速成为“网红”。科研成果转化是大问题，也是党和政府、社会各界瞩目的焦点。8位院士将其得意的科研成果在深圳长圳保障房具象化，意义重大。这与报道主旨不谋而合，彰显了报道的实用性、前瞻性与参考性。该报道先后获得深圳新闻奖二等奖、广东新闻奖三等奖、第30届中国新闻奖三等奖。

二、报道背景分析

保障房事关国计民生。十八届三中全会高度重视保障民生，对住房保障提出了要求，明确“健全符合国情的住房保障和供应体系”；十九大报告也指出，要保障和改善民生，在住有所居上不断取得新进展，坚持“房子是用来住的、不是用来炒的”定位，加快建立多主体供给、多渠道保障、租购并举的住房制度。

在完善住房保障体系方面，深圳一直走在全国前列。早在2016年，深圳就专门成立了住房保障署和人才安居集团，出台了《关于促进人才优先发展的若干措施》《关于完善人才住房制度的若干措施》等一系列政策。2018年8月，深圳又出台《关于深化住房制度改革 加快建立多主体供给多渠道保障租购并举的住房供应与保障体系的意见》，明确提出将在2035年前新增建设公租房、安居型商品房和人才住房共100万套，占全部新增住房的60%左右。因此，与全国其他地区相比，深圳的住房条件与保障显得较为完善，人们凭借学历到深圳后，可以享受较好的人才补贴，包括享有政府提供的公租房保障，实现在深圳“落下脚”的愿望。

记者调查后发现，深圳市几处代表性公租房普遍存在大量房屋闲置的现象。在深圳等一线城市，住房是个大难题，但是房屋却空置，这其中原因在于引入人才对房屋的诉求：不在于“有房住”层面，而是想要“有住房”，即自身拥有房屋的产权。对于许多来北上广深这一批一线城市奋斗者来说，白天的拼命工作、夜晚的不断加班大多都是为了能在大城市买下一套房子，也就是我们常说的“扎根”。有了住房之后，除了是对每日每夜拼搏的自己的心理安慰外，同时还能拥有许多实际的便利，例如在银行的储蓄能够增值保值、后代能够上当地的公立小学、能够高额度申请信用卡以及成家立业的保障与依靠。因此，在深圳也流传着这样一句打工人皆知的话——“有恒产者有恒心。”综合可知，“有住房”是深圳为留住人才所迫切需要解决的问题。在这样的背景下，全国最大的装配式建筑公共住房项目——长圳保障房项目，进入《深圳商报》记者的视野。

三、报道特色分析

(一)以独特的新闻敏感关注保障房报道选题

2018年8月，《深圳商报》总编辑丁时照带领记者李秀瑜参加一次采访活动，偶然了解到刚刚开工不久的长圳保障房项目，深圳市住房和建设局局长张学凡特别提到，长圳保障房项目的独特之处在于，我国8位院士将其科研成果集中应用于民生项目。

丁时照总编辑敏锐地意识到，这既是科技改变生活、科学家心系人民的好典型，更是帮助受众改变对保障房刻板印象的一条珍贵的新闻线索。在一般人的印象中，保障房简约、经济，是一种低端住房，但作为学术界泰斗的8院士参与建设：孟建民院士的本原设计理论、周福霖院士的减隔震技术、周绪红院士的钢结构大框架体系技术、聂建国院士的钢和混凝土组合楼盖技术、欧进萍院士的减震装置技术、肖绪文院士的绿色施工和免模施工技术、丁烈云院士的智慧安全工地技术、江亿院士的建筑分布式蓄电和全直流供电技术……将科研成果与民生项目紧密结合，这种科技惠民的精神，在粤港澳大湾区得到全新的实践，具有全国示范价值。

在获得这一新闻线索后，总编辑便带领记者们从新闻主题的确立、实地的采访以及文案的写作一步步进行，通过长达半年的跟踪采访完成初稿并不断打磨。一个好的时机来临，可以使新闻报道发挥最佳传播效果。2019 年 7 月 2 日，全国、广东及深圳市人大代表“组团”来视察深圳保障房建设，人大代表对此项目赞不绝口。随同采访的《深圳商报》记者把握机会，当天写好文字稿件提交，第二天，这则独家新闻见报，取得了显著性传播效果。

(二)以建设性意识回应受众关心的话题

这篇消息面对深圳居民没有房屋产权而迟迟定不下心来的“漂泊感”，以建设性意识积极寻求问题的解决办法，通过实地采访了解 8 位院士将科研成果与民生项目紧密结合的事迹，第一时间从根本上解决深圳居民们实际关心的问题，同时通过报道院士们的科学惠民精神，给予社会积极向上的正能量，达到了良好的社会效果。

探索解决方案作为建设性新闻的核心，不仅表现为理论层面对报道的详尽思考，更表现为通过实践变化着的事件进行的前瞻式把握。① 这篇消息没有局限于提供社会变动的信息，成为信息搬运工的身份，而是尝试寻找解决社会问题和困境的方法。

2018 年 11 月初稿完成，因为长圳项目还处于开工初期阶段，因此需要记者不断采访，以此补充院士技术在此项目中的实践情况；此外记者不是将此新闻线索当做一条普通的政务报道来处理，而是从关注保障房发展与建设的高度来报道，等待一个可以发挥最佳传播效果的时机。

报道推出后，在社会上引起了高度关注，很多市民来电询问长圳保障房项目的细节。其中，正在申请公租房的邹玲读者希望自己能入住长圳项目，并称赞该项目让深圳人深深感受到党和政府的关爱，是对“来了就是深圳人”的最好诠释。

(三)撰写有思想、有温度、有品质的精品

这篇消息写作精良。导语以一句直接引语开头，开门“闻声”，借以交代新闻由头，简洁而生动；消息主体部分用简练的语言介绍了 8 位院士的“硬核

① 左丹卉：《浅析疫情信息传播中建设性新闻的应用》，《新闻研究导刊》2020 年第 22 期，第 92~94 页。

技术”及其即将带来的全新居住体验，把枯燥的专业内容写得通俗易懂，体现了作者的概括能力；消息结尾则增添新闻背景，突出强调并深化了新闻点——让普通市民共享科技“红利”。在短短几百字的消息中，作者还巧妙引用了三个消息源，包括人大代表、院士“召集人”和市住房和建设局局长，他们从不同角度丰富了信息含量。报道由浅入深，从打破深圳市居民刻板印象现象到透视现代化房屋建设特色，体现出建设性报道视角，增强了报道的深度与广度。文中大量直接引语的运用也提升了报道的主题，如引用该项目院士“召集人”孟建民的话：“好的技术应该用于提升人民的幸福感，让人们享受到科技进步带来的‘红利’”，点明了主题。以市住房和建设局局长张学凡之语卒章显志：在人们现有的认知中，保障房就是“低端房”，而深圳长圳保障房项目恰恰就是要打破人们固有的认知，旨在打造建设领域的“样板房”，这不仅是长圳项目建设的初衷，也是院士们最初决定加盟建设的初心和使命。

自稿件见报以后，已有多个城市的相关部门来调研、学习，累计接待住建部、中国建筑业协会以及各省、市相关领导参观、考察、视察、观摩等200余次、1000余人。深圳市住房研究会会长陈蔼贫表示，这是深圳住房建设史上的一个里程碑式的事件，深圳市委市政府率先将8位院士的科研成果集中应用于长圳保障房，为全国保障房建设进行了一次全新的探索，也是深圳建设中国特色社会主义先行示范区的重要举措。

四、对房地产新闻报道的启示

(一)树立全局意识，对房地产发展现状及政策有全面把握

随着房地产经济的快速发展，房地产经济活动已不再仅限于房地产业本身，也不仅仅是买方与卖方之间的单一消费活动，它包含着各种经济要素之间的互动，如金融、股市、财税政策、城市化进程、利益分配等诸多方面。新闻媒体作为公众了解社会事务的“探照灯”，有责任有义务在报道前对宏观经济政策与经济发展形势有着深刻的把握，引导舆论走势，让房地产业向着健康、有机的方向发展。

改革开放以来，中国房地产业经历了快速发展，在国民经济中占有举足轻重作用，成为国家支柱产业。国家统计局发布报告称，2020年房地产业增加值为74533亿元，较2019年增加7%。2020年房地产业对国民经济的贡献率

为7.34%，相比于2011年增长了1.5个百分点。① 纵观近十年来，我国房地产业对经济的贡献率，基本保持在稳步增长态势。它虽跨越生产、流通和消费三大领域，并有效带动了建筑业、服务业等行业的快速发展，但同时也给土地资源、粮食安全、基层人民利益、国家宏观经济发展带来一定的不利影响。因此，在进行房地产新闻报道时，应加强专业修养，对大环境、大趋势有所把握，理性、深入分析经济现象，不但要着眼于其对经济的带动作用，更为重要的是应发现其问题所在，为房地产经济发展敲响警钟，促进房地产业健康发展。

治理房地产业的各种基本制度，是国家宏观经济制度特别是产业发展政策的重要组成部分。随着我国房地产业的不断发展，房地产制度建设也处于不断的变革之中，从《土地管理法》到党的十九大报告，均明确提出了房地产业发展的定位。在这个信息泛滥的时代，进行房地产新闻报道应运用独特的眼光，解读经济政策，反映经济问题，为人们的经济决策提供指导。

(二)树立服务意识，将传达信息与了解受众需求相结合

房地产新闻报道的服务性，主要是指通过客观、真实的报道内容，及时、准确地传递经济信息，为受众经济决策提供依据，成为“生产者的助手、经济者的参谋、消费者的知音”。

注重服务意识，就是要求在收集和发布信息时，注重信源平衡，保证准确传递信息。近年来，房地产的快速发展，公众对于房地产信息的关注，以及自媒体的迅速发展，使得房地产新闻乱象丛生。一些媒体一味追求经济效益，在报道房地产新闻时，有意无意地偏袒开发商，成为开发商利益的“代言人”，过度渲染有关“住房紧张”“房价上涨”“一房难求”的紧张情绪，而无视公众诉求，此举不利于我国国民经济的健康发展。作为社会公器，新闻媒体应找准经济效应与社会责任之间的平衡点，在解读国家政策、宣传房地产开发时，要注重人文关怀，要坚持“合作意识”和“服务意识”并重，在考虑经济效益的同时，也要注重社会效益，要能深刻反映社会问题，而不单单是传达信息。

注重服务意识，就是要贴近实际、贴近生活、贴近群众，把视角对准受众，树立人文关怀意识，想受众之所想，急受众之所急，言受众之所言，合理引导住房消费需求和消费模式，反映公众社会需求。当然，贴近受众并不意味着房地产报道要一味迎合受众，而是要兼顾市场、中介、金融、土地等多个领

---

① 国家统计局:《2020年房地产业增加值7.45万亿，对GDP贡献率7.34%，10年提高1.65个百分点》，https://www.sohu.com/a/445798747_273131。

域。虽然大部分受众最关心的问题是房价，但是房地产报道绝不仅仅是房价，所以应避免仅仅针对房价的涨落做表面文章，需要更多透过现象看本质的分析性、调研性报道，只有这样才能写出负责任的房地产新闻，才能发挥其服务功能。

(三)树立前瞻意识，运用历史眼光做出理性判断

房地产新闻报道的前瞻性不仅要准确报道经济现象，还要让读者知道将要发生的某些经济现象与变化，对经济事件或经济现象做出科学预测，提出前瞻性建议，引导经济活动；或者在采集信息的过程之中，发现房地产经济发展中带有规律性的东西，从而帮助人们对事物发展的趋势有着深刻了解与把握。

树立前瞻意识，要学会从宏观角度，历史地看问题，从长时间的经济发展中寻找经济规律。房地产经济与金融、股市、财税政策、城市化进程、利益分配等多种要素紧密相连，这就要求新闻记者要开拓视野，将新闻事件放在大环境、大背景下去思考，将可能相互关联的新闻事件联系起来。在占有大量新闻事实的前提下，通过超前分析，科学思考，为受众做出一定的判断，指明方向。

树立前瞻意识，要运用全球化思维思考问题，不受地域的局限。全球化背景下，任何一个经济事件都有可能产生“蝴蝶效应”。这就要求房地产新闻报道记者冲破地域束缚，放宽眼界，把身边的经济现象、经济形势、经济活动放到全球化的大背景下去思考、去比较，从更高的层面上发掘新闻、解读新闻，引导人们对未来经济决策做出正确判断。

第九章　会计知识与公司新闻报道

马克思曾说："经济越发展，会计越重要。"经济的发展、社会的分工协作、管理与控制的需要、利益相关者的信息需求共同促进了会计的产生与变革。会计工作涉及社会经济生活的方方面面，可以说，凡是有经济活动的地方就需要会计来进行管理。

第一节　会计知识概述①

人类会计行为的发生，是以人类生产行为的发生、发展作为根本前提的，没有人类生产行为的发生与发展，就不可能有人类处于萌芽状态的原始会计行为——计量记录行为的发生。随着经济环境的变化，会计记录方法、计量方法、报告方法与相关会计理论不断演进，标志着会计随着社会经济的发展而不断发展。

一、会计的含义、本质与分类

（一）会计的含义

生活中，我们经常能遇到各种与会计有关的词语，如"企业会计""会计师事务所""注册会计师""高级会计师""会计学"等。这些词语代表了不同角度"会计"一词的含义。从会计学科的角度而言，"会计"也存在广义与狭义之分。

广义上讲，"会计"一词所代表的含义已不仅仅是我们所学习的"会计"课程，而是包含了众多的含义，如会计工作、会计人员、会计学科等内容。

狭义的会计仅指财务会计。财务会计是一个通过确认、计量、记录和报告等基本程序，向企业的信息使用者传递关于企业财务状况、经营业绩、现金流量等信息的经济信息系统。

---

① 本节相关内容主要参考唐国平《会计学原理》、张蕊《会计学》、陈国辉《会计基础》等著作。

在所有的会计学科内容中，财务会计是基础，其他会计学科内容，如财务管理、管理会计等，均需要财务会计所提供的基本信息。

(二)会计的本质

国际会计界较为一致的看法是，会计的本质是一个信息系统。在我国的会计基本理论研究中，学者们曾经就"会计本质"问题进行了深入的讨论，并主要形成了"会计信息系统论""会计管理活动论""会计控制论"等代表性观点。① 从系统的构造来看，学者一般把会计信息系统区分为确认、计量、记录和报告等四个基本环节。

(三)会计的分类

1. 按其报告的对象不同划分

按其报告的对象不同，会计可分为：财务会计和管理会计。这是最基本也是最主要的划分方式。②

2. 按会计所服务的领域分类

按其服务领域的不同，会计可分为：企业会计、政府会计以及非营利组织会计。

3. 按会计对象的范围来划分

按会计对象的范围，会计可分为宏观会计和微观会计。宏观会计是以整个社会经济活动作为会计对象，而微观会计则以个体作为会计对象。上述的财务会计、管理会计以及企业会计、政府会计与非营利组织会计均属于微观会计。宏观会计主要包括社会会计、社会责任会计和环境会计(绿色会计)等。③

二、会计的要素和方法

(一)会计要素

会计要素也称为财务报表要素，是对会计对象按照其经济特征所作的具体分类，主要分为六大类，即资产、负债、所有者权益、收入、费用和利润。其中，资产、负债和所有者权益三项会计要素主要反映企业的财务状况即静态要素；收入、费用和利润三项会计要素主要反映企业的经营成果即动态要素(表9-1)。

① 唐国平：《会计学原理》，东北财经大学出版社 2016 年版，第 9 页。
② 张蕊：《会计学》，复旦大学出版社 2015 年版，第 7 页。
③ 张蕊：《会计学》，复旦大学出版社 2015 年版，第 7 页。

表 9-1　会计要素及其含义

要素	含　义
资产	指企业通过交易事项形成的，由企业拥有或者控制的，预期会给企业带来经济利益的资源
负债	指由过去的交易、事项形成的现时义务，会导致经济利益流出企业
所有者权益	指企业所有者享有的企业总资产减去负债后的剩余权益
收入	指企业日常活动中形成的、会导致所有者权益增加的、与所有者投入资本无关的经济利益的总流入
费用	指企业在日常活动中发生的、会导致所有者权益减少的、与所有者分配利润无关的经济利益的总流出
利润	指企业在一定会计期间的经营成果，收入−费用+利得−损失=利润

(二)会计方法

会计方法是用来反映和监督会计对象，完成会计任务，充分发挥会计作用的做法。会计方法的主要内容，一般包括以下几类：①会计核算。②会计分析。③会计监督。④会计预测。⑤会计控制。⑥会计决策。

三、会计的职能

会计职能是指会计在经济管理过程中所具有的功能。作为“过程的控制和观念总结”的会计，其具有会计核算和会计监督两项基本职能，还具有预测经济前景、参与经济决策、评价经营业绩等拓展职能。这里我们重点介绍财务会计和管理会计的职能。

(一)财务会计的职能

财务会计的主要职能包括核算职能与监督职能。会计核算职能是指会计以货币为主要计量单位，对特定主体的经济活动进行确认、计量和报告。① 会计核算职能也称会计反映职能，它贯穿于经济活动的全过程，是会计最基本的职能，用会计的方法(如借贷记账法)对会计主体的经济活动进行描述，以便客观地记录会计事项，为使用者提供决策信息。②

会计监督职能也称会计控制职能，是指按照一定的目的和要求，以国家的

① 唐国平：《会计学原理》，东北财经大学出版社 2016 年版，第 9 页。

② 薛琳：《基础会计》，北京理工大学出版社 2019 年版，第 5 页。

法律规范为准绳，利用会计信息系统所提供的信息，对会计主体经济活动的合法性和合理性进行控制和监督，以便规范会计行为，使之达到预期的目标。会计监督是会计主体内部的一种自我约束机制，会计核算的过程也是会计监督的过程。①

（二）管理会计的职能

管理会计的产生晚于财务会计，由于在企业的经济活动实践中，传统的财务会计由于受诸多因素的限制，自身的职能不能够充分满足企业经济管理的需求，为了弥补财务会计在财务信息分析以及提供相关决策依据等方面的不足，管理会计得以产生并不断完善。② 管理会计的职能主要包括组织职能、规划职能、控制职能、评价职能四部分。

四、会计目标

会计目标是会计理论研究中一个重要和基础的问题。由于在会计实务中服务于信息使用者决策需要的会计信息主要是通过“财务报告”来提供的，因此，会计目标也被广泛地称为“财务报告目标”。

关于会计目标有两种理论上的观点：决策有用观和受托责任观。

决策有用观是指基于会计是一个信息系统而把会计目标定位于向信息使用者提供与决策有用的信息。决策有用观认为会计的目标是向经济实体的管理层和外部利益相关者提供对其进行经济决策有用的会计信息，该观点建立在“会计是一个经济信息系统”的认识基础上。

受托责任观是指基于委托代理关系而把会计目标定位于资源受托者向资源委托者解释、说明其受托责任履行情况等。

我国《企业会计准则——基本准则》所确立的会计目标兼顾了“决策有用观”和“受托责任观”；明确财务会计报告的目标是向报告使用者提供与企业财务状况、经营成果和现金流量等有关的会计信息，反映企业管理层受托责任履行情况，从而有助于财务会计报告使用者做出经济决策。

五、我国现行的会计法规体系

我国的会计法规体系包括四个层次，分别是会计法律、会计行政法规、国

① 薛琳：《基础会计》，北京理工大学出版社 2019 年版，第 6 页。

② 黄曼远：《浅析管理会计与财务会计的融合》，财政部财政科学研究所 2014 年硕士学位论文，第 21 页。

家统一的会计制度和地方性会计法规。

第二节　会计知识关键概念①

与公司新闻报道密切相关的会计学知识与关键概念主要包括财务报告、财务分析和财务审计等内容。本节就会计学知识的核心概念进行梳理，以期在公司新闻报道中更具针对性和专业性。

一、财务报告

财务报告是指企业对外提供的反映某一特定日期的财务状况和某一会计期间的经营成果、现金流量、所有者权益(股东权益)变动等会计信息的文件。财务报告包括财务报表和其他应当在财务报告中披露的相关信息和资料。②

由于财务报告信息直接影响会计信息使用者的利益，因此，财务报告必须对其自身的财务状况、经营业绩、现金流量和股东权益变动等相关信息予以“充分披露”，尽可能地降低会计信息在其提供者与使用者之间的“不对称性”，提高会计信息的透明度。同时，财务报告信息必须按照会计法律法规制度的要求进行披露。

财务报告包括财务报表和其他应当在财务报告中披露的相关信息和资料。

财务报表也称会计报表，是财务报告的主要内容。它是企业向投资者、债权人等会计信息使用者提供的关于企业财务状况、经营业绩、现金流量和所有者权益变动信息的文字与表格文件。③

我国企业财务报表体系由资产负债表、利润表(收益表)、现金流量表、所有者权益(股东权益)变动表和财务报表附注构成，简称“四表一注”。这一财务报告内容的规定与国际会计准则委员会是一致的。

根据我国法律规定，上市公司必须公开财务报表，为投资者提供公开透明的投资环境，非上市公司则可对其财务报表进行保密。基于此，我们这里所讨论的财务报表范畴为上市公司公开披露的财务报表。

---

① 本节相关内容主要参考唐国平《会计学原理》、池国华《财务分析》、王振秀《审计学》等著作。

② 唐国平:《会计学原理》，东北财经大学出版社 2016 年版，第 168 页。

③ 唐国平:《会计学原理》，东北财经大学出版社 2016 年版，第 286 页。

二、财务分析

(一)财务分析概述

财务分析是以会计核算、报告资料及其他相关资料作为依据，采用科学的分析技术与方法，对企业等经济组织过去和现在的有关筹资活动、投资活动、经营活动的盈利能力、运营能力、偿债能力和发展能力状况等进行分析与评价，为企业的债权人、投资者、经营者、政府管理部门等利益相关者提供相关经济信息资料，以便全面、客观地评价企业财务状况及其形成原因，并为财务控制和财务决策提供信息支持的活动。①

财务分析的对象是企业发生的各项经济业务活动，涉及企业经营管理的方方面面。财务分析通常以企业财务报表等会计资料为基础。财务报表的作用在于总括地反映企业的财务状况、经营成果和现金流量情况，而财务分析的作用在于通过对财务报表的解读和分析，直接、全面而辩证地解析企业财务状况的好坏、经营业绩的高低和未来发展的前景。

(二)财务分析方法

1. 比较分析法

比较分析法也称水平分析法，具体是指将反映企业报告期财务状况、经营成果和现金流量信息的某一方面具体数据与反映企业历史某一时期或同行业的相同方面数据进行对比分析。分析时可以根据不同的需求选择比较标准，可以与本企业的历史数据相比较，与本企业的预测目标相比较，与同行业数据相比较，还可以与行业平均水平或先进水平数据相比较。

2. 结构分析法

结构分析法也称垂直分析法，具体是指以财务报表中的某一关键项目的数额作为基数或整体，并将构成这一关键项目的各部分数额分别换算成对该整体的百分比。

3. 趋势分析法

趋势分析法也叫动态分析法，是指根据企业若干会计期间(至少三期)的分析资料，运用指数或动态比率的计算，比较和研究不同会计期间相关项目的变动情况和发展趋势。

4. 比率分析法

比率分析法具体是指利用两个或若干个与财务报表相关的项目之间的某种

① 田秋娟、童立华、周谦:《财务分析》，立信会计出版社 2018 年版，第 4 页。

关联关系，运用相对数来考察、计量和分析。

5. 因素分析法

因素分析法是指依据财务指标与其影响因素之间的关系，按照一定的程序方法分析各因素对财务指标差异影响程度的一种方法。因素分析法主要用来确定财务指标前后期发生变动或产生差异的主要原因。

6. 综合分析法

综合分析法具体是指将反映企业各方面的指标纳入一个有机的整体之中，以全面系统地对企业经济活动进行分析与评价的一种方法。①

三、财务审计

(一)审计的内涵、分类与目标

美国会计学会(American Accounting Association，AAA)在1973年《基本审计概念报告》中给出了审计的定义："为确定关于经济行为、经济事项的认定符合有关标准的程度，而客观地收集、评价有关这些认定的证据，并将评价结果传达给相关利益主体的一个系统的过程。"②按照审计的主体，审计可以分为政府审计、内部审计和注册会计师审计(一般也称为社会审计)。政府审计的工作目标是服务国家和社会，维护经济安全，推动全面深化改革，促进依法治国，推进廉政建设，保障经济社会健康发展。内部审计的工作目标是服务组织自身发展，促进组织完善治理，实现组织发展目标。社会审计的工作目标是对财务报表是否在所有重大方面按照适用的财务报告编制基础发表审计意见。③我们在此讨论的是注册会计师审计，即社会审计。

(二)注册会计师与会计师事务所

要了解注册会计师审计我们需要了解注册会计师和会计师事务所两个概念：

1. 注册会计师

注册会计师是依法取得注册会计师证书并接受委托从事审计和会计咨询、会计服务业务的执业人员。英文全称是 Certified Public Accountant，简称为 CPA。

---

① 池国华编著：《财务分析》，中国人民大学出版社2015年版，第37页。

② 王振秀、洪荭：《审计学》，上海财经大学出版社2017年版，第4页。

③ 中华人民共和国审计署：《我国国有企业监督体系中三类审计主体关系研究》，http://www.audit.gov.cn/n6/n1558/c110910/content.html。

2. 会计师事务所

会计师事务所是依法设立并承办注册会计师业务的机构，属于社会营利性的中介服务机构。我们通常所说的四大会计师事务所指世界上著名的四个会计师事务所：普华永道(PwC)、德勤(DTT)、毕马威(KPMG)、安永(EY)。

(三)财务报表审计

财务报表审计是注册会计师的传统核心业务。财务报表审计是指注册会计师对财务报表是否不存在重大错报提供合理保证，以积极方式提出意见，增强除管理层之外的预期使用者对财务报表信赖的程度。《中国注册会计师审计准则》对财务审计的定义是审计是一个系统化过程，即通过客观地获取和评价有关经济活动与经济事项认定的证据，以证实这些认定与既定标准的符合程度，并将结果传达给有关使用者。

(四)审计报告

审计报告是指注册会计师根据审计准则的规定，在执行审计工作的基础上，对财务报表发表审计意见的书面文件。审计报告是注册会计师在完成审计工作后向委托人提交的最终产品。发表审计意见并出具审计报告是注册会计师履行业务时约定的责任。

审计报告分为标准审计报告和非标准审计报告。

标准审计报告是指不含有说明段、强调事项段、其他事项段或其他任何修饰性用语的无保留意见的审计报告。其中，无保留意见是指当注册会计师认为财务报表在所有重大方面按照适用的财务报告编制基础编制并实现公允反映时发表的审计意见。

非标准审计报告是指带强调事项段或其他事项段的无保留意见的审计报告和非无保留意见的审计报告。非无保留意见的审计报告包括保留意见的审计报告、否定意见的审计报告和无法表示意见的审计报告。

审计报告应当包括下列要素：标题、收件人、引言段、管理层对财务报表的责任段、注册会计师的责任段、审计意见段、注册会计师的签名和盖章、会计师事务所的名称、地址和盖章、报告日期。

第三节　公司新闻报道

伴随着经济稳步发展以及受众对资本市场资讯的需求，公司新闻逐步受到人们的重视与关注，做好公司新闻报道是每个媒体不得不思考的话题，更是财经媒体不可忽视的一类报道。

一、公司新闻报道的内涵

20 世纪晚期，国内的公司新闻报道伴随着股票市场的出现而出现，截至目前大致经历了财报分析、财务和公司治理监督、基本面报道、深度公司信息解读几个阶段。①

近年来，伴随着经济的发展，我国公司的数量不断增加，且在不断成长，公司新闻报道在财经新闻中的比重越来越大。尽管如此，学界对公司新闻报道并没有统一的界定。有些学者认为公司新闻报道就是对某个企业的报道；另一部分学者认为，公司新闻报道必须是对上市公司新闻的报道。

要真正厘清公司新闻报道的概念，必须掌握“公司”的内涵。《中华人民共和国公司法》指出，公司是指依照公司法在中国境内设立的有限责任公司和股份有限公司。公司是企业法人，有独立的法人财产，享有法人财产权。企业泛指一切从事生产、流通或者服务活动，以谋取经济利益的经济组织，包括个人独资企业、合伙企业、公司制企业，其中，只有公司制企业是法人。因此，企业在概念范畴上是包含公司的，公司是其中的一种组织形式，并且公司一定是法人，企业则不然。

在学术界和业界，关于公司新闻报道的内涵并无统一的界定。但在新闻报道层面，公司新闻报道泛指所有以企业为报道对象的新闻报道。

二、公司新闻报道特点

(一)专业性

公司新闻报道的目标受众是大众投资者，而手握资金的投资者也最受广告商欢迎。因此，公司新闻报道必须围绕投资者组织报道，以满足他们对信息的需求，并为他们的投资提供参考。就投资者而言，重要公司的财报、新产品的发布、并购重组、股市形势变化的方向、管理层变动、竞争对手新闻、部门公布的经济数据等都非常重要，不仅需要媒体第一时间发布信息，也要进行权威的解读，以便为成功投资抢得先机。

《武汉四大商超转型新零售 数字化赋能“二次增长”潜力几何?》(《21 世纪经济报道》2021 年 4 月 14 日，陈红霞、陈淇莹采写)主要讲述了武汉传统商超转型新零售的现状，及其增长潜力所在。其中提到了中百集团、鄂武商 A、汉商集团、居然之家等多个著名企业集团正在走转型之路，更有行业专家如光大

① 林楠：《财经杂志如何做好公司新闻》，《新闻前哨》2019 年第 9 期，第 30~31 页。

证券分析师对传统商超的线上转型提供建议。报道中同时提到了传统商超转型取得了一定成果，且其线上业务逐渐成熟，但在转型之路上国内外知名零售企业虎视眈眈、互联网巨头围追堵截，报道给投资者提供了多种信息，为其投资选择提供了些许便利。

（二）结合性

公司新闻的一大特色就是涉及公司财务的数据多。《金融时报》前资深记者马克·韦伯斯特 2014 年 6 月在新华社财经新闻培训班上讲道，写好公司新闻要善于用数字，也要尽可能用通俗的语言讲清楚数字背后的含义。① 报道与数据结合让公司状态更直观，为投资者、公众等读者提供了解该公司的渠道。

《50 亿！泸州老窖一季度营收增四成　张坤、刘彦春两大明星基金经理加仓》（《每日经济新闻》2021 年 4 月 29 日，陈星采写）一文通过两个小标题《中高端产品带动营收增长》《2020 年国内经销商数量降一成》，分别利用财务报表、年度报表中的数据分析了泸州老窖一季度营收增长情况，运用“上升”“下降”的字眼，让读者对该公司的运作状况有了一定了解。

在公司新闻报道中，不能仅仅对数据进行简单罗列，而是需要深入挖掘数据背后的新闻信息，从数据中寻找到新闻报道的切入点，通过数据提升新闻价值、发现新闻线索、深化新闻报道、创新报道模式。② 数据要进行分析加工处理，即通过多种排列组合，用极其鲜明的对比，揭示问题的实质。数据“做”得好，往往能给受众以极大的震撼。

（三）内部性

如今，大多数公司已经建立了自己的内部新闻部门，可以自主通过官方网站、应用程序和社交账户收集、发布和转发公司新闻内容和链接。此类公司新闻稿是企业主动提供给专业媒体的通稿，影响着公众对企业的看法。同时，这类新闻稿也可以提高员工的认同感和凝聚力。

企业发布的新闻稿通常采用“倒金字塔式”的写法。例如发布新产品的新闻稿常常将产品特色以及产品的创新之处放在稿件的最前面，主要是为了突出重点，给受众留下好印象，增强公司影响力。

如华谊兄弟集团新闻稿《华谊兄弟逆市定增 23 亿：腾讯、复星系、阿里影业再加码，国资首度入局》（“华谊兄弟”官方网站，报道链接：https://www.

① 曹凯：《从阿里巴巴路演看公司新闻报道》，《对外传播》2014 年第 10 期，第 52~53 页。

② 周根红：《财经新闻报道》，武汉大学出版社 2013 年版，第 60 页。

huayimedia.com/a/xinwenzhongxin/jituanxinwen/2020/0429/938.html）主要介绍了华谊集团的资源前景和新商业模式，借以吸引投资者。企业新闻稿主要报道时效性强的事件性新闻，包括新产品介绍、主管升迁、特殊比赛、重大合同的签订或某个奖学金的设立。企业通过主动发布以自身为报道主体或者跟自身直接相关的资讯，并且将其包装成为一种类似于“新闻”的信息半成品，① 以达到企业宣传的目的。公司撰写的具有新闻价值的企业新闻稿有时会引起媒体记者的关注，吸引记者对新闻稿所主动提供的信息进行加工、编辑，转化成为可以在专业媒体上出现的正式新闻报道，从而引起更大范围的公众注意。

（四）服务性

随着我国市场经济体制改革的日益深入，公司新闻报道不再只是满足少数专业人士的经济信息需求，而是为广大投资者提供投资理财选择的指导性信息，因而具有较强的服务性。

公司新闻的服务性首先在于聚焦公司信息变更，提供投资指南。对于大多数普通人而言，尽管对国家或地方的经济政策、经济信息有着一定的求知欲望，但人们往往喜欢从自身利益角度认识这些经济政策和经济现象。② 对于公司新闻报道也是一样，因此媒体在报道公司新闻时，通常也会聚焦民生热点、社会时事。

三、公司新闻报道分类

（一）公司公告新闻

公司公告新闻是指重点报道公司董事会对公司生产经营、财务状况、经营成果、并购重组等所有对公司股票价格可能产生较大影响事项的公开正式披露的报告等，发布公告的主体一般是上市公司自身。

通常情况下，当投资者购买股票时，他们会成为公司股东，对公司经营管理和财务状况依法享有知情权，而上市公司公告是他们获得信息的主要渠道。与此同时，上市公司公告也为公众和其他投资者了解企业发展、挖掘投资潜力打开了一扇窗口。例如东方财富网几乎每天开市前都会发布《沪市上市公司公告》，这是汇总性的公司公告新闻，为投资者的投资提供及时的帮助与服务。

---

① 倪琳：《混合与互文：企业新闻稿与新闻报道的转换关系》，《中国广告》2021 年第 3 期，第 85~90 页。

② 王翠荣：《从〈新晚报〉“财经”版看地方经济新闻报道的服务性》，《西部广播电视》2013 年第 10 期，第 24 页。

我国的公司公告新闻依照旧《证券法》第七十条规定：依法必须披露的信息，应当在国务院证券监督管理机构指定的媒体发布，同时将其置备于公司住所、证券交易场所，供社会公众查阅。指定媒体包括《中国证券报》《上海证券报》《证券时报》等“七报一刊”，或指定网站如“巨潮资讯”等。但依据新《证券法》第八十六条规定：依法披露的信息，应当在证券交易场所的网站和符合国务院证券监督管理机构规定条件的媒体发布，同时将其置备于公司住所、证券交易场所，供社会公众查阅。① 由此可见，上市公司信息披露不再“指定媒体”。

上市公司的信息披露分为定期或不定期发布，定期发布的叫定期公告，不定期发布的则称临时公告。定期公告包括公司的季度报告、中期报告和年度报告，主要公布公司的财务状况和经营状况；相比之下，临时公告主要公布的是与企业发展或投资者利益相关的重大事件，比如并购重组、重大订单、召开股东大会和管理层变更等。临时公告一般为事件型公告，是投资者掌握公司最新动态的第一手资料，但要想全面了解公司基本信息，还得看年度公告即我们俗称的“年度报告”。

公司公告内容庞杂，“文山字海”常令投资者不知从何看起。其实，需要重点关注的信息，往往都集中在业务概要、财务报告和董事会报告等部分，抓住这些要点，就足以初步了解公司的基本情况。但是有的时候，上市公司为了树立良好的企业形象，吸引投资者关注，也会对其公告进行修饰美化，这就需要媒体认真辨别信息真伪，帮投资者擦亮双眼。当然对于那些修饰过度，涉嫌发布虚假信息的上市公司，证监会也会严格依法惩处。

(二)公司并购新闻

美国著名经济学家、诺贝尔经济学奖得主乔治·斯蒂伯格有过一个精辟的描述：“一个企业通过兼并其竞争对手的途径成为巨鳄企业是现代经济史上的一个突出现象。”“没有一个美国大公司不是通过某种程度、某种方式的兼并而成长起来，几乎没有一家大公司主要是靠内部扩张成长起来。”②20 世纪 90 年代以来，并购的风潮席卷全球，本土公司相互并购、外资进入中国并购中国公司、中国公司到海外并购海外公司等现象已经非常普遍，由此，并购成为公司

① 宋清辉：《新证券法推动中国资本市场走进新时代》，《中国商界》2020 年第 4 期，第 46~47 页。

② 张鹏：《浅谈并购在企业发展中的重要作用》，《中国商界》2010 年第 12 期，第 73 页。

新闻报道的重要组成部分。

并购一般是指兼并和收购。兼并又称吸收合并，是指两家或者更多的独立企业、公司合并组成一家企业，通常由一家占优势的公司吸引一家或者多家公司。收购是指一家企业用现金或者有价证券购买另一家企业的股票或者资产，以获得对该企业的全部资产或者某项资产的所有权，或对该企业的控制权。与并购相关的另一概念是合并，合并是指两个或两个以上的企业合并成为一个新的企业，合并完成后，多个法人变成一个法人。①

并购的形式多种多样，按照不同的分类方法有不同的划分。从行业角度划分，可以分为：同行业或同产业的横向并购、生产过程或者经营环节紧密相关的企业之间的纵向并购、生产和经营彼此没有关联的产品或服务的企业之间的混合并购；按企业并购的付款方式划分，可以分为：用现金购买资产、用现金购买股票、以股票购买资产、用股票交换股票、债券转股权、间接控股、承债式并购、无偿划拨等；从并购企业的行为来划分，可以分为善意并购和敌意并购。

(三)行业政策与行业发展趋势新闻

行业政策是针对某一行业的详细情况而出台的一些政策，比如根据对制造行业的管理调整出台的政策。行业政策新闻主要包括对出台政策的报道和有关政策的具体解读，并提供一些建设性意见。消息来源一般为国务院文件、各部委文件、地方政府文件等。国务院文件属于纲领性文件，具有指导性意义，主要通过中国政府网等发布；各部委文件相对于国家文件则有着更明确的实施细则，主要通过各部委官网发布；地方政府文件一般是发布市区县的内容，可通过地方政府网发布。

行业发展趋势新闻的报道目的主要有三点：第一，把握行业发展整体状况。如了解行业的宏观发展情况，了解不同行业的需求满足程度，估算不同行业的市场容量，评估企业资源水平与行业中的竞争环境的匹配性，对不同行业进行潜力评估。第二，判断产业发展趋势。通过分析宏观经济和产业政策走势，结合产业现行发展、竞争格局等，研判行业发展趋势，把握市场动向。第三，为产业投资提供决策咨询。

(四)公司治理新闻

公司治理是现代公司发展的灵魂，因此，关注公司报道，首先必须关注的

---

① 韩东京：《公司治理与并购模式的选择研究》，《财会研究》2010 年第 21 期，第 57~59 页。

是公司治理问题，以及要从公司治理的角度去从事财经新闻报道，这样才能做到专业、客观和可信，并能由此通向一条与众不同的财经新闻报道之路。在传统企业制度下，由于所有权和经营权合二为一，出资者就是所有者和经营者，因此，企业的经营、管理和决策都是由所有者进行直接的管理和支配。在现代企业制度即公司制度下，由于所有权和经营权分离，公司出资者不能直接支配公司，而要借助一定的公司权力机关对公司进行统治和支配，这便需要公司治理，科学地向职业经理人授权，对职业经理人进行监管。

公司治理理论的发展是随着西方国家企业的发展而发展的。19 世纪 70 年代以前西方企业的所有权与经营权是合一的，几乎不存在治理问题；19 世纪 70 年代至 20 世纪 20 年代，由于企业规模的扩张，企业所有者逐渐将经营权移交给公司的职业经理人；20 世纪 30 年代至 70 年代，科技革命在推动现代公司发展的同时，也促进了企业所有权与经营权分离的发展，资本的价值形态同实物形态相分离，企业经营者的控制权不断扩大，公司治理问题引起了人们的关注；20 世纪 80 年代至今，经理人员权力过度扩张、膨胀，所有者与经营者之间的矛盾开始加剧，特别是以安然事件为代表的西方国家财务报告丑闻频频暴露，使我们不得不反思即便是在美国这样一个法律制度十分完善的国家，公司治理也需要进一步完善。①

目前，我国对于公司治理的概念并不统一，具有代表性的定义是吴敬琏、林毅夫、李维安和张维迎的观点。吴敬琏认为公司治理结构是指由所有者、董事会和高级执行人员即高级经理人员三者组成的一种组织结构。要完善公司治理结构，就要明确划分股东、董事会、经理人员各自的权力、责任和利益，从而形成三者之间的关系。林毅夫认为，所谓的公司治理结构，是指所有者对一个企业的经营管理和绩效进行监督和控制的一整套制度安排。他还指出，人们通常所关注或定义的公司治理结构，实际指的是公司的直接控制或内部治理结构。张维迎认为，从狭义上讲，公司治理结构是指有关公司董事会的功能与结构、股东的权力等方面的制度安排；从广义上讲，指有关公司控制权和剩余索取权分配的一整套法律、文化和制度性安排，这些安排决定公司的目标，决定谁在什么状态下实施控制，如何控制风险和收益，如何在不同企业成员之间分配这些问题，并认为广义的公司治理结构是指企业所有权安排的具体化。②

---

① 丁建军、苏祖安：《公司治理理论综述》，《理论界》2005 年 11 月，第 85 页。

② 韩东京：《公司治理与并购模式的选择研究》，《财会研究》2010 年第 21 期，第 57~59 页。

公司治理概念是公司新闻报道的逻辑起点。财经新闻工作者如果在从事公司新闻报道过程中无法理解或根本不懂公司治理概念，那么他们在进行公司报道时往往就不得要领，更难发出独特的、理性的声音。现代公司制度实行了所有权和经营权的分离，在公司经营管理方面实行的是层层委托代理机制。这就使公司治理的内部架构囊括了股东大会、董事会和监事会三个组织架构。它们共同发挥作用，支撑着公司的发展。

四、公司新闻报道要求

公司新闻报道作为财经新闻报道的一种，仍应坚持真实性、客观性、独立性、准确性等基本原则，以经济视角观照新闻事件。同时，公司新闻报道还应包含以下报道要求。

(一)以舆论监督为出发点和落脚点

一些公司新闻报道延续了纸媒深度报道的优势传统，从现象入手，采用系列报道、专题报道等组合方式，对问题进行全方位、立体化的层层剖析。除了对国家宏观政策和重要的企业动态进行报道和解读，公司新闻报道还应充分发挥媒体监督的职能，监督、规制公司的运作和经营，揭露公司丑闻甚至是行业黑幕，保护投资者和公众的广泛利益。舆论监督即从公司经济现象入手，分析公司经营、产业情况、行业体制甚至政治体制层面的不足等问题，呈现给受众尽量全面、完整的公司状况，以此达到通过媒体和公众进行舆论监督的效果。

例如《华谊兄弟困局透视：不止缺钱 接连对赌失利遭遇滑铁卢》(《21 世纪经济报道》2021 年 5 月 14 日，周莹采写)和《华谊兄弟“跌落”》(《21 世纪经济报道》2020 年 9 月 19 日，贺泓源采写)这两篇关于华谊兄弟的报道，持续关注华谊兄弟的走向，从“崛起”“跌落”到“失利”的困局，报道不断深入分析华谊兄弟的现状。这两篇报道有条理地、较完整地呈现给公众华谊兄弟逐渐步入困局的过程，让受众更好地了解事件起因和最新进展，从而更好地发挥舆论监督作用。

媒体报道公司新闻倒逼公司进行治理，公司新闻报道以媒体监督、独立评论为天职，因此公司新闻报道往往倾向于揭露坏的治理，因为公众将财产交给了你，治理得好是理所当然的。① 常见的公司新闻报道花费了大量笔墨于公司的负面新闻上，诸如公司亏损、业绩造假、违规增持、机构逃亡、收购搁浅、公司性丑闻等。就目前的现实环境而言，在公司新闻报道中，负面信息已经完

---

① 贺宛男：《财经报道概论》，复旦大学出版社 2009 年版，第 109 页。

全压倒了正面信息。这种压倒性趋势不仅仅表现在报道数量上，更重要的是它表现为一种主导性的报道方法。

但公司新闻报道的舆论监督应秉持建设性理念，周根红在其著作中提道："在具体的新闻产品制作过程中，财经媒体的编辑、记者也应该注意平衡负面报道和正面报道的数量，不宜过分渲染负面情绪，以避免由过多负面报道所营造的拟态环境的环境化，对经济发展产生巨大的负面影响。这种揭露应该秉持一定的原则，不能为了揭露而揭露，要考虑公众利益要有现实关怀，以理性和建设性作为衡量报道的尺度。"①

（二）力求与宏观经济环境和产业政策相结合

宏观经济的变化、社会制度尤其经济政策的变迁影响着每一个人，企业自然也不例外。② 一些重大经济改革、货币、财政政策以及产业结构的调整等，都对企业影响重大。③ 因此，公司新闻报道要及时对重要的宏观政策进行专业解读，对其可能导致的行业动态进行理性分析，引导企业在政策指引下良性发展。例如公司报道中出现的 GDP 增长率在一定程度上反映了经济周期的波动，GDP 增长率较高时，表示经济发展处于上升期，投资需求相对较大，企业有较好的盈利预期，企业融资政策更偏向负债融资，股权融资相对较少；GDP 增长率较低时，企业投资会减少负债融资，进而影响公司的资本结构。④ 同时，报道时要与产业政策相结合，为投资者提供多重信息。

如 2018 年 11 月 5 日习近平总书记在进博会上宣布在上海证券交易所"设立科创板并试点注册制"后，《"科创板+注册制"八大猜想》(财新网 2019 年 1 月 11 日，董登新采写)一文，对"科创板+注册制"究竟是什么模样、二者何时同步推出、交易机制将是怎样的等市场关心的问题进行了专栏解读，为投资者提供了专业参考。

（三）坚持报道的独立性

目前，公司的生态环境逐渐发生变化，公司的发展不仅指涉公司这个团队本身，还包括众多的广告宣传、形象塑造、公关团队等。因此，企业、公关公司和媒体的关系显得比较复杂，财经新闻工作者在进行公司新闻报道时，至少

---

① 周根红：《财经新闻报道》，武汉大学出版社 2013 年版，第 76 页。

② 顾惠忠：《公司报道的逻辑体系——做好公司报道需把握的几个要素》，《中国记者》2012 年第 11 期，第 93~94 页。

③ 林楠：《财经杂志如何做好公司新闻》，《新闻前哨》2019 年第 9 期，第 30~31 页。

④ 许会：《宏观经济环境对农业上市公司资本结构的影响》，《现代商业》2020 年第 24 期，第 70~71 页。

应该注意以下两方面的问题：

首先，处理好报道与商业运作的关系。要尽可能减少利益动机，特别是要谨慎对待公关公司信息，严格区分新闻报道与广告营销。淡化处理企业所筹划的各种商务性活动，减少炒作。因为，现今的企业存在很多的商业化运作，这些运作几乎都是企业为了扩大自身的影响所进行的广告营销和宣传活动。

其次，今天的大型公司都有自己的公关团队，如何与公关团队保持适当的关系，是公司新闻工作者需要注意的问题。尤其是企业的危机公关，更需要记者多一个心眼，切不可被公关公司拽着跑。否则，不仅容易失去报道的深刻性，也会失去报道的独立性。①

（四）善于用数据说话

在公司新闻报道中，仅有定性的结论无法得到读者认可，数据有助于从量化的角度来说明新闻事件，揭示报道主题。与一般新闻相比，除了同样有时间、地点、人物、事件等基本要素之外，数据是公司新闻报道的一个特有的重要的元素。公司新闻报道数据较之一般数据应更为精准更经得起推敲。它应该明确来源，使用时应注意其使用范围，避免任何细微的模糊。

但是，在公司新闻报道中，不能仅仅对数据进行简单罗列，而是需要深入挖掘数据背后的新闻信息。从数据中寻找到新闻报道的切入点，通过数据提升新闻价值、发现新闻线索、深化新闻报道、创新报道模式。② 数据要进行分析加工处理，即通过多种排列组合，用极其鲜明的对比，揭示问题的实质。数据“做”得好，往往能给受众以极大的震撼。

如20世纪90年代初，尽管有关法规规定上市公司高管在任职期间不得转让其所持股票，但每到年报披露时总会发现高管们的持股已大量减少，上海证券交易所出版的《上市公司》杂志将高管持股排了个明细表，只加上些简单的说明，高管违规卖股牟取暴利的真相已一目了然。此后，1994年7月正式施行的《公司法》专门加上了这一条，高管任职期间不得转让持股，交易所必须以技术手段予以保证。又如1999年以来，监管部门要求每年公布上市公司高管薪酬，于是，薪酬排行及隐藏在背后的种种弊端，又成为财经媒体报道的一大热点。③

如《顺丰4天跌逾20% 快递股“左侧买点”已现?》(《21世纪经济报道》

① 周根红：《财经新闻报道》，武汉大学出版社2013年版，第217页。

② 周根红：《财经新闻报道》，武汉大学出版社2013年版，第60页。

③ 贺宛男：《财经报道概论》，复旦大学出版社2009年版，第31页。

2021 年 4 月 15 日，曹恩惠采写）一文，记者比对了自 2017 年借壳上市以来顺丰控股盈利波动的一系列数据，分析数据背后主营产品结构收入的变化、自去年以来面临的沉重成本压力以及国内电商竞争格局，以数据为切入点为受众提供增量信息。

善用数据还需要学会如何将搜集的数据更好地予以呈现。比如由《21 世纪经济报道》新媒体中心内容团队孵化而出的 21 数据新闻实验室，就以提供高质量数据可视化分析为己任。在 21 数据新闻实验室的《一图为快》栏目第 292 期《9999. HK 来了！一图看懂网易回港上市，49 岁丁磊身家达 1800 亿元》（报道链接：https://finance.sina.com.cn/roll/2020-06-11/doc-iirczymk6471033.shtml）中，报道直观呈现了继阿里巴巴后，第二家回流港股的互联网巨头网易的回港上市情况、业务版图中的主要收入来源，以及中概股的回潮情况。

第四节　案例分析：《安翰科技的谎言》

《安翰科技的谎言》报道原文链接：

（1）《安翰科技的谎言①丨“全球首家”过度包装术》（界面新闻 2019 年 6 月 19 日，张冬晴采写，报道链接：https://www.jiemian.com/article/3224466.html。）

（2）《安翰科技的谎言②丨第一大客户美年，不可能实现的销售业绩》（界面新闻 2019 年 6 月 19 日，张冬晴采写，报道链接：https://www.sohu.com/a/321504198_313745。）

（3）《安翰科技的谎言③丨张大中隐现，核心客户成谜》（界面新闻 2019 年 6 月 19 日，张冬晴采写，报道链接：https://www.jiemian.com/article/3224594.html。）

一、案例概述

2019 年 3 月 22 日，上海证券交易所披露了第一批科创板上市申请受理企业名单。安翰科技是科创板首批受理的 9 家企业之一，也是科创板开板以来极为罕见地由科创板上市委员会亲自担任签字会计师的项目之一，因此受到社会的广泛关注。

科创板热度不断攀升，随之而来的是业内对科创板中部分拟上市企业的关注、讨论和质疑。2019 年 6 月 19 日，界面新闻记者张冬晴基于长期的调查和对市场的理解，发布了 3 篇独家深度调查报道，揭露正在审核期间的科创板拟上市企业安翰科技涉嫌欺诈发行，包括涉嫌产品特性过度包装、隐瞒关联交易、夸大销售数据、交易真实性存疑等问题。安翰科技迅速成为各方关注的焦点，并被公众和媒体称为“科创板欺诈第一股”。

该组报道一经发布便引起剧烈的社会反响，安翰科技第一时间发布澄清声明，记者张冬晴则积极向上交所等有关各方汇报情况，称“坚决配合上交所等监管部门积极稳妥地推进科创板实施落地”。2019 年 12 月，该系列报道凭借翔实有力的客观证据和专业严密的逻辑支撑获得第 31 届中国经济新闻奖监督报道类一等奖。

二、报道背景分析

(一)宏观背景

2012 年，党的十八大明确提出科技创新是提高社会生产力和综合国力的战略支撑，必须摆在国家发展全局的核心位置。① 随着创新驱动发展战略的深入实践，科技创新类企业迅速发展，对资金的需求也持续增长。由于我国融资体系以间接融资为主，导致科创企业的资金供给不足，难以适应其发展要求。为了弥补科技创新类企业的资金供需缺口，促进我国经济逐步由资本驱动向科技驱动倾斜，科创板应运而生。②

2017 年 7 月，全国金融工作会议进一步强调了要优化机构，完善金融市场、金融机构、金融产品体系，促进融资便利化，提高金融资源配置效率。2018 年 11 月 5 日，国家主席习近平出席首届“中国国际进口博览会”开幕式，宣布在上海市证券交易所设立科创板并试行注册制。随后，证监会于 2019 年 1 月 30 日发布了《关于在上海证券交易所设立科创板并试点注册制的实施意见》，强调科创板将主要服务于符合国家战略、突破关键核心技术、市场认可度高的科技创新企业，重点支持新一代信息技术、高端装备、新材料、新能源、节能环保以及生物医药等高新技术产业和战略性新兴产业。经过一系列的前期筹办和准备工作，科创板于 2019 年 6 月 13 日正式开板；7 月 22 日，科创板首批公司正式挂牌上市。

不同于中国资本市场的其他板块，科创板试行注册制，其主要目的在于提

---

① 新华网：《科技创新是提高社会生产力和综合国力的战略支撑》，http://www.xinhuanet.com/politics/2016-02/27/c_128754760.htm。

② 中国数字科技馆：《科技进步与制度变革：科创板与注册制的使命与担当》，https://baijiahao.baidu.com/s? id=1651507660095520137&wfr=spider&for=pc。

高效率，将监管责任从行政监管转为市场监管，让更多有发展潜力的科技型企业上市，缓解融资困境。①

科创板是资本市场基础制度改革创新的"试验田"，政府推出科创板对于完善多层次资本市场体系，提升资本市场服务实体经济的能力，促进上海国际金融中心、科创中心的建设具有重要意义。

（二）医疗器械行业背景

2016年10月，中共中央、国务院印发并实施《"健康中国2030"规划纲要》，习近平总书记在全国卫生与健康大会上作重要讲话，把"健康中国"上升为国家战略。2017年，党的十九大将"健康中国战略"写入报告，要求坚定不移地实施这一战略，促进卫生健康事业发展和人民健康水平持续提升。2018年，随着党和国家机关对医疗行业的深化改革，国家医保局、卫健局、药监局3大机构的重组、成立，医疗健康行业迎来了发展的新时期。

医疗器械是医疗服务体系、公共卫生体系建设中重要的基础设备。随着我国经济的快速发展以及人口老龄化的进程加快，市场对医疗器械的需求不断增长。我国医疗器械行业虽然起步较晚，但发展迅速，现已成为一个产品门类较为齐全、创新能力不断增强、市场需求旺盛的朝阳产业。2018年8月，国务院发布《深化医药卫生体制改革2018年下半年重点工作任务》，明确提出要"推进医疗器械国产化，促进创新产品应用推广"。在国家政策导向和国内医疗卫生机构设备更新换代需求下，医疗器械行业获得了前所未有的成长。中国医疗器械市场销售规模由2001年的179亿元增长到2018年的4460亿元。

具体到内窥镜市场，内窥镜是不可或缺的医用诊断和手术设备，也是全球医疗器械行业中增长较快的产品之一。我国开展内窥镜检查及微创治疗的时间较晚，但普及速度快，医用内窥镜市场规模增长迅速。在报道当年，根据前瞻产业研究院统计，2018年我国医用内窥镜行业市场规模已达219亿元，预测2019年将达到246亿元。胶囊内镜领域的外资企业主要包括基文影像、奥林巴斯等，国内企业主要包括金山科技、资福技术、杭州华冲等，但以上公司的胶囊内镜大多应用于肠部检查，在需要主动控制的胶囊胃镜领域缺乏有效产品布局。安翰科技是国内唯一，也是全球唯一一家获批的胶囊胃镜生产企业，这构成了该公司最大的竞争优势。此外，由于我国内窥镜行业起步较晚，国内市场主要由日本和德国产商主导，国产产品占比低，国产产品具有很大的市场

---

①　中国经济网：《证监会有关负责人就设立科创板并试点注册制有关问题答记者问》，https://baijiahao.baidu.com/s? id=1637630723603196686&wfr=spider&for=pc。

空间。

三、报道采访分析

(一)采访选题：发现深层次矛盾 具有强烈的问题意识

作为国内胶囊内镜第一股，正在准备上市的安翰科技过去三年业绩迎来了爆发式增长。但是记者敏锐注意到“高光”业绩背后的三大疑点：令人起疑的产品披露、不可能实现的销售业绩以及遍寻不到的客户。

安翰科技的唯一产品是“磁控胶囊胃镜机器人”，销售收入占其主营业务收入的100%。对于自家的主营产品，安翰科技自称“全球首家获得CFDA核发的磁控胶囊胃镜系统机器人三类医疗器械注册证”。但国内有重庆金山科技(集团)有限公司，国外有韩国IntroMedic、日本OLYMPUS和Given Imaging等行业巨头，其旗下适用于胃肠检查的胶囊内镜均早于安翰科技获批。安翰科技核心产品所谓“全球首家”的谎言不攻自破。

自2009年12月在武汉注册成立以来，安翰科技的业务并没有多少起色。直到2015年，美年集团与安翰科技签署的一纸合作协议，正式掀开了这家国产胶囊内镜厂家业绩爆发式增长的序幕。根据招股书披露，2016年、2017年和2018年，安翰科技营业收入分别为11502.19万元、17216.69万元和32247.75万元，复合增长率高达67.44%。而更早前的三年，2012年至2015年，安翰科技营业收入分别仅为96.41万元、142.74万元、388.5万元和2908.56万元。值得深思的是，与没有任何行业背景、专业积累的安翰科技成立短短几年便迅速取得了十分惊人的业绩不同，胶囊内镜领域国内外光学、医疗器械巨头则经历了长达二三十年漫长的发展历程。

此外，安翰科技的主要客户或者隐现潜在的关联关系，或者根本就无迹可寻，甚至一系列昙花一现的核心客户的业务真实性与合理性还存在不少疑点。客户疑云笼罩在安翰科技头上，挥之不去。

针对市场和受众关注的热点与疑点问题，界面新闻记者带着强烈的问题意识深入采访调研，将三大疑点作为取景框，以此搜寻目标事实。

(二)采访准备：背景了解深入，专业知识雄厚

新闻背景的准备，就是采访前对相关新闻背景材料的搜集准备工作。① 从本篇报道不难看出记者对于背景材料了解的深入。新闻事实是一种时空存在，

① 《新闻采访与写作》编写组：《新闻采访与写作》，高等教育出版社2019年版，第147页。

因此，与新闻事实有关的背景材料，主要涉及时间和空间两个维度。

就时间而言，特指与事实具有纵向关联的新闻背景，即纵向背景，也称“历史背景”。其特点是强调历史纵深，是对事实背后既往情况的回溯。在《安翰科技的谎言》这篇报道中，记者提及了安翰科技核心创始团队成员——姜进、郭鲁伟和吉朋松这个“铁三角”，作为资本运作高手的三人在安翰科技之前的所投项目存在上市前业绩爆发，上市后则迅速业绩变脸、盈利持续大幅下滑甚至微利状态。这与现在的安翰科技比照印证，暗含深意。

就空间而言，特指与事实具有横向关联的新闻背景，即横向背景，其特点是强调与新闻事实的旁衬关系。这些背景未必与拟报道题材有显而易见的因果关系，更多呈现的是侧面关系。这篇报道对安翰科技的客户背景进行深入调查，比如第一大客户美年集团，其实际控制人俞熔也是安翰科技另一客户朗盛基金设立的“苏州朗盛投资管理有限公司”的有限合伙人。再比如对远大安翰、安翰科技、大中万升投资中心三者关系的披露，这些背景能够从侧面揭露安翰科技背后复杂的资本运作手段。

此外，还有一种静态的，主要对新闻中涉及的术语和事实进行说明和解释的背景，即知识背景。对于一般的媒体记者而言，其职责为及时准确而又客观地记录事实、重现事实。但是对于公司新闻报道记者而言，则要求更高的专业素养。为了更好地满足公司新闻报道的要求，他们需要具备较为专业的公司知识及这个领域的敏感性和判断力。报道中对专利权的解释、对招股书的解读以及有关天眼查数据的运用及分析无一不体现记者在专业领域的知识积累。

(三)采访实施：结合背景资料现场观察，敏锐捕捉事实背后的真相

“所谓现场观察，就是指记者抵达新闻事件现场所进行的观察。而在现场观察中，如果能将事前搜集的背景资料与现场观察的内容结合起来，既可以深化现场内容，也可以敏锐捕捉事实背后潜藏的意义与新闻价值。”①

报道指出，根据安翰科技的问询与回复函补充内容，2018 年末在美年集团及其加盟店各门店胶囊内镜设备铺设情况中，北京、上海、四川等地门店数分别为 10 家、13 家、39 家；年末设备留存台数分别为 11 台、10 台、40 台；胶囊消耗量(使用人次)分别为 5005 颗、3004 颗、11928 颗。但是记者以咨询体检的名义实地探访发现事实并非如此，无论是能够提供胶囊胃镜检查服务的门店数量，还是每台设备平均消耗的胶囊都被夸大了。

---

① 《新闻采访与写作》编写组：《新闻采访与写作》，高等教育出版社 2019 年版，第 179 页。

安翰科技全资子公司上海安翰租赁了俞熔旗下的由北京天亿弘方投资管理有限公司作为出租方、位于北京市海淀区花园北路 35 号 9 号楼的 7 处房产，而上海安翰全资子公司北京安翰的登记住所正是上述房产中的 9 号楼 304，界面新闻记者实地调查发现美年大健康牡丹园分院也同样在 9 号楼 105、B101—B102。这就印证了安翰科技与美年集团的关系。

除此之外，一些与安翰科技的胶囊胃镜产品并没有任何交集，但却成为安翰科技客户的经销商，在记者实地探访后，发现其所在的区域并不存在医疗器械公司，也就不符合安翰科技所披露的因销售业绩未达标而中途退出的情况。

这些背景材料与现场观察的结合，更好地深化了报道主题，即安翰科技的惊天谎言。

(四)采访对象：注重权威性和利益相关性

“在涉及专业领域或需要评价和判断的新闻中，被采访者的身份是否权威直接关系到采访的效果和稿件的质量。”①

本篇报道认为安翰科技横空出世的“黑科技”看起来是一种颠覆式创新，但事实真相却并不是那么回事，至少在医疗行业胶囊内镜并非什么新鲜事物，在消化内科专家眼里更不存在什么神话。因此对著名消化内镜专家和消化内镜中心主任进行采访，说明神话并不存在，并且其性价比也并不高就显得十分重要。在对美年集团的调查中，记者发现美年集团推出的 3650 胶囊胃镜体检套餐中，胶囊胃镜检查项目几乎是免费赠送。通过采访资深业内人士，说明美年集团以远低于市场价，甚至远低于成本价的方式推广销售安翰科技的胶囊胃镜项目，这种行为显失公允性，涉嫌存在利益输送甚至帮助安翰科技操纵业绩的可能性。

此外选择的其他采访对象也尽量接近新闻事实，尽量与新闻题材紧密关联。

四、报道写作分析

(一)兼顾报道的深度与可读性，满足读者多样化需求

当下公司新闻的报道应跳出以往的“外行看不懂，内行不屑看”的窘境，使得公司新闻报道像大众化的社会新闻一样易于理解。为了实现不同的阶层以及不同文化水平的受众能够普遍接受公司新闻报道，并且各取所需，报道要从

① 《新闻采访与写作》编写组：《新闻采访与写作》，高等教育出版社 2019 年版，第 143 页。

社会的角度扩展公司新闻报道的深度，对于公司的背景以及经济现象进行详细的解释。只有把公司新闻报道与社会背景相融合，才能深刻揭示经济规律，挖掘公司新闻报道背后的深层信息。“讲故事并非抛数字”，① 在提供实用信息的基础之上，需要致力于能够为读者带来更深层次的思考以及触动，让读者从多个层次探讨公司新闻报道才能真正使报道增值。

在《“全球首家”过度包装术》这篇报道中，记者对于安翰科技的创始人、核心团队、主要的技术以及产品都进行了详细的背景介绍，同时对于行业对手也进行深度的解析，逐步向我们揭开了安翰科技的伪装。这篇报道兼顾公司新闻报道的专业性与可读性，通过公司新闻故事的讲述使得各个层次的读者都能各取所需。在《第一大客户美年，不可能实现的销售业绩》中记者不仅仅是简单地进行数据的堆砌，而是抽丝剥茧对于胶囊数量进行详细的摸查，揭秘其核心客户的真实身份，同时致力于简单叙事展现事件脉络，兼顾报道的深度与可读性。

（二）注重报道服务性，延伸公司新闻报道价值

从传播学的角度来看，一条新闻只有寻求到更广泛的受众，才能被认为发生了传播作用。要让公司新闻报道被更多人理解，就要善于抓住读者关注的内容。记者对于一些社会上比较关注的公司信息，不仅仅是把相关法规以及事实摆出来给读者，而是要强化新闻报道的服务性，通过有效信息的传递满足受众的信息需求，为其提供更加便捷的实用信息。

在《“全球首家”过度包装术》这篇报道中，记者揭开了安翰科技所谓“全球首家”胶囊式内镜的噱头，这种横空出世的“黑科技”看起来是一种颠覆式创新，但事实上在医疗行业胶囊内镜并非什么新鲜事物，在消化内科专家眼里更不存在什么神话。该篇报道聚焦医疗卫生问题，通过记者实地调研，深入挖掘出了医疗行业的内幕，致力于为广大读者提供更多更优质的服务性信息。

（三）多角度深入挖掘数据资料，提升报道独家性

“用数据解释商品信息以及经济信息有一定的说服力，为此在公司新闻的报道中需要对于数据进行仔细的筛选以及合理的运用，新闻记者在众多的数据之中要具有敏锐的感知，能够充分地挖掘隐藏在数据背后的逻辑关系，同时又要具有数据的转化的能力，用简单的语言使得数据关系得以展示，提升新闻报

① 林楠：《财经杂志如何做好公司新闻》，《新闻前哨》2019年第9期，第30~31页。

道的独家性，更好地树立媒体的品牌形象。”①当下的公司新闻报道需要进一步探索如何提升数据的分析能力，从而有效提高报道质量。

在《第一大客户美年，不可能实现的销售业绩》报道中，记者调查发现2016年至2018年，对美年集团销售的每台设备均在68.05万元至69.94万元之间，每颗胶囊均在1050~1090元之间。“在此基础之上按照最低100%的虚增比例，2018年末虚增门店及设备情况对应虚增收入15776万元以上，在尚未考虑每台设备平均胶囊用量涉嫌虚增的情况下，与之对应的2018年度胶囊使用量即可虚增收入6483万元以上。”记者通过对数据的深入分析揭示了美年集团存在利益输送甚至帮助安翰科技操纵业绩的可能性。

五、对公司新闻报道的启示

(一)以扎实的专业储备和问题意识寻找报道选题

企业在运营过程中，采用的是商业化运营手段，各行业、各企业之间竞争十分激烈。为了公司利益的最大化，吸引更多消费者的关注以及投资者的投资，企业必定会对自身进行“美化”，在合法合规合理的情况之下，企业积极宣传无可厚非，但有些企业脱离事实过度包装自己的服务和产品，夸大公司的财务数据以混淆视听，严重影响投资者的经济选择和投资决策。

在采写公司新闻报道时，记者应具有相当的新闻敏感性以发掘新闻线索，这种敏感性来源于对国家政策的理解、对行业的熟悉、对单个企业的持续关注，更需要扎实的会计知识储备和在阅读企业披露的相关文件时审慎的态度，只有这样，才能在真假混杂的信息中发现企业经营和财务问题的蛛丝马迹。否则，不加怀疑地相信企业披露的财务报表，只会让市场上的“商业神话”越来越多，最终影响整体经济的健康发展。

(二)深入调查公司内部运营状况与外部经营环境

一个企业的成长和发展与其内部的运营方式和外部市场经营环境密不可分。从内部来说，企业的组织方式、股东构成、管理层的水平甚至公司主要决策者的性格和偏好都会影响企业发展的方向。从外部来说，企业始终在国家政策、行业发展的大背景下生存，同时也处于同行业竞争者的压力之下，要想对一家公司在同行中有客观精准的定位，必须将该企业与同行平均水平和领先水平进行对比，对比的内容可以涉及方方面面，例如在财务分析的层面进行横向

---

① 蔡逸：《大数据时代财经新闻报道路径分析》，《中国报业》2020年第15期，第96~97页。

的指标对比，也可以如该报道中对企业的产品专利进行对比等。

经济新闻报道者在报道调查性公司新闻时，不能将目光仅仅停留在公司自己的说辞上，而是应该进行充分的背景调查和信息调研，注重挖掘业已发生的新闻事件内在、隐蔽的联系，并向受众解释这些内在联系的重大意义，揭示“新闻背后的新闻”。例如本篇报道中，随着调查的深入，记者一步步揭开了安翰科技公司骇人听闻的关联交易事实。

（三）以社会责任维护投资者利益

企业作为重要的经济行为主体，与众多的利益相关方有着密切的联系。一方面，企业与上下游企业共同构成一个完整的产业链条，承担着社会生产的作用；另一方面，企业内部有众多的股东、管理人员、员工，还通过融资吸纳了众多社会投资者；此外，企业还有自己产品服务所对应的客户群体。在经济领域，一家企业的经营出现问题，就将牵一发而动全身，造成巨大的社会影响甚至社会动荡。

正因为公司新闻报道涉及的利益相关方之多，影响力之大，财经新闻记者在报道时就更应该认识到责任之重大，要以社会责任传播公司新闻信息。首先要讲真话、报实情。众多的公司企业提供涉及衣食住行等民生领域的各种产品和服务，例如本篇报道中的安翰科技公司提供的就是“胶囊内窥镜”这一医疗器械，医疗产品是用于治病救人的，但该公司却“谎言连篇”，涉及财务造假、关联交易、虚假营销，这样的医疗器械公司提供的产品就难以获得信任。曾获2004年度普利策公共服务奖的伯格曼曾说：“公共利益是一个社会和国家的整体利益，新闻最大的价值就在于其所揭露的问题可以换来所有人的安康和幸福，媒体的责任就在于将那些危害公众利益的事件暴露出来。”①公司新闻报道的价值也在于此，投资者往往是通过公司新闻报道加深对上市公司的了解，对公司进行估值，从而进行投资决策，虚假的公司新闻报道会影响投资者进行正确的价值判断，直接损害投资者的经济利益。所以，公司新闻报道的职责就是承担社会责任，揭露经济社会中的黑暗面，维护社会公正，最大限度地维护公众利益，保障投资者的权益。

（四）从公司治理的角度出发进行舆论监督

公司治理是立足于企业所有权层面，进行企业权力分配与监督的一项工作。企业是投资人设立的盈利实体，涉及众多的利益相关方之间的关系，主要

① 陈煜儒：《向社会普及和提高公共意识——英伦巡礼之五》，http://caijinghexun.com/mag/previevwaspx? ArtID=6884。

包括股东、董事会、经理层的关系，这些利益相关方决定着企业的发展方向、经营模式和业绩。市场又是由众多的企业主体构成的，如果所有公司内部的利益相关方各逐己利，所有的公司企业都为了一己私利开展恶性竞争，必然会严重扰乱市场秩序，打破良性竞争的营商环境。只有每一家公司都规范自身的公司治理，按照市场规则运营，才能具备公平、公正的市场秩序，形成统一开放竞争有序的现代市场体系，市场才能合理地配置资源。良好的市场秩序既需要政府制定相关的法律法规来维护，也需要媒体发挥舆论监督的作用。

发现并报道经济发展过程中的问题，是经济新闻的重要任务，相应的，发现并报道企业发展过程中存在的问题，是公司新闻报道的一项重要任务。媒体发现企业经营过程中存在的公司治理问题或经营过程中违法违规的问题，揭露企业财务造假、关联交易的内幕，是对公司治理及其市场行为进行有效监督，能够对其他公司的行为起到舆论约束和预警的作用。此外，报道问题能够产生正确的舆论导向，引导社会重视公司发展规范问题，警醒企业树立正确的经营观念，加强行业自律，能在一定程度上推动经济的改革进程。

参 考 书 目

[1][美]保罗·萨缪尔森、威廉·诺德豪斯著，萧琛译：《经济学》(第19版)，商务印书馆2014年版。
[2][美]格里高利·曼昆著，梁小民、梁砾译：《经济学原理》(第七版)，北京大学出版社2015年版。
[3][美]安雅·谢芙琳、诶默·贝塞特著，李良荣译：《全球化视界：财经传媒报道》，复旦大学出版社2005年版。
[4][美]安雅·谢芙琳、格雷海姆·瓦茨著，张倧译：《当代西方财经报道》，复旦大学出版社2007年版。
[5]高鸿业：《西方经济学》(第六版)，中国人民大学出版社2014年版。
[6]赵凌云：《经济学通论》，北京大学出版社2005年版。
[7]陈云贤、顾文静：《中观经济学——对经济学理论体系的创新与发展》，北京大学出版社2015年版。
[8]朱新蓉：《货币金融学》(第四版)，中国金融出版社2015年版。
[9]张东：《房地产投资导论》，中国财政经济出版社2009年版。
[10]刘京焕、陈志勇、李景友：《财政学原理》(第二版)，高等教育出版社2019年版。
[11]唐国平：《会计学原理》(第四版)，中国财政经济出版社2020年版。
[12]谷成：《中国的税制》，清华大学出版社2010年版。
[13]钱学锋、吴英娜：《国际贸易学》，高等教育出版社2019年版。
[14]刘笑盈：《经济学与经济新闻报道》，中国传媒大学出版社2006年版。
[15]李道荣：《经济新闻报道研究》，中国社会科学出版社2013年版。
[16]吴玉兰：《经济新闻报道》，武汉大学出版社2009年版。
[17]莫林虎：《财经新闻概论》，浙江大学出版社2013年版。
[18]谭云明、祝兴平：《财经新闻导论》，清华大学出版社2011年版。
[19]贺宛男：《财经报道概论》(第二版)，复旦大学出版社2019年版。

后　记

2015 年 9 月，当我第八轮为我院新闻学专业硕士研究生讲授经济新闻报道研究专业课程时，鉴于此前教学中学生们对金融证券类新闻报道和房地产新闻报道的浓厚兴趣，我决定开始启用我酝酿了两年的全新教学大纲，放弃了从体裁的角度来关注财经新闻，而是从经济学分类的视角出发，既让学生梳理财经知识，又关注与此类知识相关的财经报道，于是就有了我与学生一起研究的宏观经济新闻报道、中观经济新闻报道、微观经济新闻报道等章节内容。

经过三届学生的讲授，我的教学体系基本完善，讲课中也积累了一些教学资料，探索了一些教学方法。2018 年 9 月，我所申请的研究生教育创新项目“财经知识与财经新闻报道研究”获得校研究生院“精品研究生教材建设”资助(课题号 201820902)，于是我带领我的研究生，将我的教学研究所得进一步完善。加入初稿写作的有：何强(第一章)、黄钟灵(第二章)、徐晓露(第三章)、王谷(第四章)、岳天真(第五章)、付琪(第六章)、曾怡然(第七章)、苏畅(第八章)。2019 年 11 月我们合作完成了 20 余万字的初稿，课题也顺利通过了学校结项。

随着教学中不断完善教学内容，更新教学案例，2019 年 9 月，我开始带着部分已毕业和新入门的研究生重新修订教材，参与教材修订写作的有：何强(第一章、第二章、第三章)，王谷、沈鹏飞(第四章)，陈佩芸(第五章)，孙鼏、朱潇潇(第六章)，曾怡然(第七章)，刘佳宇(第八章)，石子桐、李洁(第九章)。我一遍遍地对书稿进行修订、统稿。在本书的编写中，已经毕业入职中南财经政法大学工商管理学院的何强不仅参与了三章书稿的写作、修订，而且还参与了大量的编务、部分书稿的统稿工作，已经毕业入职中南财经政法大学法学院工作的曾怡然也承担了大量的书稿整理与协调工作。

本书涉及了经济学和财经新闻报道的相关理论与知识，特别是宏大的经济学知识对我来说也是全新的，写作中参阅了大量相关的著作、教材、论文、新闻报道和网络资料，除主要参考文献以外，未能一一列举，在此向相关作者致以诚挚的感谢！特别感谢武汉大学出版社聂勇军老师的帮助与厚爱接纳本书的出版，并为本书出版付出的各种辛苦！

不得不说这本教材是“教学相长”的产品。在授课中不少学生提供了相关的资料和案例，有的被我直接选用进入教材编写，在此也向各位亲爱的同学致以深深的感谢！感谢你们的包容让我有勇气和信心对授课内容做出大胆的尝试，并有机会和你们一起共同进步！

2009 年我的《经济新闻报道》一书在武汉大学出版社出版，这是我关于经济新闻研究的第一本专著。自开始从事财经新闻实务与财经媒体发展研究以来，教学与研究中取得的每一点成绩，都离不开我亲爱的导师武汉大学新闻与传播学院罗以澄教授的谆谆教诲和悉心指导，师恩难忘，是我此刻内心最真诚的表达！感谢中南财经政法大学新闻与文化传播学院领导和同事们以及毕业后在财经媒体供职的亲爱的学生们对我的帮助与关心！

2020 年 5 月 14 日，中共中央政治局常委会首次提出“构建国内国际双循环相互促进的新发展格局”，这是党对经济发展客观规律的正确把握和实践运用，是培育新形势下我国参与国际合作与竞争新优势的战略部署。融媒时代财经媒体如何发挥财经新闻对资政建言、理论创新、舆论引导、社会服务、公共外交的建设性实效，使财经新闻与经济发展形成更好的良性互动，是“双循环”新发展格局和融媒时代对财经媒体的内容生产与表达手段创新提出的新要求，也是财经新闻报道实践中的一项重要课题，这也为财经新闻报道与研究提供了更多想象的空间和发挥的领域，也是敦促我不断进步与努力的动力。

由于自己的知识积累有限和学识的粗浅，书中一定还有许多不完善之处，恳请阅读此书的各位专家、朋友不吝赐教，给予批评与指正！

吴玉兰

2021 年 7 月 30 日

高等学校新闻传播学应用型系列教材

书目

- * 新闻传播学导论
- * 新编新闻采访学教程
- * 中国新闻事业史
- * 西方新闻理论概论（第二版）
- * 新闻编辑原理与实务
- * 新时期优秀新闻作品评析
- * 新闻通讯员实务（第二版）
- * 新闻摄影实务
- * 新闻综合实训
- * 新闻报道策划实务
- * 财经知识与财经新闻报道
- 新闻写作学（第五版）
- * 电视新闻节目学
- 电视制作实践教程
- * 电视节目策划
- 电视文艺编导
- 纪录片创作基础
- 影视制作技术与艺术
- 广播编辑与音频制作
- * 网络新闻标题制作
- 新媒体概论
- * 商业博客营销与写作
- * 当代新闻采访与写作教程（第二版）
- * 财经新闻报道
- * 影视赏析
- * 平面媒体电子编辑实训教程
- * 媒介融合教程
- * 移动新媒体写作
- * 全媒体新闻编辑与评论

* 已出书